Godard e a educação

Coleção Alteridade e Criação

Godard e a educação

Mário Alves Coutinho
Ana Lucia Soutto Mayor
(ORGANIZADORES)

autêntica

Copyright © 2013 Mário Alves Coutinho e Ana Lucia Soutto Mayor
Copyright © 2013 Autêntica Editora

Todos os direitos reservados pela Autêntica Editora. Nenhuma parte desta publicação poderá ser reproduzida, seja por meios mecânicos, eletrônicos, seja via cópia xerográfica, sem a autorização prévia da Editora.

COORDENADORA DA COLEÇÃO ALTERIDADE E CRIAÇÃO
Adriana Fresquet

CAPA
Alberto Bittencourt
(Sobre colagem de Luiz Rosemberg Filho)

DIAGRAMAÇÃO
Conrado Esteves

REVISÃO
Lúcia Assumpção

EDITORA RESPONSÁVEL
Rejane Dias

Dados Internacionais de Catalogação na Publicação (CIP)
(Câmara Brasileira do Livro, SP, Brasil)

Godard e a educação / Mário Alves Coutinho, Ana Lucia Soutto Mayor, organizadores. -- Belo Horizonte : Autêntica Editora, 2013. -- (Coleção Alteridade e Criação, 1)

Vários autores.
ISBN 978-85-8217-227-8

1. Cinema na educação 2. Educação 3. Godard, Jean-Luc, 1930- 4. Pedagogia I. Coutinho, Mário Alves. II. Mayor, Ana Lucia Soutto. III. Série.

13-05719   CDD-371.33523

Índices para catálogo sistemático:
1. Cinema e educação   371.33523

AUTÊNTICA EDITORA LTDA.
Belo Horizonte
Rua Aimorés, 981, 8º andar . Funcionários
30140-071 . Belo Horizonte . MG
Tel.: (55 31) 3214 5700

Televendas: 0800 283 13 22
www.autenticaeditora.com.br

São Paulo
Av. Paulista, 2.073, Conjunto Nacional, Horsa I
23º andar, Conj. 2301 . Cerqueira César
01311-940 . São Paulo . SP
Tel.: (55 11) 3034 4468

Alteridade e criação

Adriana Fresquet

Esta coleção pretende criar um espaço para o diálogo da educação com experiências criativas. Um estreitamento com as artes, de modo geral, e, em particular, com o cinema. As artes provocam, atravessam, desestabilizam as certezas da educação, perfuram sua opacidade e instauram algo de mistério no seu modo explícito de se apresentar, ao menos, no espaço escolar. Se nas escolas e universidades as artes se constituem como um "outro" pela diferença radical entre criar e transmitir, elas são, também, um "outro" em relação aos professores e estudantes, espelhando-nos com seu olhar, devolvendo nossa própria imagem com outras cores e formas. As artes também se revelam uma janela para descobrir um mundo inacabado, ávido de transformações e de memórias para projetar futuros. Um mundo inclusivo, sensível, atento à produção de subjetividade e à criação de laços, para além das redes. Desse modo, a cultura se torna a matéria-prima para a criação de significados numa troca poética de experiências intelectuais e sensíveis. No gesto de habitar os espaços educativos com arte, se imprime uma enorme responsabilidade na reinvenção de si e do mundo com o outro. A presente coleção reconfigura saberes e práticas que emergem da potência pedagógica da cultura visual. Novos desafios para pensar a educação como experiências de alteridade e criação.

Este primeiro volume da coleção ensaia algumas reflexões que surgiram do grupo de pesquisa CINEAD do Laboratório de Educação, Cinema e Audiovisual da Faculdade de Educação da UFRJ, que, em 2010, com especial participação dos organizadores Ana Lúcia de Almeida Soutto

Mayor e Mário Alves Coutinho, promoveu um diálogo entre a educação e o processo criativo do cineasta Jean-Luc Godard, um grande pedagogo (quiçá sem sabê-lo ou sem sequer ter a intenção). Criar e montar são gestos do cinema e da educação; Godard, um verdadeiro mestre da criação e da montagem. "Quer filmar? Pegue uma câmera!" – ele disse, e nos encoraja a fazer cinema aprendendo a ver e rever filmes na grande escola, a Cinemateca. Ou então, a aprender cinema fazendo, brincando, identificando as regras do jogo, como fazem as crianças. Pela intensa sintonia com elas e pela vocação de infância como estado permanente de *devir*, Godard se revela, para nós, "o Picasso do cinema".

Sumário

Prefácio..9
Luiz Rosemberg Filho

**Introdução I – *Godard e a educação*:
duas ou três coisas que eu sei deste livro**......................11
Ana Lucia Soutto Mayor

Introdução II – Jean-Luc Godard ou a pedagogia do Não......19
Mário Alves Coutinho

Godard, nosso educador...27
Ronaldo de Noronha

**Prenome Jean-Luc: notas sobre as
possibilidades de uma pedagogia sem garantias**..................39
Paulo Henrique Vaz

Godard e a educação do olhar..51
Paulo Augusto Gomes

**O cinema faz-se escola: o amor revisitado
em *Pierrot le fou*, de Jean-Luc Godard**..59
Ana Lucia Soutto Mayor

**Sonoridades godardianas: uma breve análise do som de
Pierrot le fou. Sobre uma educação da escuta no cinema**.....69
Glauber Resende Domingues

O projetor e os ícones..........81
César Guimarães

**Penso, logo edito: *História(s) do cinema*
e a obra de Jean-Luc Godard**..........97
Mário Alves Coutinho

**Histórias de montagem, montagens
da História (Godard e os arquivos)**..........109
Anita Leandro

**A pedagogia da montagem de
História(s) do cinema, de Jean-Luc Godard**..........121
Greice Cohn

**A reinvenção do(s) cinema(s) na formação do espectador
contemporâneo: pedagogia godardiana**..........139
Maria Cristina Miranda da Silva

Godard e a infância: uma aproximação possível?..........157
Clarissa Nanchery e Regina Barra

**Infância por infância: autorretratos de setembro.
Inspirações em *JLG/JLG: Autorretrato de dezembro***..........169
Adriana Fresquet

Filmografia citada..........183

Os autores..........187

Prefácio

Luiz Rosemberg Filho[1]

Em um tempo tão desprovido de sonhos e de história, uma vez mais Godard entre a beleza, a poesia e a educação. E se o cinema confronta alguma coisa, e ainda vale ser vivido, deve-se a Jean-Luc uma visibilidade poético-educacional tanto do bem como do mal-estar desta nossa "porca" civilização, servindo-se tanto do espetáculo como do consumo de idiotices e de fanatismos religiosos. Então, o livro *Godard e a educação* é, sim, uma vontade, por parte de todos que dele participam, de inseri-lo numa nova história desvinculada da mitologização, muito em moda, de fascismos na vida do dia a dia, na educação e na formação de crianças e jovens.

E a inserção de todos no cinema de Jean-Luc é, digamos, um longo aprendizado de história, política e afeto na formação de um novo ser humano mais bem informado e formado. Para poder vir a ser verdadeiramente humano e criativo. Um espectador para "aprender e desaprender" os péssimos ensinamentos militarizados de ocupação, de Hollywood, da TV e da educação. O livro é, sim, uma rica experiência pedagógica e artística. E claro que a ideia-mãe passa por um reaparelhamento problematizado da educação, redirecionando tanto o saber como o gosto, e mesmo a fantasia, para um mundo mais justo. Com tudo e todos voltados para uma antidomesticação do humano.

Ousaria também dizer que o livro "corre por fora" dos limites impostos por um saber acadêmico-conservador-religioso. Ou seja, não é um livro de

---

[1] Cineasta, ensaísta e jornalista.

respostas à mercê do mercado e do lucro. Mas de conceitos e perguntas, em que o estilo apático da educação dominante, como o da má formação cultural e cinematográfica, é substituído por expressivas análises nas quais o cinema aparece como historicidade do pessoal ao coletivo, fundindo o erudito ao popular. Despertando a todos para a vida, o saber, a criação, a política e o afeto.

Não é de modo algum mais um livro comum sobre educação ou o cinema, mas uma rica tentativa de superação dos muitos disfarces existentes tanto num ofício como no outro. São textos que nos fazem sair da penumbra das escolas e das universidades, como do mercado poluído também por "imagens" televisivas de péssima qualidade que nos dominam. Espaço-livro onde todos sofisticam os necessários desenquadramentos educacionais e políticos de Godard, numa translucidez de encantamentos, saber e afeto. Regra fundamental de superação da mesmice acadêmica.

Permitir-me-ia também dizer que é um precioso livro acerca do humano demasiado humano. E, justamente, o que o distingue de só ser um objeto para o mercado de idiotices é ser excepcionalmente sensível, ousado e vital. Um resgate significativo mais nobre para a educação a partir da clareza das ideias de Godard. Um livre-pensador muito além do cinema, da pintura, da música... Dessa forma, o pensamento volta a ser trabalhado, passando da imobilidade política dos tempos a um saber mais profundo, afetuoso e original. Eis um livro mais que necessário, para todos.

Introdução I

Godard e a educação:
duas ou três coisas que eu sei deste livro

Ana Lucia Soutto Mayor

> *São as formas que nos dizem finalmente
> o que existe no fundo das coisas.*
> JEAN-LUC GODARD

Em março de 2010, nosso grupo de pesquisa, ensino e extensão, Cinema para aprender e desaprender (CINEAD), coordenado pela professora Adriana Fresquet, da Faculdade de Educação da UFRJ, decidiu estudar a obra do cineasta francês Jean-Luc Godard, por reconhecer o caráter transformador e inquietante de sua extensa obra. O que mais nos motivava, naquele momento, era tentar compreender os sofisticados mecanismos de construção da estética godardiana e, sobretudo, buscar inferir, por fendas e frestas de seus textos poéticos verbais e audiovisuais, uma possível pedagogia de seus processos criativos. A princípio, nossa empreitada poderia ser considerada uma homérica aventura intelectual e acadêmica: seria mesmo possível pensar em uma "pedagogia godardiana", ou seja, depreender estratégias "pedagógicas", inscritas nos filmes deste cineasta francês? Como percorrer hipóteses investigativas dessa natureza, aproximando campos tão "distintos" – se observados por olhos mais apressados, como teremos a oportunidade de ver, ao longo deste livro... – quanto os do cinema e da educação?

A tarefa inicial do grupo constituiu-se em um primeiro levantamento bibliográfico e fílmico da obra de Jean-Luc Godard, bem como de textos e obras críticas que nos pudessem conduzir ao longo desta jornada. Entre tantas e valiosas contribuições, uma mostrou-se particularmente decisiva: o belíssimo e rigoroso ensaio *Escrever com a câmera: a literatura cinematográfica de Jean-Luc Godard*, de Mário Alves Coutinho, publicado pela Editora Crisálida em março do mesmo ano. Por uma dessas sincronias especiais, – "Todo começo é involuntário / Deus é o agente", como aprendi com Fernando Pessoa –, o livro de Mário Coutinho tornou-se – com a aquiescência cúmplice e carinhosa de seu autor – nosso mapa fundamental para percorremos o vastíssimo e complexo território godardiano. Estudamos e discutimos todos os capítulos de *Escrever com a câmera*; assistimos aos filmes escolhidos por Mário Coutinho (*O desprezo*, *Alphaville* e *Pierrot le fou*) para análise; debatemos entre nós e com o pesquisador mineiro passagens de seu livro (em uma inovadora prática de intercâmbio intelectual, com o uso do Skype), o que deu início a um sólido, permanente e afetuoso convívio entre os participantes do CINEAD e Mário Alves Coutinho, hoje interlocutor e amigo de todos nós.

Por ocasião do XV Encontro Internacional da Sociedade Brasileira de Estudos em Cinema e Audiovisual (SOCINE), realizado na Escola de Comunicação da UFRJ, em setembro de 2011, o CINEAD resolveu apresentar, por meio de comunicações individuais e de uma mesa temática, alguns dos resultados da pesquisa sobre Godard e a educação, desenvolvidos ao longo de 2010 e 2011. De modo particular, coordenei uma mesa temática, intitulada "As artes de Jean-Luc Godard", na qual Mário Alves Coutinho apresentou suas reflexões acerca das relações entre a arte, a educação e o cinema godardiano, afirmando sua natureza transgressora e categórica: "[...] o que ele passa e ensina não é nunca a certeza, o dogma ou qualquer fórmula, mas o direito absoluto ao não, que só então é um sim, direito à afirmação: cada filme é uma nova aventura, uma nova invenção do cinema e de si mesmo" ("Jean-Luc Godard ou a pedagogia do Não"); Gláuber Resende (à época, mestrando em cinema e educação e membro do CINEAD) analisou, em comunicação intitulada "Sonoridades godardianas: uma breve análise do som de *Pierrot le fou* e possibilidades para uma educação sonora no cinema", a presença do som em *Pierrot le fou*, apontando, por meio do conceito de "ponto de escuta", algumas ideias para uma "educação sonora do cinema". Por fim, abordei, em "O cinema faz-se escola: o amor revisitado em *Pierrot le fou*, de Jean-Luc Godard", a temática das representações amorosas presente no mesmo filme de Godard, pondo em questão a possibilidade de tensionamento entre "pressupostos estéticos da tradição romântica e da modernidade" e, em última instância, a potência de o cinema funcionar "como um *locus* privilegiado de 'aprenderes e desaprenderes', tão caros aos processos formativos das escolas de Educação Básica". Ainda nesse Encontro, Maria Cristina Miranda, professora de Artes Visuais do CAp/UFRJ, propôs uma reflexão crítica – neste livro, ampliada no artigo "A reinvenção do(s) cinema(s) na formação do espectador contemporâneo: pedagogia godardiana" – sobre "elementos presentes na obra de Godard", sustentando que "a fruição estética do cinema deve ser trabalhada não somente na apresentação, mas também na experimentação de sua linguagem, notadamente nas diferentes formas de produzir sentidos com imagens e sons", de modo a "particularizar a experiência do cinema como arte e a formação estética audiovisual". Materializavam-se, naquela oportunidade, redes de investigação conceituais e metodológicas acerca de uma "pedagogia godardiana" (ou seria mais correto pensar em "pedagogias godardianas"?), em torno das quais começaria a ser gestado o embrião deste livro.

Passados alguns meses, no final de 2011, Mário e eu recebemos um convite, uma proposta tentadora e irrecusável, feita por nossa amiga, Adriana Fresquet, coordenadora do CINEAD e mentora do estudo da pedagogia (im)possível dos cineastas: organizarmos, juntos, um livro que pudesse congregar diferentes olhares e abordagens acerca de distintas relações entre cinema e educação, presentes no amplíssimo universo godardiano. Com a confiança empenhada da Adriana, assegurada, também, pela inteira liberdade de conceber e estruturar esse trabalho, somadas ao nosso desejo de dar forma a um intenso percurso intelectual e afetivo pela instigante "cartografia godardiana", assumimos, Mário e eu, essa honrosa tarefa: nascia *Godard e a educação*.

Convidamos professores, cinéfilos, cineastas, doutorandos e mestrandos para pensarem conosco possibilidades de articulação entre o cinema de Jean-Luc Godard e a educação. Em nossa carta-convite, encaminhada a cada um de nossos interlocutores, estabelecemos como norte primordial o tensionamento entre esses dois campos, assegurando-lhes total liberdade de escolha quanto à abordagem, ao recorte, ao *corpus*, e facultando-lhes, inclusive, a prerrogativa de negarem a existência de uma "pedagogia godardiana". Mais Godard, impossível: todo direito assegurado – como explicita o Mário – à dúvida, ao sim, ao não. À medida que os textos nos foram chegando, começamos nosso itinerário outro: seguirmos, com olhos alheios, por veredas críticas que nos conduziram a paisagens insuspeitadas. Ver e rever Godard, no corpo-a-corpo com o universo da educação, por meio de novos e antigos leitores do cineasta. Uma travessia única, exigente, intensa e gratificante.

Aos poucos, fomos identificando núcleos, em torno dos quais as dobras entre Godard e a educação se esboçaram. Um deles, organizado a partir de uma visada mais abrangente e panorâmica da obra de Godard, problematiza estratégias discursivas utilizadas por Godard em seus filmes, as quais, em si mesmas, se constituem em processos "formadores e sensibilizadores do olhar". É o caso, por exemplo, dos ensaios "Godard, nosso educador", de Ronaldo de Noronha, "Godard e a educação do olhar", de Paulo Augusto Gomes e "Histórias de montagem, montagens da História (Godard e os arquivos)", de Anita Leandro. Em seu em ensaio, "Godard, nosso educador", Ronaldo de Noronha, partindo de um vigoroso questionamento acerca da existência de uma "pedagogia godardiana" e também da recepção como elemento-chave para a compreensão da obra de Godard, propõe uma "poética formadora" em Godard, compreendendo-a, em sua radicalidade, como exercício de reinvenção, não apenas do próprio cineasta, como também de cada um de seus "espectadores-leitores". "Godard e a educação do olhar", de Paulo Augusto Gomes, sugere um diálogo entre esses dois territórios, a partir do reconhecimento de um modo singular de agenciamento entre as imagens, tais como são propostas pelo cineasta francês: "a relação de Godard com a educação, mais do que ligada a uma didática tradicional, é fundada na sensibilidade que ele e seus personagens utilizam imageticamente todo o tempo". Para o autor, na tocante conclusão de seu artigo, talvez seja essa a maior aposta do cinema godardiano: a de uma (des)educação do olhar: "saber/poder ver com olhos livres – o cinema e a vida". Anita Leandro, por sua vez, em primoroso ensaio – "Histórias de montagem, montagens da História (Godard e os arquivos)" –, sustenta uma densa reflexão crítica sobre as relações viscerais entre a História, o cinema e a montagem, propostas na obra godardiana. Discutindo o tratamento godardiano das imagens como fragmentos, resíduos audiovisuais, à luz de "uma ética profundamente benjaminiana, empenhada em reter as imagens fugazes do passado que o presente deixa escapar", Anita insinua, em suas considerações instigantes, uma "pedagogia do resto", com a qual Godard, em exercícios poéticos e autorais, revisita o uso das imagens de arquivo.

Outro núcleo de textos – este de configuração um tanto mais híbrida, como veremos – estrutura-se em torno de filmes específicos de Godard, ainda que dois deles partam de uma discussão focal acerca de uma dada narrativa godardiana para problematizar aspectos mais gerais da filmografia e das opções "pedagógicas" escolhidas pelo cineasta, ao passo que os dois outros artigos exploram o mesmo filme de Godard, tendo em vista seu diálogo com potencialidades de trabalho a serem desenvolvidas no âmbito escolar. Os dois primeiros ensaios, "Penso, logo edito: *História(s) do cinema* e a obra de Jean-Luc Godard, de Mário Alves Coutinho, e "O projetor e os ícones", de César Guimarães, propõem-se a discutir aspectos mais amplos da filmografia godardiana à luz de narrativas específicas, percorrendo, em suas reflexões, facetas do que poderíamos conceber como um *modus operandi godardiano*, em sua permanente construção e desconstrução de si mesmo. O refinado texto de Mário Coutinho, cuja metáfora central – a do labirinto – pode ser também lida como uma potente metonímia de todo o processo de composição de Godard, põe em tensão as imagens godardianas em seu contínuo fluxo de atravessamento de múltiplas linguagens artísticas (a literatura, a música, a pintura). De acordo com Coutinho, "a partir de seus curtas e de seus longas, Godard, usando e abusando de todos os arquivos, museus, obras e imagens que terá visto, amealhado e lido até então, vai construindo aos poucos sua obra labiríntica, diferente de tudo que estava sendo feito em volta de si". Em uma leitura sensível e criativa de *As crianças brincam de Rússia*, obra de Godard de 1993, César Guimarães analisa não somente as representações dos infantes presentes nesse filme, como em outros do mesmo diretor, mas também os mecanismos mais sofisticados e sutis da própria linguagem cinematográfica. Em relação às crianças, diz Guimarães: "Onde estariam as crianças neste filme senão no desejo de reencontrar a crença?". Em relação aos procedimentos empregados na mesma obra, afirma o autor: "O filme, na verdade, põe em operação o procedimento paradoxal que norteia a escritura do cinema, que só pode reter fazendo passar e só pode passar a partir do que foi momentaneamente retido". Os demais artigos desse núcleo, "Sonoridades godardianas: uma breve análise do som de *Pierrot le fou*. Sobre uma educação da escuta no cinema", de Gláuber Resende, e "O cinema faz-se escola: o amor revisitado em *Pierrot le fou*, de Jean-Luc Godard", de minha autoria, como anteriormente descrevemos, atêm-se à análise de *Pierrot le fou*, em interface com múltiplas e distintas possibilidades de diálogo com o trabalho pedagógico no espaço da sala de aula.

O terceiro núcleo de ensaios pode ser reconhecido por um diálogo mais nítido entre o campo da educação e as práticas pedagógicas a ele circunscritas e a obra de Godard. Também nesse núcleo, poder-se-ia se estabelecer um outro recorte, em função de aspectos mais gerais presentes nos diferentes estudos que dele fazem parte. Em "Prenome Jean-Luc: notas sobre as possibilidades de uma pedagogia sem garantias", Paulo Henrique Vaz discorre – pondo em questão, inicialmente, a existência de uma "pedagogia godardiana", prontamente reconhecida – acerca de aspectos mais gerais dos processos de construção da linguagem cinematográfica de Godard, em interlocução com os domínios da educação. O autor reconhece que o cinema godardiano não pretende "estabelecer um mundo translúcido, estável"; trata-se, antes, de reconhecer uma "pedagogia da dúvida", na qual o mais importante, para usar as palavras de Paulo Vaz: "a lição que nos pode interessar [seja] o que está entre: entre as pessoas, os planos; entre as coisas...". Já Maria Cristina Miranda, em seu texto "A reinvenção do(s) cinema(s) na formação do espectador contemporâneo: pedagogia godardiana" –, também, como alguns outros, anteriormente apresentado – discute as contribuições decisivas do cinema de Godard para pensar os processos de formação do espectador contemporâneo e o ensino das Artes Visuais na escola. Outro subgrupo desse mesmo núcleo seria composto pelos textos de Greice Cohn, Clarissa Nanchery/Regina Barra e Adriana Fresquet. Em "A pedagogia da montagem de *História(s) do cinema*, de Jean-Luc Godard", Greice Cohn, em estudo instigante acerca das relações entre cinema godardiano e educação, analisa os processos de montagem presentes em *História(s) do cinema*, explorando tensões entre esses mecanismos e processos de aprendizagem. Nas palavras de Greice, "uma montagem do tipo construtivista faz [...] uma intervenção estética de natureza didática no processo de aprendizagem através das imagens em movimento. O processo de junção neste tipo de montagem se dá de forma a problematizar imagens vizinhas, provocando no espectador uma participação na decifração de conceitos". Clarissa Nanchery e Regina Barra, autoras de "Godard e a infância: uma aproximação possível?", investigam as relações entre o cinema de Godard e a educação a partir de dois eixos centrais: a análise de uma série televisiva *France/tour/detour/deux/enfants*, escrita e dirigida por Godard, em codireção de Anne-Marie Miéville e a "entrada clandestina" de Godard na escola – mais especificamente, na Escola de Cinema do CAp/UFRJ. Partindo desses dois eixos, as autoras discutem os efeitos e desdobramentos da exposição do material godardiano selecionado, destacam as potencialidades de uma "pedagogia do estranhamento": "[...] embora a obra godardiana não seja feita para crianças ou para ser exibida na escola, as inquietações de seus filmes, os pensamentos em fragmentos descontínuos, as frases e desejos de seus personagens, as possibilidades de criação, estão muito mais próximos da educação e da infância do que costumamos considerar". Por fim, Adriana Fresquet, em seu poético e autoral ensaio, "Infância por infância: autorretratos de setembro. Inspirações em *JLG/JLG: Autorretrato de dezembro*", dispõe-se a pensar possibilidades de exercícios audiovisuais com crianças e jovens, inspirados pelo também autoral *JLG/JLG: Autorretrato de dezembro*. Valendo-se de aproximações críticas entre a infância, Godard e processos criativos, Adriana levanta fecundos questionamentos sobre os diálogos possíveis e inimagináveis entre o cinema e a educação:

> No cenário das regras da educação, é possível criar fissuras para a arte permeá-la, preenchendo-a de vitalidade, cor, luz e som. Furar as regras é como furar um muro, tirar algo de sua opacidade, transparecendo uma parcela do que está além. Poderão as artes virar exceções da regra da cultura e do currículo, provocando com o ato criativo uma fissura nas rotinas espaço-temporais da escola?

Fendas, fissuras, dobras, inquietações, desconstruções, imagens, alteridades, estranhamentos. Cinema, Godard e a educação: potências e possibilidades – interfaces, recusas, interseções. Este livro – como muito dos imprevisíveis roteiros godardianos – fez-se um mapa caleidoscópico, com múltiplas entradas e saídas. Os olhares de cada um dos textos que compõem este livro permitem inúmeras aproximações, em suas singularidades. Cinema, educação, autoria – transgressão, recriação, invenção – godardianamente – do mundo, da vida, de cada um de nós.

Introdução II

Jean-Luc Godard ou a pedagogia do Não

Mário Alves Coutinho

> Este trabalho é dedicado ao CINEAD,
> Cinema para Aprender e Desaprender.

> *Numa obra, a contestação da própria obra é talvez a parte essencial, mas ela deve sempre ser realizada no sentido e pelo aprofundamento da imagem, que é o centro, e que começa somente a aparecer quando vem o fim, e então ela desaparece.*
> Maurice Blanchot, *Le livre à venir*

A arte talvez seja a maneira mais completa e complexa de ensinar qualquer conteúdo, visão de mundo, experiência ou sentimento. Quais as razões para tal proposição? Contraditoriamente, a mais básica delas parece ser uma negação mesma desta proposição: uma verdadeira obra de arte não quer ensinar nada, não pretende convencer ninguém: ela apresenta experiências, sentimentos, pensamentos e valores, relativizados pela dialética dos personagens, que são essas experiências objetivadas; não determina maneiras de ser e de pensar, apenas propõe. Numa palavra: a arte é. Sua determinação em mostrar, e não em convencer, paradoxalmente, termina por fazer dela uma atividade pedagógica exemplar, "realista", e convincente: usando da ficção, quer dizer, da mentira (*La verdad de las mentiras*, ensaios sobre a ficção, de Mario Vargas Llosa), isto é, do que poderia ter sido, ela termina por ser a melhor maneira de dar a conhecer. Talvez a mais eficiente. Sua eficiência maior é pressupor e propor a liberdade de quem a experimenta, não impor. Cada qual aprende (se aprende) o que pode, o que dá conta. Mas várias pedagogias mal direcionadas são mais partidárias do ensino impositivo.

Existem outras razões. A primeira é o caráter obrigatório do ensino escolar (em qualquer nível): a pessoa não tem escolha. Alguns países, inclusive, penalizam os pais se seus filhos não frequentam a escola. Todas as pessoas são (e se sentem) obrigadas – pelos pais, depois pela necessidade de se qualificar para a vida profissional – a aprender, a ir à escola. Ler um livro, ver um filme, escutar uma música são atividades de um sujeito livre. Às vezes, essas atividades são compulsórias, mas, na sua maioria, estão ligadas à livre escolha; assim, a pessoa se engaja com mais força no que está fazendo. Daí, uma característica essencial: experienciar uma obra de arte é uma atividade prazerosa em si mesma. Dialeticamente – a arte não é essencialmente paradoxo e dialética, e por isso o seu enorme poder? –, até mesmo o sofrer, o grotesco, o horroroso, o estranho e o desprazer, como forma (como conteúdo, também), podem dar e dão prazer. O gozo estético talvez seja somente inferior àquele proporcionado pelo amor ou pelo sexo: Rilke argumentou que estes prazeres são estreitamente relacionados e quase equivalentes: "a experiência artística se esboça, com efeito, como tão incrivelmente próxima da experiência sexual, de seu sofrimento e de seu prazer, que os dois fenômenos não são propriamente senão formas diferentes de um único e mesmo desejo, de uma só e mesma felicidade" (*apud* TODOROV, 2011, p. 132-133). O aprendizado, ao contrário, está ligado ao desprazer, ao esforço penoso e à dificuldade.

Se o brincar, o lúdico, e o jogo estão no ensinar (e no aprender), na arte, o divertir-se e o jogar são características primeiras e originárias. Mas, se no aprender e no ensinar as regras estão acentuadas, a arte, sendo jogo, tem também suas regras. Como jogo e como arte. Mas, uma vez as regras colocadas e as estruturas estabelecidas, o jogo e a brincadeira se instauram com toda força. Somente o diálogo entre autor, obra e espectador (ou leitor), sem dúvida o jogo mais importante e consequente nessa relação, justifica a enorme importância que sempre tiveram as artes na história da civilização.

Porém o ensinar, na escola, é uma atividade consciente e objetiva, que se pretende até mesmo científica, na qual seria possível determinar quais métodos são melhores para fazer com que as pessoas aprendam conteúdos específicos. Na arte, além do conhecimento objetivo – o artista, em termos godardianos, precisa saber como fazer uma forma pensar e emocionar –, contamos com outro agenciamento: aqui, o inconsciente é determinante. Sentimentos, ideias e vivências são transmitidos diretamente ao leitor, ao espectador, sem precisar da elaboração consciente. Portanto, na realização de qualquer obra, o autor usa seu conhecimento consciente, mas também o inconsciente: quantas vezes ele não expressa surpresa ao verificar o que as pessoas estão vendo nas suas produções? Da mesma maneira, um espectador pode não compreender uma obra, mas assim mesmo se emocionar com o que vê ou lê: num primeiro momento, para experienciar a arte, é preciso somente sentir. O inconsciente faz o resto.

Embora a criatividade do professor seja importante para a compreensão dos alunos, não se pode negar a importância central da repetição quando se trata de ensinar ou aprender. Quanto às obras de arte, o processo é diferente: embora na maior parte das vezes um artista use as formas dos outros – ao criar uma obra num gênero, o autor tem de repetir determinados procedimentos e regras –, ele quase sempre acrescenta algo seu, pessoal, estilístico: ele narra novas maneiras de viver, de sentir, de pensar. Daí a superioridade da arte quando se trata de ensinar algo: ela é uma atividade que necessita da liberdade do outro; o brincar, a diversão, são aspectos vitais; o prazer é determinante; o ensinamento e a recepção se dão de forma consciente e inconsciente, mais completa; finalmente, quase nunca se repete o que se "ensina".

Jean-Luc Godard, nos séculos XX e XXI, é um exemplo paradigmático do artista-cineasta que sempre mostrou uma vontade enorme de aprender, depois, de ensinar, de chamar a atenção para uma quantidade enorme de formas, temas, e desenvolvimentos inovadores. Mas, como já sabia Guimarães Rosa (1968, p. 235), "mestre não é quem sempre ensina, mas quem de repente aprende". Antes de tudo, Godard aprendeu. Primeiramente, a literatura, que era uma injunção familiar: na casa de seus avós, as crianças só podiam falar à mesa, com os adultos, quando eram capazes de citar a frase de algum autor importante sobre o assunto em pauta. Depois, aprendeu o cinema, que, por ser uma arte nova e vulgar, ainda não era respeitável para a sua respeitabilíssima família suíça-francesa-protestante. Ver, escrever e fazer cinema eram atividades transgressoras, daí seu fascínio.

Vendo o cinema, escrevendo sobre ele, e fazendo filmes, Godard aprendeu e vivenciou o mundo: o próprio cinema, o amor, o sexo, como ler um filme, como fazer um filme, como escutar um filme, como ler, como ver. Realizando filmes, passou de uma ideologia anarquista-libertária para o marxismo maoísta, na década de 1960. De um cineasta quase apolítico, passou à militância revolucionária. Realizou todo esse desaprender e aprender, filmando a ficção e a realidade, debatendo-a, fazendo perguntas o tempo todo, lutando o tempo todo com sua necessidade de expressar-se. Foi ele quem escreveu certa vez que "me parece que o diretor tem o dever de aprofundar, de estar em perpétuo estado de busca" (GODARD *apud* TIRARD, 2006, p. 245). Daney (2007, p. 107) traçou a trajetória de Godard: "Autodidata cinéfilo, para quem a sala de cinema tomou o lugar, ao mesmo tempo, da escola e da família. [...] A partir de 1968, Godard irá se retirar e percorrer o mesmo caminho em sentido oposto: do cinema à escola (os filmes do grupo Dziga Vertov), depois da escola para a família (*Numéro Deux*)". Philippe Dubois (*apud* COUTINHO, 2013, p. 64), numa entrevista a este autor, disse que Godard "vai constantemente escrever sobre a tela, ele vai ter esta famosa metáfora, a tela é o quadro negro. [...] a tela se torna um quadro negro sobre o qual, como um professor, escrevem-se palavras. E o espectador vê essas palavras escreverem-se sobre a tela, na sala de cinema, como alguém que escreve no quadro, numa sala de curso".

O que ensina a arte? Tudo, ou quase tudo. Principalmente, como queria Nietzsche (2010, p. 77), a afirmar e celebrar a vida: "A arte é o grande estimulante para a vida. [...] O que faz toda arte? Não louva? Não glorifica? Não escolhe?" Ou, como escreveu Deleuze (2008, p. 15), "Fim último da literatura [cinema?]: pôr em evidência no delírio essa criação de uma saúde, ou essa invenção de um povo, isso é, uma possibilidade de vida". Mesmo quando ela é trágica, ela é afirmativa: "valoriza [a vida] integralmente, é porque é um sim triunfante mesmo ao que nela existe de 'terrível', 'problemático' e 'pavoroso'" (NIETZSCHE *apud* MACHADO, 2002, p. 108).

Godard, portanto, há cerca de cinquenta anos, tem feito um movimento para aprender e ensinar. O que, exatamente? A pretensão dele é sempre totalizante: "Pode-se colocar tudo num filme. Deve-se colocar tudo num filme" (GODARD, 1998, p. 296). Numa aproximação baziniana, procurou filmar as ideias, palavras, frases, citações, as variadas metáforas e manifestações da cultura, como objetos; depois, num movimento de negação a Bazin (1958, p. 117-129) (que pensava a montagem como manipulação), monta o que havia filmado, e aí nasce seu discurso (seu ensinamento) dialético: o confronto de tudo com tudo, de um ponto de vista com seu contrário: "Eu disse tudo, e o contrário de tudo". Godard quase sempre disse não às suas próprias afirmações; dir-se-ia que a negação é parte integrante da afirmação nos seus filmes. Francês, quase chinês, sabe que a negação de uma verdade não é uma mentira, mas outra verdade. Escrevendo sobre Nietzsche, Blanchot (2001, p. 209-210) disse algo que serviria para explicar o movimento godardiano: "Contradizer-se é o movimento essencial do seu pensamento, cada vez que ele afirma, a afirmação deve ser colocada em relação com a afirmação oposta". Afirmação e negação, dialeticamente reunidas, sempre: somente assim Godard chegou próximo de sua pretensão: colocar tudo no cinema, pois, para ele, exatamente, *tudo é cinema*. Como percebeu Blanchot (1997, p. 284-285), o negar pode ser afirmativo: "Afirmação do poder infinito de negar e de viver até o fim esse poder [...] o poder infinito de negar permanece poder de negar o infinito e escapa à tentação de se pôr fora de questão, de se petrificar, escolhendo-se como valor incontestável".

Assim, o próprio discurso godardiano é sempre contraditado rigorosamente nos seus filmes. Deleuze (1985, p. 224) percebeu isso muito bem: "Em Godard, o ideal do saber [...] desaba: o discurso 'bom', do militante, do revolucionário, da feminista, do filósofo, do cineasta, não é tratado melhor do que o mau discurso". Daney (2007, p. 109) explicitou esta passagem: "Ao que o outro diz (asserção, proclamação, sermão) ele responde sempre com o que um outro outro diz". Em síntese, Daney escreve que, a partir de qualquer afirmação, Godard procura

> [...] "outro" enunciado, o outro som, a outra imagem que poderia vir contrabalançar, contradizer (tornar dialético?) esse enunciado, esse som, essa imagem. "Godard" seria o espaço vazio, a tela escura na qual as imagens, os sons, iriam coexistir, reconhecer-se, neutralizar-se, nomear-se, embater-se. [...] há sempre uma grande incógnita na sua pedagogia, pois a natureza da relação que ele mantém com seus "bons" discursos (aqueles que ele defende, o discurso maoísta, por exemplo) é indefinível (p. 109).

Quase qualquer afirmação em Godard é ritualmente contraditada (negada) pela afirmação contrária. Godard procurou nunca se instalar nas suas próprias descobertas de linguagem, sempre disse não às conquistas do filme anterior, e tentou dizer sim ao novo.

Dessa maneira, ele ensinou a literatura, ao realizá-la no interior de seus filmes e ao tratá-la como tema. Fez o mesmo quanto à música, ao teatro, à pintura. Na verdade, ensinou e discutiu a cultura ocidental, num primeiro movimento incensando-a, depois, antagonizando-a: começou por usar gêneros originariamente americanos (o policial, a comédia musical), numa tentativa de copiá-los; em seguida, disse não a esse mesmo cinema, revolucionado suas formas, fazendo diferente, devido à sua *incompetência criativa em copiar*; depois, disse não à ideologia neoliberal deste cinema. Para Daney, seu cinema pode ser tudo: "O avanço de Godard sobre os outros manipuladores de imagens e de sons vem então de seu total desprezo por todo discurso que tende a definir, a preservar, uma 'especificidade' do cinema" (p. 113). Seu cinema é poesia, literatura, música, dança, ensaio, história, filosofia, política, ideologia e até mesmo cinema...

À medida que vai descobrindo e aprendendo, Godard quer ensinar, consciente e inconscientemente, a revolução, o amor, o sexo, as relações entre homem/mulher, a possibilidade de mudar tudo. Como Rimbaud – Alain Bergala afirmou, em entrevista a este autor (COUTINHO, 2013, p. 101), que

"Rimbaud é ele" – ele ensinou, não somente em *Pierrot le fou*, mas em toda sua obra, que "O amor está para ser reinventado (RIMBAUD, 1963, p. 117), que é preciso ser absolutamente moderno (p. 130) e que a verdadeira vida está em outro lugar (GODARD, 1976, p. 86)". Aprendeu e tentou ensinar que podemos nos modificar e à realidade, que é possível perguntar, questionar, dizer não, dar respostas e fazer novas perguntas, num ciclo infinito. Não disse ele várias vezes que quase nunca soube de antemão o que queria fazer na obra que ia realizar, e que precisava filmá-la para saber o que queria fazer e dizer? Numa de suas entrevistas, afirmou: "Gosto mais de procurar alguma coisa que não conheço que fazer melhor alguma coisa que já sei" (GODARD, 1998, p. 228). Raoul Coutard (*apud* BRODY, 2008, p. 452), a propósito de *Prénom Carmen*, disse que "ele não estava muito consciente do que queria. Ele somente soube quando fizemos o filme". Godard, como um bom pedagogo, desaprendeu, aprendeu e ensinou, no momento mesmo que fazia.

Existe, portanto, um desejo nitidamente pedagógico em Godard, uma vontade de ensinar o próprio processo de aprendizado. Longe de ser uma pedagogia dogmática, sem dúvida, o que ele tentou é de outra ordem: a dúvida socrática, blanchotiana. Talvez um dos criadores que mais desaprendeu e aprendeu, na própria realização do seu trabalho, finalmente o que ele passa e ensina não é nunca a certeza, o dogma, ou qualquer fórmula, mas o direito absoluto ao não, que só então é um sim, direito à afirmação: cada filme é uma nova aventura, uma nova reinvenção do cinema e de si mesmo. Godard ensinou, consciente/inconscientemente, a necessidade absoluta da mudança, do questionamento, do valor soberano da dúvida, da potência libertadora do não que nunca é só negação, e que, num movimento dialético, termina por afirmar, sempre, e dizer um sim cósmico às coisas. Para negá-las, em seguida, num moto contínuo.

Para ele, tudo pode ser desaprendido no cinema; tudo pode ser aprendido no cinema; e tudo pode ser ensinado no cinema. Pois, como escreveu Todorov (2011, p. 151), falando de Rilke: "O que é a poesia? O que é a arte? É uma abertura à totalidade do real, é a capacidade de descobrir a beleza da existência em cada uma de suas parcelas. O artista é aquele que diz um sim livre e definitivo ao mundo, que vive a 'paixão da totalidade' e supera a incompletude constitutiva do ser humano". A arte propõe, não impõe, como o sabe Todorov (2011, p. 321): "A arte é uma revelação do ser; mesmo a arte mais destrutiva traz consigo forma e sentido. Sua vantagem suplementar [...] é de se dirigir a todas e todos, e de incitar discretamente cada um a se abrir para a beleza do mundo. Sua mensagem não se fixa num dogma religioso ou filosófico: propõe em vez de impor, respeitando a liberdade de cada um".

Referências

BAECQUE, A. *Godard*. Paris: Bernard Grasset, 2010.

BAZIN, A. *Qu'est-ce que le cinéma?* Tome I, Ontologie et langage. Paris: Cerf, 1958.

BLANCHOT, M. *A parte do fogo*. Rio de Janeiro: Rocco, 1997.

BLANCHOT, M. *Le Livre à Venir*. Paris: Gallimard, 1990.

BLANCHOT, M. *L'Entretien Infini*. Paris: Galimard, 2001.

BRODY, R. *Everything is Cinema*. London: Faber and Faber, 2008.

COUTINHO, M. A. *Escrever com a câmera: a literatura cinematográfica de Jean-Luc Godard*. Belo Horizonte: Crisálida, 2010.

COUTINHO, M. A. *Godard, cinema, literatura*. Belo Horizonte: Crisálida, 2013.

DANEY, S. *A rampa*. Tradução de Marcelo Rezende. São Paulo: Cosac Naify, 2007

DELEUZE, G. *Cinéma 2. L'Image-Temps*. Paris: Minuit, 1985.

DELEUZE, G. *Crítica e clínica*. Tradução de Peter Pál Pelbart. São Paulo: 34, 2008.

DELEUZE, G. *Pourparlers*. Paris: Minuit, 1990.

GODARD, J-L. *Jean-Luc Godard par Jean-Luc Godard*. Paris: Cahiers du Cinéma, 1998. Tome 1.

GODARD, J-L. *Spécial Godard: Les carabiniers, Pierrot leu fou et films "invisibles"*. Paris: L'Avant-Scène, 1976.

GOMES, P. E. S. *Cinema: trajetória no subdesenvolvimento*. Rio de Janeiro: Paz e Terra, 1980.

LLOSA, M. V. *La Verdad de las Mentiras*. Barcelona: Seix Barral, 1990.

MACHADO, R. *Deleuze, a arte e a filosofia*. Rio de Janeiro: Jorge Zahar, 2010.

MACHADO, R. *Nietzsche e a verdade*. Rio de Janeiro: Graal, 2002.

NIETZSCHE, F. *Crepúsculo dos ídolos*. Tradução de Paulo César de Souza. São Paulo: Companhia das Letras, 2010.

RIMBAUD, A. *Poésies Completes*. Paris: Le Livre de Poche, 1963.

ROSA, G. *Grande sertão: veredas*. Rio de Janeiro: José Olympio, 1968.

TIRARD, L. *Grandes diretores de cinema*. Tradução de Marcelo Jacques. Rio de Janeiro: Nova Fronteira, 2006.

TODOROV, T. *A beleza salvará o mundo*. Tradução de Caio Meira. Rio de Janeiro: Difel, 2011.

Godard, nosso educador

Ronaldo de Noronha

> *Não ser nem aquele que lança a flecha, nem aquele que a recebe, mas ser a flecha. Escrever, fazer um filme, pensar, falar é a flecha.*[1]
>
> Jean-Luc Godard

O problema

Haverá uma pedagogia no cinema de Jean-Luc Godard? Uma maneira cinematográfica que lhe é própria de ensinar (o quê? como?), uma técnica e um estilo que o distinguem de outros realizadores de filmes, precedentes ou contemporâneos? Uma relação didática entre seus filmes e os espectadores, interrogações que os forcem a pensar sobre as coisas que interessam a seu autor?

Para responder a essas perguntas, vamos evitar a abordagem pragmática da obra godardiana, que consistiria em desmontá-la e remontá-la para os fins da investigação. É mais adequado ao objeto abordá-la semioticamente, buscando encontrar a intenção da obra como problema situado no âmbito da recepção (i. e., da atividade do espectador). Para tanto, adotaremos como princípio geral de pesquisa esta proposição oriunda da teoria literária: ao ler um livro, "a iniciativa do leitor consiste em fazer uma conjectura sobre a *intentio operis*, conjectura essa que deve ser aprovada pelo complexo do texto como um todo orgânico" (Eco, 1995, p. 15).

---

[1] As traduções deste e de outros textos do francês para o português são do autor deste capítulo.

Quer dizer, empreender uma investigação cujo objetivo é "conjecturar o sentido do texto, porque a intenção do autor[2] fica para além do nosso alcance" (RICOEUR, s/d, p. 87) e, assim, desvelar e construir seu sentido.

> Construir um sentido verbal de um texto[3] é construí-lo como um todo [que] aparece como uma hierarquia de tópicos primários e subordinados. [...] A reconstrução da arquitetura do texto toma a forma de um processo circular, no sentido de que no reconhecimento das partes está implicada a pressuposição de uma espécie de todo [e], reciprocamente, é construindo os pormenores que construímos o todo (Eco, 1995, p. 88-89).

A isso – tratar o texto "como um objeto que a interpretação constrói na tentativa circular de validar-se com base naquilo que constitui" (Eco, 1995, p. 15) – se chamou de círculo hermenêutico. Postulemos desde já que "o todo" (a obra godardiana) existe, pode ser formado e reconstruído e é interpretável. A obra é, no caso, composta de imagens (seus filmes) e palavras (ditas nos filmes, faladas em entrevistas, debates e conferências ou escritas em críticas, livros e ensaios).

Parece pretensioso propor, em poucas palavras, falar da obra godardiana como um todo e pressupor que haja nela uma intenção, quando é certo que, além de imensa, ela carrega intenções dentro de intenções, intenções depois transformadas em outras, intenções que se contradizem ou não se harmonizam. As hipóteses propostas aqui, porém, devem ser entendidas como uma aproximação necessariamente modesta, visando capturar aspectos dela a partir de um ângulo limitado: *o que permite ver nesta obra uma intenção pedagógica*. E desvelar, se possível, o sentido e a forma desta pedagogia.

Convém perguntar se seria "orgânico" esse todo. Possivelmente, não. Organicidade denota ordem, coerência e sistematicidade das relações entre as partes do todo e é termo pouco adequado a uma obra caracterizada pelo imprevisto e pela descontinuidade, pela variedade das estratégias discursivas, pela recusa de ideias já usadas, pela diversificação dos temas, das estruturas narrativas e das técnicas empregadas. Precisamos passar sem esse pressuposto, mesmo que algo se perca no trajeto (a possibilidade de falsificação

---

[2] Entenda-se: o "autor-modelo". Diz Eco (1995, p. 15), "O leitor empírico é aquele que faz uma conjectura sobre o leitor-modelo postulado pelo texto [e] tenta conjecturas, não sobre as intenções do autor empírico, mas sobre as do autor-modelo. O autor-modelo é aquele que, como estratégia textual, tende a produzir um leitor-modelo".

[3] Para nossos propósitos, filmes são tratados como uma classe de textos, e o sentido "verbal", obviamente, equivale ao sentido "cinematográfico".

das más interpretações), na construção do círculo hermenêutico que nossa abordagem pressupõe.

É notória a reinvenção godardiana de si mesmo como realizador de filmes, corolário da sua crença na liberdade criativa do artista. "O que havia de diferente na *Nouvelle Vague* em relação aos americanos, o que ela trouxe por comparação com todos os outros é que reivindicamos falar (talvez, sobretudo eu) em nosso nome pessoal" (GODARD, 1980, p. 37).

Paradoxo, pois, e ponto de partida para nós: JLG é sempre o mesmo, mas nunca se repete. Na verdade, às vezes se contradiz, esquece o que fez e falou, rompe com o que foi. Quer dizer, nunca faz de novo a mesma coisa da mesma maneira; mas todas as coisas que faz se parecem, têm um mesmo ar de semelhança. E, como conjecturas produtivas sobre intenções de obras precisam ter pontos de apoio, eis a principal: JLG se deixa identificar pela maneira como constitui "o que" filmar e no "como" filma. O *que* ele filma se vê e se discerne no *como* ele filma, como interrogação do por que fazer as coisas desta maneira e não de outra maneira.

Interrogações como a que ele propunha em 1965, logo depois de fazer *Pierrot le fou*: "o único grande problema do cinema me parece cada vez mais a cada filme ser: onde e por que começar um plano e onde e por que acabar?" (GODARD, 1965, p. 17).

Ou em 1978, quando perguntava – "o que é um quadro [um enquadramento]?". A resposta, como de hábito, é um exemplo da sua prática do fazer filmes, também sob a forma de problemas e perguntas:

> Uma câmera de vídeo que filma você que fala e eu que respondo, ou o contrário; e depois se dizer: se precisava enquadrar o que se passa lá, como devia enquadrá-lo? Devia por a câmera lá e depois enquadrar tudo junto? Devia fazer um grande plano seu? Um grande plano de mim? Ou o quê? Portanto, é preciso saber aonde se vai para decidir. Nesse momento, se teria uma ideia do que pode ser um quadro e a que ele pode servir (GODARD, 1980, p. 33).

Se em 1965 o problema era o do plano enquanto tal (o começo, a duração, o fim), em 1978 era o das relações entre diversos planos (o que vai ser filmado, a relação entre o quadro e a coisa filmada, a conexão de uma imagem a outra; isto é, como passar de um plano a outro). Vemos que um remete ao outro, reciprocamente.

Mas antes de filmar (ensaiar os atores, posicionar a câmera e ligar o gravador, decidir o começo e o fim do plano), dizia ele, tem a preparação – procurar uma situação e escrevê-la (saber aonde se vai); ensaiar o que vai fazer e, na hora de filmar, improvisar, inventar:

> Acha-se na hora ou se modifica. Mas pode-se ter pensado antes, ou haver muito bem preparado, depois pode ser completamente modificado na hora. Sempre fiz de acordo com as condições. Sempre rodei uma cena segundo o que encontrava, a verdade verdadeira e, se isso mudava o filme, bem, isso mudava o filme. E o filme continuava nesse momento. É isso a verdadeira montagem; ele se montava também nesse momento e mudava (GODARD, 1980, p. 45).

Para ele, preparar é escrever e anotar, reunir pedaços de citações e ordená-los de maneira filmável. Depois, chegar antes da hora marcada e observar o lugar escolhido, a iluminação ambiente, as pessoas que passam ou estão ali, quais coisas não pensadas antes podem ser incluídas, abrir-se para o que já está ali e deixar que isso, encontrado por acaso, se torne definitivo (quer dizer, filmado e conservado). Nisso, é diferente de quase todos os outros; não é uma questão de originalidade por ela mesma, é antes uma disposição criativa singular, inscrita no seu próprio ser de pensador. Alain Bergala, que trabalhou com ele e o conhece bem, diz:

> Hoje, Godard não escreve nem três linhas, pois quer procurar tudo nos livros. Grosso modo, ele faz colagens de citações. Durante todo o tempo, Godard está sempre folheando algum livro, e apropriando-se de um fragmento. [...] Para ele, "As coisas que contam vão fatalmente cair em cima de nós. Se folhearmos um livro, encontraremos a frase importante". [...] Desse modo, ele sobrevoa, depois corta, anota, mas esse não é o momento de feitura do filme. Depois, quando ele vai realizar um novo trabalho, ele recorre às suas citações. Godard tem uma espécie de estoque de frase, de textos.[4] [...] Ele é como um colecionador de frases, de páginas, de imagens, uma espécie de pescador de pérolas (apud COUTINHO, 2007, p. 89-90).

Temos, então, fragmentos e citações, sendo estas fragmentos também. Críticos e pesquisadores salientam o caráter fragmentário tanto da montagem das cenas quanto da própria estrutura narrativa dos filmes godardianos. Seria este seu modo distintivo de ver e pensar a vida e o cinema, seu "como" fazer filmes: sequências de imagens e ideias descontextualizadas, que existem como que por si mesmas, coladas umas às outras (sendo a colagem de coisas aparentemente heteróclitas o princípio organizador da montagem). E uma característica essencial da sua pedagogia é a ligação, a quase colisão, inesperada, fulgurante, entre coisas e ideias heterogêneas.

---

[4] Nos créditos de *Film Socialisme*, sob a rubrica "textos", são referidos 34 autores. Eis alguns: Benjamin, Derrida, Aragon, Arendt, Sartre, Braudel, Ricoeur, Lévi-Strauss, Conrad, Heidegger, Shakespeare, Genet, Goethe, Beckett, Pirandello.

A (des)continuidade

Godard disse que, quando foi fazer *Vivre sa Vie*, o incomodava ter que "contar uma história, fazer um começo e chegar a um fim, coisa que os americanos fazem muito pouco, mas se acredita que fazem". Como não o conseguia, começou a tomar pedaços, simplesmente:

> [...] eu só faço pedaços e até às vezes fico mais contente de fazer televisão onde os pedaços são aceitos. Dizem pra você: um pedaço segunda-feira, um pedaço terça, um pedaço quarta... Você faz sete, isso dá uma série. [...] Penso que era um desejo inconsciente – fazer um pouco de pintura, um pouco de música, onde efetivamente há ritmos, variações, pedaços. Neste momento, a gente está livre da história e ao contrário a procura, procura um fio, um tema ou ao contrário vários temas ou qualquer coisa; mas procura; lá, eu procurava (GODARD, 1980, p. 66).

Maurício Vasconcelos (2007, p. 66) pensa que esse depoimento expõe a impressão de continuidade criada pelos filmes americanos,[5] "de modo que a condição fragmentária da narrativa cinematográfica seja tomada como base para a elaboração de histórias não simplesmente contadas, não mais organizadas num encadeamento coeso, sucessivo". Examinemos essa ideia de impressão de continuidade,[6] que se refere a pelo menos dois conjuntos de questões práticas.

O primeiro diz respeito à descontinuidade visual causada pelo corte de um plano a outro na narração da mesma ação, que deve levar em conta a suposição de que, fora do quadro, há um mundo real de coisas, espaços, sons, pessoas que não desaparecem quando a câmera enquadra uma parte desse mundo. Quando a imagem "pula" de um personagem para outro com quem conversa, por exemplo, o espectador precisa ser ajudado a manter a crença elementar no contínuo espaço-temporal filmado onde ocorre a ação, uma vez que a propriedade fundamental desse contínuo é sua permanência física, objetiva: pois acreditamos que as coisas possuem um ser independente da nossa vontade e não desaparecem quando não as percebemos.

Para sustentar tal crença, há expedientes bem conhecidos (chamemos de "índices de realidade"), codificados por um longo processo de experimentação e

---

[5] Não só os americanos, no entanto: desde os anos 1930, pelo menos, nos filmes franceses, alemães, ingleses e também brasileiros (vide Humberto Mauro), a impressão de continuidade era um item importante da credibilidade realista que almejavam. Até hoje isso acontece.

[6] Trata-se da continuidade perceptiva, do ponto de vista do espectador.

aprendizagem do cinema narrativo naturalista, em geral de cunho industrial (os tais "filmes americanos"). Por exemplo, se duas pessoas se defrontam, a luz que incide sobre uma delas (vinda, digamos, da esquerda) deve inverter a origem de sua incidência quando, no plano seguinte, a câmera enquadrar o interlocutor (virá da direita, logicamente); se alguém se desloca no espaço, no plano que o mostrar quando estiver em outro lugar, as referências físicas devem mudar corretamente de posição em relação ao ângulo da câmera; o ambiente sonoro deve se manter nos planos sucessivos da cena, além de uma infinidade de regras práticas impossíveis de enumerar aqui. O importante é não haver saltos lógicos de um plano a outro. "Isto constitui uma garantia para que o conjunto seja percebido como um universo contínuo em movimento, em relação ao qual nos são fornecidos alguns momentos decisivos" (XAVIER, 1977, p. 21).

O outro conjunto de problemas diz respeito à construção da narrativa, cuja propriedade essencial é poder ser reconstruída como uma história pelo espectador, com começo, meio e fim (um desenlace). Não se trata apenas da possibilidade de reconstruí-la mentalmente como sucessão de eventos ordenados no tempo e encadeados "por relações lógicas, presas ao desenvolvimento dos fatos, e uma continuidade de interesse no nível psicológico [que] conferem coesão ao conjunto, estabelecendo a unidade desejada" (XAVIER, 1977, p. 21-22).

É preciso, também, que certas convenções narrativas e reconhecidas pelo espectador sejam usadas para que ele possa identificar e classificar, do ponto de vista da intenção do filme, personagens, ações e acontecimentos, de acordo com seu repertório de competências e expectativas aprendidas em experiências cinematográficas e literárias anteriores. Tais como: a montagem paralela, equivalente do "enquanto isso" literário; o *flashback* e o salto para o futuro; a história dentro da história; o *voice-over*; a perspectiva subjetiva por contraposição à objetiva; o corte de uma cena a outra, implicando intervalo temporal e/ou espacial; a tipificação dos personagens através de gestos, palavras e aparências codificados, e muitos outros saberes implícitos de um espectador habituado a contribuir com o filme para que ele faça sentido.

Ora, habitualmente se diz que os filmes de Godard desrespeitam o princípio da continuidade tanto visual quanto narrativa. Vejamos um exemplo, entre muitos possíveis. No segundo movimento – "O Medo", de *Sauve qui Peut (la Vie)* –, o cineasta Paul Godard está num bistrô com a filha Cécile e a ex-esposa Paulette. Sabemos ser um bistrô pelo ambiente sonoro, pela luz, pelas cores e por uma variedade de dados audiovisuais quase imperceptíveis, registrados mais pré-consciente do que conscientemente.

A cena começa com Paulette ouvindo Cécile ler um texto sobre a invasão das cidades europeias pelos melros no século passado. Paul lhe toma o livro para continuar a leitura, a câmera corta para o rosto de Cécile, que o olha. Paul continua fora do quadro. Alternam-se planos de Paulette e Cécile e a câmera só enquadra Paul quando termina a história do melro. Quando ele vai telefonar, a câmera não o acompanha, fica sobre as duas mulheres. Vê-se Denise, atual mulher de Paul, numa mesa de edição de vídeo, estendendo a mão para o telefone. A câmera volta para Paul, Cécile e Paulette no bar, enquanto a conversa telefônica de Paul e Denise rola na banda-som. Volta a conversa no bar, intercalada por dois planos de Denise andando na rua, sozinha na noite – fala-se dela no bistrô (diz Paulette: "ela vai terminar triste e só como eu."). Corta para Paul e Denise conversando noutro lugar, começa outra cena.

Nesta e em outras cenas de seus filmes, Godard separa imagem e som: é uma espécie de assincronia. É como se as faixas sonora e visual corressem lado a lado, como uma estrada de ferro e uma de rodagem cortando a mesma paisagem, ora aproximando-se, ora afastando-se, ora cruzando-se em pontes e túneis, cada uma no próprio leito, tomando caminhos próprios, segundo diferentes lógicas naturais. Isto é, ele viola a norma habitual de duplicar som e imagem, a redundância de enquadrar quem fala quando está falando, procedimento frequente nos seus filmes: alguém está "em campo" e diz alguma coisa; outro fala, pergunta, contrapõe "fora de campo", mas não o vemos. Talvez seja mostrado mais tarde, ou não. É possível que nunca saibamos quem é este outro.

Além disso, ele não faz campo/contracampo, procedimento que consiste em mostrar alternadamente, segundo uma geometria simétrica das posições da câmera, ora um, ora outro dos falantes, que é a norma de filmar e montar diálogos no cinema dramático habitual, desde os primórdios do cinema falado.

Por que não fazer campo/contracampo? Conjecturo que é porque falta, entre Paul, Paulette, Cécile e Denise, a reciprocidade de perspectivas proposta implicitamente pela máquina do campo/contracampo, ou seja, uma definição comum, compartilhada e prévia, da situação em que interagem. Isto é, falta o ato intencional de cada um se pôr no lugar do outro, de ver o outro com o olhar dele, de ver-se através da perspectiva do outro, que permitiria idealmente a troca de lugares entre eles. É como se não houvesse um mundo comum a eles, o chamado mundo do senso comum sobre o qual se apoiam as estruturas da vida social que Alfred Schütz chamava de "compreensão intersubjetiva".

Trata-se, por assim dizer, de uma metodologia cinematográfica do desacordo, de uma estratégia audiovisual de fazer aparecer, pelo desencaixe físico, sensível, de espaços diversos, a situação discordante dos personagens consigo mesmos e com os outros. Essa discórdia, esse desentendimento são sugeridos não propriamente *no* plano, que é sempre concreto, filmado ao vivo, de caráter documentário, mas *entre* os planos: é como a montagem de uma suspeita sobre a definição prévia, realista, do contínuo espaço-tempo que o princípio de continuidade cinematográfica ao mesmo tempo pressupõe e reafirma.

O mesmo se dá em relação à continuidade narrativa. Mesmo nos primeiros filmes, que procuravam contar histórias mais ou menos "à americana", já era difícil encontrar linearidade, conexões fatuais e psicológicas entre os atos dos personagens, coesão interna, causalidade plausível e verossimilhança psicológica – essas qualidades eminentes que fundamentam a narrativa unificada e coerente almejada pelo naturalismo em literatura e cinema. Depois de *Pierrot le fou*, a partir de *Masculin Féminin*, ele embarcou de vez na viagem sem volta da ruptura com o cinema vigente, da pesquisa do como fazer filmes com estruturas narrativas anômalas.

A suspensão da crença

A desconstrução da narrativa cinematográfica clássica empreendida por ele mira no próprio cerne daquilo que a tornou possível, novamente do ponto de vista da recepção, que Edgar Morin chamou de "a alma do cinema": o processo de identificação/projeção do espectador em relação ao filme, especialmente a "participação afetiva", o lugar da ficção e do preenchimento do desejo (MORIN, 1956, p. 91-120).

Ora, Godard (1980, p. 108) diz que sempre tratou a ficção de maneira muito documentária, que "documentário e ficção são semelhantes" (1995, p. 74), o que, além de ser uma das suas maneiras de misturar gêneros (cinematográficos, literários, musicais, etc.) é um meio de nos dizer (mostrar) algo sobre a realidade, ou sobre aquela "verdade verdadeira" da citação feita acima.

> Este objetivismo descritivo é crítico e mesmo didático, animando uma série de filmes, de *Deux ou Trois Choses que Je Sais d'Elle* a *Sauve qui Peut (la Vie)*, em que a reflexão não se faz somente sobre o conteúdo da imagem, mas sobre sua forma, sobre seus meios e suas funções, suas falsificações e suas criatividades, sobre as relações nela do sonoro e do ótico (DELEUZE, 1985, p. 18).

Não seria extravagante afirmar que o cinema godardiano se distingue, não só por, mas também pelo persistente ataque à "suspensão da descrença", essa dupla negativa de longa fama na teoria literária que torna possível ler livros ou ver filmes de ficção como se tratassem da própria realidade vivida, aceita como evidente. Na verdade, a crença na realidade do contínuo espaço-temporal filmado referida acima repousa em bases mais precárias do que parece:

> A crença que é requisitada do espectador de cinema é de um tipo bem particular: é uma crença [...] não desprovida de dúvida. O espectador de cinema é animado por uma denegação insaciável: algo nele "sabe" que ele está num espetáculo, no artificial, no simulacro, mas, ao mesmo tempo, ele acredita no espetáculo. [...] No cinema, há a possibilidade de relativizar a crença, de vivê-la de dentro e de fora ao mesmo tempo e não ser submerso por ela. O espectador sabe que é um espectador (COMOLLI, 2004, p. 159).

Godard trabalha inventivamente essa dúvida, reforça-a, não permite ao espectador esquecer o fato de que *isto é cinema* (embora eminentemente inabitual). Aparecem subitamente nos filmes dele, sem serem solicitadas ou impostas pelo fluxo narrativo, como que arbitrariamente, citações sem autor, cartazes quaisquer, manchetes de jornais, *slogans* de todas as espécies, imagens publicitárias ou documentárias, frases manuscritas por ele mesmo, trechos de poemas escritos ou falados, tiradas daquele estoque à mão de que falava Bergala (*apud* COUTINHO, 2007, p. 89-90) e atiradas para dentro da narrativa como que para desviá-la, descosturá-la, descentrá-la.

De certa forma, isto é uma reminiscência do tempo do cinema mudo em que havia intertítulos cortando as imagens. Mas, naquela época, esses cortes vinham para esclarecer o espectador sobre o que faltava a essas imagens – o som, a fala. Agora, trata-se de outra coisa: por um lado, trata-se de produzir descontinuidades, rupturas, dissonâncias (DELEUZE, 1985, p. 238-241); por outro lado, trata-se de sua forma peculiar de fazer aparecer a "fala do outro", sobre a qual ele disse certa vez:

> Trata-se de ouvir com as orelhas o som da nossa própria voz que estamos acostumados a ouvir com nossa garganta. Bastaria então um Nagra ou um Telefunken. Mas é porque isso não é tudo. Esta voz que sai do alto-falante, acabamos por aceitar como nossa, mas não impede que através da orelha ela é: os outros, e nos resta então uma coisa bem difícil de fazer que é escutar os outros com a garganta deles (GODARD, 1965, p. 18).

Serge Daney[7] disse que há, na pedagogia godardiana, uma condição *sine qua non*: nunca duvidar ou questionar o discurso do outro, qualquer que

---

[7] Devo a Serge Daney, especialmente ao artigo "Le terrorisé (pédagogie godardienne)", originalmente publicado na revista Cahiers du Cinéma e reproduzido no livro referido acima, a inspiração para as ideias apresentadas neste texto. Faço aqui minha homenagem a esse grande crítico, prematuramente desaparecido.

seja ele e tomar este discurso tal como é: à letra e à palavra. "Só tratar com o já-dito-já-enunciado-por-outros, com o já-dito-erigido-em-enunciados. Enunciados-objetos, pequenos monumentos, estoques de significações, palavras tomadas como coisas: a pegar ou largar" (DANEY, 1983, p. 80).

O já-dito-por outros, continuava Daney,

> [...] põe adiante o *fait accompli*: ele existe, consiste. Por sua existência, ele torna ilusória toda *démarche* que tenderia a reestabelecer detrás, antes, em torno dele um domínio da enunciação. Godard nunca põe aos enunciados que ele "trata" a questão de sua origem, de sua condição de possibilidade, do lugar de onde tiram sua legitimidade, do desejo que traem e recobrem ao mesmo tempo. Sua *démarche* é a mais antiarqueológica que existe. Ela consiste em aceitar o que é dito (e contra a qual não se pode nada) e logo procurar o *outro* enunciado, o outro som, a outra imagem que poderia vir contrabalancear, contradizer (dialetizar?) este enunciado, este som, esta imagem (p. 80).

Sobre os discursos e os atos dos outros, Godard não faz nenhuma interpretação, nenhum trabalho de compreensão psicológica, antropológica ou sociológica, nenhuma hermenêutica. Escutar não é igual a dar uma explicação ou razão ao que é ouvido. Ele apenas os colhe, reúne, mostra, nas suas discordâncias ou acordos, nas suas oposições e diferenças. Não nos pede para crer nisso ou naquilo, nem diz quem está certo ou errado.

Porque, como disse ainda Daney (1983, p. 80), "a escola é por excelência o lugar onde o mestre não precisa dizer de onde lhe vêm seu saber e suas certezas". Nem, digo eu, de onde vêm suas incertezas e as carências desse saber. Há duas perguntas que Godard não responderia, se lhe perguntássemos: de onde vêm as ideias certas (ou verdadeiras) e como distinguir entre uma ideia certa e outra incerta (ou falsa). Se as fizermos, ele provavelmente responderá com outras perguntas ou com enigmas. A escola dele é dura e exigente (por isso, tantos a abandonam antes do fim do curso), nunca deixa o aluno dormitar e ronronar na sala e o põe na posição de descobrir por si mesmo o que está se passando, o que ele está pensando, se puder.

Este é o conteúdo e o método da sua arte-como-pedagogia, somente possível pela destruição das formas habituais de fazer e de assistir a filmes. Para isso, precisa de alunos (espectadores) dispostos a jogar a espécie de jogo que ele propõe – não só dispostos no sentido da (boa) vontade de fazê-lo, mas também e sobretudo no sentido de se dotar da *disposição cinematográfica*, de adquirir pelo trabalho e com amor ao cinema, essa competência que resulta da aprendizagem anterior da história, da teoria e da prática do cinema, que os tornaria aptos a reconhecer a espécie de jogo que ele, JLG, está jogando: o jogo do desvelamento e da descoberta do outro (o outro de nós mesmos, o outro do cinema).

Na conferência de imprensa depois do lançamento de *JLG/JLG*, ele disse que "sempre pensei que o cinema era um instrumento de pensamento. Mas como ele era visto em [tela] grande e depressa ganhou muito dinheiro, fizeram dele um espetáculo" (GODARD, 1995, p. 70-71).

Ele não.

A intenção da obra

Para concluir com uma breve conjectura deste espectador empírico sobre "a intenção" do meu autor-modelo JLG, diria que Godard, nos filmes que faz, visa sempre apreender a vida no próprio momento da sua pulsação: num gesto mais lento, num movimento imprevisto, num olhar de través, numa entonação de voz, num quarteto de Beethoven. A vida, esta "coisa no corpo e no espírito que se revolta contra a repetição e o nada" e "que grita: eu não sou uma máquina" (*Sauve qui Peut (La Vie)*). Ele não quis e não quer demonstrar teses ou contar histórias com princípio, meio e fim, nem procura a clareza e a lógica, a ordem e a transparência: ele deixa esta tarefa para os funcionários do espírito.

Seu cinema, desde o começo, não se submeteu a regras estabelecidas, porque se rebelou contra a repetição e o nada – e não propôs novas regras pela mesma razão. Abriu-se para o mundo (Paris, a França) onde estava para filmá-lo de frente, diretamente (*A Bout de Souffle*, *Vivre sa Vie*, *Pierrot le fou*, *Masculin Féminin*). Um dia (maio de 1968), ele viu a revolução em marcha nas ruas e apartamentos de Paris ("na manifestação havia alegria, felicidade", diz alguém em *Film Socialisme*) e caminhou com ela. Depois, ela refluiu para os subterrâneos da política e da arte, e ele acompanhou essa imersão, para depois reemergir com um filme de perder o fôlego (*Sauve qui Peut (la Vie)*) e nos últimos trinta anos nos presentear com uma sucessão de filmes extraordinários e inclassificáveis (*Passion*, *King Lear*, *Je vous salue, Marie*, *JLG/JLG*, *Notre Musique*).

Godard, hoje, vê, vive, pensa, sente e filma a destruição da nossa morada terrestre pela lógica implacável do capital associado ao imperialismo, a morte dos sonhos generosos e das lutas coletivas de outrora, a imensa solidão que se apoderou dos seus semelhantes e irmãos – nós, os inumeráveis esquecidos deste mundo, em nosso difícil, obscuro e desencontrado caminhar sobre a Terra (*Film Socialisme*).

Para ele, todas as formas de arte são possíveis no cinema: música, teatro, pintura, literatura, poesia. Filma-se uma mulher porque ela lembra alguém que lemos num livro, ou sonhamos à noite, diz ele, cita-se um verso porque ele evoca uma imagem, dá-se uma estrutura musical ao filme porque é a melhor maneira de tecer-lhe os fios temáticos, enquadra-se uma paisagem de certa forma porque foi assim que Auguste Renoir ou Vincent van Gogh conseguiram captar uma relação fugidia e misteriosa entre linhas e volumes, faz-se certa panorâmica porque foi assim que Fritz Lang descobriu um dia como mostrar a morte entrando na vida.

Ele filma como vive, como vivemos, imersos no fluxo imenso do tempo entre coisas e seres vivos ou mortos, que às vezes se destacam do fundo indiferenciado do mundo para depois retornar a ele: estamos ora aqui, ora ali, vida interior e vida exterior, memória e imaginação, "rios de sentimentos que se perdem no mar das reflexões" (GODARD, 1965, p. 17), tudo ao mesmo tempo.

Referências

COMOLLI, J-L. Não pensar o outro, mas pensar que o outro me pensa. *Devires*, v. 2, n. 1, p. 148-169, 2004.

COUTINHO, M. A. O prazer material de escrever. *Devires*, v. 4, n. 1, p. 85-101, 2007. Entrevista concedida a Alain Bergala.

DANEY, S. *La Rampe*: Cahier Critique 1970-1982. Paris: Gallimard, 1983.

DELEUZE, G. *L'Image-Temps*. Paris: Minuit, 1985.

ECO, U. *Os Limites da Interpretação*. São Paulo: Perspectiva, 1995.

GODARD, J-L. Pierrot mon ami. *Cahiers du Cinéma*, n. 171, p. 17-18, 1965.

GODARD, J-L. *Introduction a ne Véritable Histoire du Cinéma*. Paris: Albatros, 1980. Tome 1.

GODARD, J-L. J'ai Toujours Pensé que le Cinéma Était un Instrument de Pensée. *Cahiers du Cinéma*, n. 490, p. 70-75, 1995.

MORIN, E. *Le Cinéma ou l'Homme Imaginaire: Essai d'Anthropologie Sociologique*. Paris: Minuit, 1956.

RICOEUR, P. *Teoria da Interpretação – o discurso e o excesso de significação*. Lisboa: 70, [s.d.].

VASCONCELOS, M. Viver o filme. *Devires*, v. 4, n. 1, p. 65-77, 2007.

XAVIER, I. *O discurso cinematográfico – a opacidade e a transparência*. Rio de Janeiro: Paz e Terra, 1977.

Prenome Jean-Luc:
notas sobre as possibilidades de uma pedagogia sem garantias

Paulo Henrique Vaz

> *Godard é acometido por todas as distorções*
> *que afetam a comunicação, a linguagem.*
> MICHEL DELAHAYE

> *Há duas alternativas no cinema: um cinema "interno", que circula no mercado de arte, como a pintura ou a poesia, e um cinema "eterno", dirigido às massas, o cinema comercial. Ambas as alternativas são válidas [...]. Creio, aliás, que seja necessário aprofundar a reflexão sobre o fenômeno cinematográfico antes de reformular teses que são sempre confusas ou extremistas, e por isso mesmo superficiais.*
> GLAUBER ROCHA

> *Diz-se, hoje, Chaplin, como se diz Da Vinci,*
> *ou antes Carlitos, como Leonardo.*
> JEAN-LUC GODARD

As duas primeiras passagens em epígrafe estabelecem o campo mais geral dos meus interesses nesta oportunidade e a perspectiva por mim adotada na abordagem do nosso tema. A primeira, de Delahaye, sinaliza para uma questão central tanto para Godard, quanto para a relação pedagógica, o problema da comunicação. A segunda, de Glauber Rocha, nos remete para o reconhecimento dos limites tênues, problemáticos, entre os domínios da "alta cultura/cultura erudita" e "cultura de massa". Sendo assim, se estabelece uma indefinição, no sentido dos filmes que seriam ou não dignos de discussão ou de fazer parte de um projeto formador, uma vez que o cinema tem se mostrado como um dos lugares onde se coloca de forma mais candente, ou onde está mais imediatamente expresso o embate entre as práticas tidas e reconhecidas como dignas e aquelas vistas como marcadas por uma certa indignidade cultural.

Para admitirmos a existência de um projeto de comunicação formadora na cinematografia de Godard, temos inicialmente que aceitar o fato de que transmitir uma mensagem no quadro de uma relação de tipo pedagógica exige de nós a definição do que merece ser transmitido, do código no qual a mensagem deve ser transmitida e da aceitação, ou reconhecimento, da legitimidade de tal mensagem por parte daqueles que se dispõem, ou são constrangidos a recebê-la. No caso de Godard, seria difícil precisar o que é verdadeiro ou válido, portanto digno ou mesmo passível de ser transmitido. Em relação ao código, é evidente o fato de que ele é elaborado no sentido de resistir a qualquer interpretação que se pretenda acabada ou definitiva. Quanto aos espectadores, diferentemente do público escolar, ele deve ser cativado, uma vez que não é cativo. Assim, somos desencorajados, nesse caso, a avaliar o rendimento informativo da comunicação.

Parte considerável da cinematografia de Godard pode convocar a participação dos espectadores, mas tanto para o "público médio" (mesmo sem saber exatamente no que consiste), assim como para o público escolar, parece-me diminuta a possibilidade de que se instaure, ao menos imediatamente, o diálogo ou as desejáveis múltiplas interpretações. Penso que, sem dispor de algumas chaves para a decodificação, é muito provável que a referida cinematografia se imponha, aos olhos desses dois públicos, como altamente problemática do ponto de vista do seu sentido, uma vez que há da parte de ambos, muito frequentemente, uma exigência prévia, a saber: a presença de modelos narrativos altamente codificados com os quais estão familiarizados. Por outro lado, uma eventual rigidez das mencionadas chaves interpretativas pode subordinar tão completamente a decodificação, que essa cifra prévia, autorizada, pode ter sobre a obra um efeito perverso, no sentido de retirar dela a ambivalência e a instabilidade, que a constituem e sobre as quais se erige a sua potência. Desta forma, não temos garantia que se cumpra a promessa inicial, da emergência de múltiplos saberes, sabores e de uma apreciação ampla, universal. Possibilidade que aventa Luc Moullet quando comenta, em 1960, o filme-manifesto *A bout de souffle* (*Acossado*): "Os esnobes dos Champs Elysées, que, aliás, ficarão satisfeitos, e as plateias populares, que ficarão profundamente presas pela ação e pelas brincadeiras, irão divertir-se bastante esquecendo o esoterismo, algumas vezes difícil, de certas sequências" (MOULLET, 1968, p. 24). Oscilamos assim entre crer na possibilidade de um efeito contagiante, imediato da obra e na possibilidade da criação de estratégias que tornem possível a aproximação, a familiarização com a mesma. No entanto, temos que admitir que esta última pode se desdobrar no sentido de uma tutela que destrói, oblitera a obra.

A rigor, esse dilema torna presente, muito esquematicamente, dois grandes eixos da educação estética. De um lado, temos uma visão sobre a arte pautada na ideia do seu caráter "irracional", "misterioso" e imediato, que contagia, reverbera, nas formas de fruição. A arte é o "mistério" ao qual o crente só tem acesso de forma solitária; o que está em jogo é a ideia de uma subjetividade isolada, distante do *Sensorium Communis* presente na *Crítica do Juízo* de Kant. Essa perspectiva de extração, em parte, romântica e que corresponde a uma visão muito difundida sobre a arte tem como expressão máxima o viés kierkegaardiano. É esse olhar que informa a rejeição, total e completa, de qualquer investida sistemática, contínua, laboriosa no que diz respeito à educação estética. O outro eixo enuncia uma mediação entre a sensibilidade e o entendimento, e ainda em relação à ética e à moral. Essa última perspectiva, distancia-se de um "subjetivismo" quase "místico" em favor do reconhecimento da autonomia do estético, admitindo a relação deste com outros domínios. Essa posição, eu diria, schilleriana, encontra um desdobramento curioso nas formulações de Habermas ou Jacques Rancière. Este último nos diz:

> Pela noção de "fábrica do sensível", pode-se entender primeiramente a constituição de um modo sensível comum, uma habitação comum, pelo entrelaçamento de uma pluralidade de atividades humanas. Mas a ideia de "partilha do sensível" implica algo mais. Um mundo "comum" não é nunca simplesmente o *ethos*, a estadia comum, que resulta da sedimentação de um determinado número de atos entrelaçados. É sempre uma distribuição polêmica das maneiras de ser e das "ocupações" num espaço de possíveis. A partir daí é que se pode colocar a questão da relação entre o "ordinário" do trabalho e a "excepcionalidade" artística (RANCIÈRE, 2005, p. 63-64).

É verdade que Godard se apropria e atualiza procedimentos que são próprios das práticas cinematográficas tradicionais, mas tendo sempre no horizonte a possibilidade de subvertê-los e isto acaba por trair a confiança inicial de parte do público. Esse afastamento acaba sendo reforçado pelo fato de suas realizações ficarem sob as categorias: "filme de autor", "filme de arte", e assim marcadas por uma distância inicial que pensam muitas vezes ser quase que intransponível. Distância esta também produzida pela reverência e consagração que a crítica (por vezes hermética) e outras instâncias de legitimação lhe imputam. Dessa forma, acaba por se estabelecer, e muito frequentemente por antecipação, uma distância entre parcelas do público e tal filmografia, na forma de um processo de exclusão mútua. Com um indisfarçável elitismo (ainda que contextualizável), Moullet, já citado aqui, nos sugere em parte os contornos desse processo:

> Criticaram em Godard o acúmulo de "private-jokes", porque só os cinéfilos ou os parisienses podem compreender. A massa do público não os compreenderá, mas não se importará de não compreendê--los porque não os perceberá, com raras exceções. É verdade que perderá muita coisa. Mas acontece que uma boa parte das grandes obras são naturalmente esotéricas, começando por Aristófanes, que é ilegível sem as notas (MOULLET, 1968, p. 31-32).

Essa cinematografia parece tornar possível, por suas características, múltiplas interpretações, apropriações. E isto supostamente lhe garante, segundo tal perspectiva, um caráter libertário, radicalmente democrático e dialógico. Se a abertura desta cinematografia a torna absolutamente incontornável, se o problema do diverso, do descontínuo é colocado, neste caso, como bandeira e não como problema, implica dizer, no limite, que o autor/diretor nada afirma que este não atesta sequer uma vaga posição ética/estética, tendo em vista, nessas condições, ser possível fazer emergir uma multiplicidade infinita de vozes, visões sobre os filmes. Implicaria também dizer que a fruição se realiza à revelia de um conjunto de disposições mais ou menos precisas, ou de interpretações tidas e reconhecidas como legítimas; em última análise, que ela se encontra absolutamente atomizada, encerrada em particularismos. Sendo assim, no limite, nada nos autorizaria a sermos favoráveis a esta ou aquela interpretação, a discutir isto ou aquilo. Caso contrário, se esboçaria, ou melhor, se manifestaria, a partir dessa ótica, nosso propósito de controle, domesticação/dominação, enfim, nossa compulsão repressiva.

Ismail Xavier (1998), em um seminário, manifesta a sua posição em face desse relativismo de tipo solipsista quando estabelecido na esfera da produção cinematográfica. Ele reconhece a descentralização como um dado importante "[...] no sentido da diversidade de estilos e olhares". Apesar de longa, reproduzo a passagem na íntegra:

> Mas por outro lado, acho que a diversidade, se posta assim, com um acordo tácito de ninguém discutir, para passar a ideia de que é um valor, passar a ideia de que existem diferenças e de que todo mundo tem razão, cada um no seu projeto. Isso pode ser um processo de despersonalização (sic.). Porque eu acho que a diversidade existe quando posta num terreno de debate, de polêmica, de colocação das ideias, no sentido de que o cineasta afirma o seu cinema não apenas porque ele acha que o seu cinema tem que ser feito daquele

jeito: mas porque ele tem também a convicção de que na sua proposta existem coisas que podem ser válidas para outros projetos... e então, por que não afirmá-lo? Eu não vejo nada de autoritário nisso (XAVIER, 1998, p. 84-85).

Assim, o cineasta não se apresenta resignado, diante de um pluralismo amorfo, vago, impreciso, pautado numa espécie de democratismo cultural. O que a relação pedagógica presume, exige, não é uma investida autoritária, uma ação despótica, mas uma ação pautada no princípio da autoridade, que a estrutura e constitui. Neste caso, vale a pena seguir com outra longa citação, agora de Jean-Claude Forquin (1993):

> Toda pedagogia cínica, isto é, consciente de si como manipulação, mentira ou passatempo fútil, destruiria a si mesma: ninguém pode ensinar verdadeiramente se não ensina alguma coisa que seja verdadeira ou válida a seus próprios olhos. Esta noção de valor intrínseco da coisa ensinada, tão difícil de definir e justificar quanto de refutar ou rejeitar, está no próprio centro daquilo que constitui a especificidade da intenção docente como projeto de comunicação formadora (p. 9)

Para não nos inquietar, ou nos colocar distantes das nossas certezas consoladoras, Forquin não menciona o fato de que ensinamos algo que é verdadeiro e válido aos nossos olhos, mas não necessariamente aos olhos dos outros.

Então, neste ponto, posso dizer que o problema do autor/autoridade se coloca de forma candente para Godard. Uma vez que há nele, segundo minha perspectiva, uma descrença em relação à possibilidade de um sujeito metafísico, apartado do mundo; assim, o autor não tem privilégio como princípio explicativo. E por não se definir como completamente autônomo, ou livre de qualquer determinação sócio-histórica, ele estabelece, através de seus filmes, uma relação intensa, densa e tensa com as mais diversas práticas culturais. No extremo, ele aposta na dissolução da ideia de criação, até aqui atributo por excelência do domínio da arte, quando esta se apresenta de forma absolutamente idiossincrática, radicalmente contraposta à ideia da existência de um horizonte compartilhado e prévio.

Algumas vezes, a tentativa de abandono da função-autor se pauta em um posicionamento articulado com a autonomia da imagem, independentemente do autor, como também do espectador. Neste caso, a hipertrofia das noções de criatividade, autenticidade, é contida através de uma deferência em relação à dimensão fascinante e vertiginosa da imagem. Como sinaliza em *Vent d'est* (*Vento do leste*), seu interesse não é "a imagem precisa, mas precisamente uma imagem". Assim, ele valoriza os rodopios e uma incandescência, próprios aos filmes, sem conceder lugar à intenção do diretor.

Não é o gosto pelo artefato ou pelo artesanal que o interessa, não é o virtuosismo, ou a ideia de originalidade que o move, apesar de seu gosto pela novidade e sua recusa no sentido de ser clichê dele mesmo. Daí o gosto pela citação, frequentemente sem mencionar a fonte. É a apropriação indébita generalizada, compulsiva, o que evidencia uma relação expressiva, nesse aspecto, com as elaborações de Guy Debord, com o *objet trouvé* surrealista e o método *detournement* de Lautremont, que consiste em modificar frases existentes pela troca de palavras ou pelo acréscimo de outras criteriosamente escolhidas. Em entrevista concedida a Mario Alves Coutinho, Alain Bergala (2007) fala desse procedimento de Godard em relação a uma passagem de *Elegias de Duíno,* de Rilke:

> Então, ele corta e cola a frase em um documento e faz alguma modificação transformando-a um pouco. No primeiro filme em que ele usa a frase, ela aparece sob determinada forma. Dois anos depois, num outro filme Godard decide usar a mesma frase. Contudo, ele a corrige de novo. Ele modifica uma palavra, fazendo com que a frase já não seja a mesma. É como um copista que repete a palavra, mas modificando-a, fazendo a frase movimentar-se (BERGALA, 2007, p. 94).

É através de uma imersão nas questões que marcam parte do campo artístico do período, que colocam em questão o caráter absoluto e o papel fundador do sujeito que, sem uma filiação epistemológica precisa, ele se aproxima, tangencia as elaborações de Barthes, Foucault em relação ao problema da autoria. No seu caso, essas preocupações vão ao extremo, com a formação do Grupo Dziga Vertov, constituído por maoístas, responsável por criações coletivas entre 1968/1972.

É notória a presença de uma voracidade cultural em Godard, que confere uma certa legitimidade e poder de comunicação ao seu cinema. Assim, com elementos do universo musical, da pintura, que, neste caso, como sugere Phillipe Dubois, ora se estabelece como "o que há de cinematográfico na pintura" e ora como "o que há de pictórico no cinema" (DUBOIS, 2004, p. 254). Aparecem, também, de forma constante, elementos da literatura, tanto pela presença do texto literário quanto do livro como objeto. São elementos fundamentais para a constituição de sua obra e que foram analisados de forma exaustiva e aguda por Mario Alves Coutinho (2010).

Então, é por força dessa voracidade cultural, dessa compulsão compilatória que os filmes acabam muitas vezes por se apresentar como colagens ou são informados por uma "estética do fragmento". É através dessa estratégia estética, estabelecida pelas vanguardas inaugurais do século passado, a "estética do fragmento", que ele quer ver repensados ambos os domínios da cultura: o que designamos e entendemos como o da "tradição culta" de um lado e o da "cultura de massa", industrial/comercial de outro. Isto torna possível, segundo minha perspectiva, a problematização dos limites de cada um desses universos e a eventual tradução de um sistema em outro. E ainda torna possível evidenciar o caráter "impuro", híbrido do cinema, legatário das diversas modalidades artísticas e que se apresenta de forma dual: como "entretenimento de massa" e como "forma de arte".

Uma coisa que não pode deixar de ser mencionada é o fato de terem sido desenvolvidas experiências radicais em relação ao cinema desde a segunda década do século passado, parte delas pautadas em elaborações derivadas de manifestos que informam outros domínios da arte: pintura, música, literatura e teatro. Mas os princípios aí presentes sinalizam no sentido de um "cinema puro", livre das convenções narrativas, uma espécie de música visual. Entre elas, as realizações de Richter, Eggeling, Léger, Duchamp e Man Ray parecem ter interessado pouco a Godard, uma vez que não as menciona. Há indícios da sensibilidade de Godard em relação a esta vertente se de um outro lado Eisenstein a representa. Mas Godard esteve extremamente afeito ao que Susan Sontag (1987) denomina como "escombros culturais" em contrapartida às "realizações consagradas". Ela lembra que a posição de Godard corresponde à de Picasso e de Stravinski, com o que eu concordo, uma vez que ambos se permitem retomar a tradição para adiante subvertê-la, e em seguida com ela se reconciliam, produzindo um arranjo surpreendente, original. Essa estratégia é análoga à parte considerável das investidas pedagógicas, que reverenciam a tradição, mas enunciam a necessidade inadiável da inovação. A "ambivalência estrutural" é própria de Godard e dos artistas citados: o desejo de uma memória absoluta, o gosto pela imaginação criativa e uma presciência vanguardista. Bergala (2007) acredita ser possível vincular os cineastas a uma das duas grandes tradições: Lumière e Meliès; segundo ele, Godard se encontra em ambas.

Em uma entrevista em 1962, trabalha a crítica e a realização cinematográfica; uma crítica militante que sinaliza no sentido de determinada perspectiva estética. Apontando para o que ele admite ser "[...] uma grande continuidade entre todas as formas de expressão", Godard nos diz: "Atualmente me considero todavia como um crítico e, em certo sentido, o sou mais do que antes. Em vez de fazer uma crítica, faço um filme, porém nele introduzo a dimensão crítica" (GODARD, 1971, p. 171). E qual é a importância dessa atividade, que, segundo ele o fazia, assim como os seus contemporâneos, pensar em termos de cinema e pensar o cinema simultaneamente? Aludindo a um espírito de grupo, à importância de uma formação crítica/histórica, e ainda, à necessidade de inovação, sugere: "A crítica nos ensinou a apreciar simultaneamente a Rouch e Eisenstein. A ela, devemos o não excluir um aspecto do cinema, em função do outro, e, também, o saber tomar certas distâncias, grandes distâncias, ao fazer um filme, e ter consciência de que se algo já foi feito, é inútil voltar a fazê-lo" (GODARD, 1971, p. 172).

Narrativa e fragmentação: "Mas eu queria contar uma história"

Já vimos que Godard não se investe de um sistema de referência que torne possível criar uma distinção inequívoca entre cinema clássico e moderno. Ao contrário, procura abdicar de uma distinção esquemática, autoevidente. Neste caso, é paradigmática a sua posição face ao cinema de Hitchcock, que ele vê como concomitantemente "artístico" e "comercial", investido, portanto, de uma "hibridez" que o interessa. Em relação a *A bout de souffle* (*Acossado*) ele diz: "Queria, a partir de uma história convencional, refazer, porém de uma maneira diferente, todo o cinema realizado anteriormente" (GODARD, 1971, p. 174). Porém, evitando tornar a "maneira diferente" uma regra, ou seja, evitando praticar um anticonvencionalismo convencional.

A filmografia de Godard não vai no sentido de reconhecer ou fazer reconhecer, estabelecer um mundo translúcido, absolutamente estável. Ainda que não conduza a nossa sensibilidade no sentido de uma visão unificada, imediatamente reconhecível, ou possível, ela reserva para si a prerrogativa de nos sensibilizar para um mundo que pode ser percebido. É aí que se torna manifesta a dimensão instável, sem garantias, daquilo que precária e provisoriamente designamos como "pedagogia godardiana". Se essa pedagogia se estabelece fundada pela ideia de um projeto formador, ético/estético, temos que considerar que este projeto tem uma base enfaticamente interrogativa. Ela provoca reaproximações, suscita correspondências e nos move no sentido de uma imprevisibilidade constante, constitutiva. Por isso mesmo ela não é passível de ser imediatamente vivida (imediatismo estético) e comunicada, uma vez que ela não requer, para si, algo que possa consistir numa unidade *a priori* que ela pretende representar/transmitir. Aqui, a linguagem não é um *medium* estável que representa/traduz de forma incontestável, mas sim um instrumento de interrogação, fascínio e ruptura estética. Ainda que de forma fragmentária, Godard nos remete para uma narrativa, narrativa aqui entendida como produção de sentido e não como uma forma de encadeamento linear dos eventos, pautada em uma concepção vetorial do tempo.

Sinalizando para uma espécie de "estética dos possíveis" e ponderando sobre o papel da montagem, no quadro deste debate, Vincent Amiel (2010) sugere:

> Em todos os pontos de vista, a organização das imagens de um filme – a montagem – destaca-se do princípio linear para se orientar para uma espécie de cartografia dos possíveis. Não só em termos narrativos, mas também em termos de quadros, de unidades de representação. [...] O primeiro fenômeno é notório. Está ligado à contestação da narrativa clássica, e ao mesmo tempo à impossibilidade de se desligar dela completamente (AMIEL, 2010, p. 117).

Em parte dos seus filmes, Godard joga com a trama policial inicialmente codificada segundo pressupostos clássicos. Em relação a essa questão, declara, em 1967, em Argel: "Tento escapar desta estrutura, mas nem sempre consigo. Necessito de um suporte dramático" (GODARD apud HENNEBELLE, 1978, p. 232), ou ainda, em 1990, em uma conversa com Wim Wenders:

> Revoltamo-nos em outros tempos contra a forma clássica de contar histórias. Contentamo-nos de mostrar momentos. Estando um pouco mais velhos, redescobrimos o encanto da narrativa linear corrente. O meu filme *Nouvelle Vague* começa com a frase: "Mas eu queria contar uma história" (GODARD apud AMIEL, 2010, p. 117).

Daí a indecisão da narrativa pela montagem:

> Como se, durante a projeção, o realizador experimentasse uma outra personagem, uma outra réplica; uma voz que vem sobrepor-se a outra, uma palavra que parece privilegiada, e que depois se perde num magma sonoro. "Mas eu queria contar uma história" [...] hoje todos os filmes de Godard dizem a mesma coisa. Eles exprimem a intenção e o obstáculo, o projeto e o fracasso (GODARD apud AMIEL, 2010, p. 117-118).

Neste caso, o problema da incomunicabilidade é o objeto mesmo de discussão ou polêmica. No extremo, o risco que se corre, caso Godard seja visto como radicalmente distante de qualquer propósito formador, é de nos estabelecermos resignados diante de um relativismo radical, marcado por uma certa incomensurabilidade e no limite por uma incomunicabilidade extrema. Sendo assim, não haveria o que discutir em Godard, o que nossa posição neste momento contraria.

Uma dissolução da hierarquia das práticas?

Godard, em *A bout de souffle* (*Acossado*), na abertura do filme, faz seguir a uma citação de Stendhal: "Vamos falar de coisas terríveis", uma homenagem a uma companhia americana especializada em *westerns*, filmes de horror e séries policiais de baixo orçamento. Isso implica dizer que ele atribui o mesmo valor a toda e qualquer prática cultural? Não me parece. Segundo minha perspectiva, a apropriação das práticas da "cultura de massa" não corresponde em Godard a uma tática, tendo em vista uma garantia de comunicabilidade, ou a uma adesão primária ao espírito do seu tempo. Entendo também, que não se trata de uma denúncia ao mundo das mercadorias, uma vez que essa denúncia se estenderia ao consumo conspícuo. Trata-se de ver, com uma inflexão marcadamente *pop*, que a mercantilização e coisificação estão estabelecidas como a forma geral de experiência. Godard então desloca esses produtos dos seus respectivos circuitos de circulação e apropriação. E, assim, não os evoca como textos, mas como eventos, e dessa forma, segundo Borges e Cozarinsky (1983), ele incorpora "esses resíduos culturais numa estrutura onde, em vez de se adicionar placidamente, se eleva, pelo choque, a uma potência imprevisível" (p. 90).

A reflexão sobre esses procedimentos, muito frequentemente, coloca-se na forma de um falso dilema: essa estratégia estética consiste em estabelecer uma tensão com a "alta cultura", uma investida de inspiração duchampiana, ou trata-se de um chiste elitista, zombeteiro com as preferências, maneiras e crenças populares? Corresponde mais, segundo meu parecer, a um comentário oblíquo, uma ironia cáustica, que rejeita entrar no mérito dessas produções em favor da compreensão/problematização da lógica implacável que as informa.

Pode ser imodéstia de minha parte dizer que consiste numa leitura ingênua aquela que atribui a essa produção um caráter irrevogavelmente democrático, uma vez que vemos o cúmulo da negatividade artística carregar-se subitamente de significação positiva. Isso implica dizer que a rigor ela tende a se perpetuar a partir dos princípios de distinção que marcam o campo da produção cultural dita erudita.

Uma pedagogia sem garantias

Para que em sua totalidade ou em parte a cinematografia de Godard possa ser vista na esfera de uma relação de comunicação de tipo pedagógica, a ela seria exigida uma condição, como veremos, problemática nos seus desdobramentos. A condição é que sejam explicitadas as razões de sua eleição como uma prática digna de ser transmitida.

Não há como desconsiderar o fato de que a *Nouvelle Vague*, no final dos anos 1950 e início dos anos 1960, tem um papel decisivo no sentido de fazer frente a um modelo de cinema pautado nas adaptações literárias, rotulado na França como "tradição de qualidade", e ainda aos brutais golpes à autoestima cultural francesa pelo deslocamento do centro da produção artística internacional (notadamente das artes plásticas, visuais) de Paris para Nova York, com a emergência do Expressionismo Abstrato e posteriormente da *Pop Art*. Poderíamos dizer que a França recuperou seu brio com as imagens comovedoras do seu cinema.

Até o surgimento dos *Cahiers du Cinéma* e da *Nouvelle Vague*, não tínhamos tido a oportunidade de ver constituída uma crítica especializada, deliberada a instituir e reconhecer uma certa tradição. Até esse momento, excetuando-se a produção ligada às vanguardas inaugurais dos anos 1910/1920, o cinema não dispunha de meios para estabelecer, impor e ter reconhecida uma certa legitimidade do ponto de vista cultural. Em parte por sua história, uma vez que ele esteve e permanece mais imediatamente identificado como um divertimento popular, assim como pela dificuldade de nele se reconhecer uma especificidade no que diz respeito a sua linguagem. No entanto, conferir a Godard um lugar, exclusivamente, no campo que reconhecemos como sendo das práticas eruditas, pode ser altamente problemático, uma vez que ele deseja desconstruir, problematizar, especialmente no caso do cinema, a distância entre as formas ditas de vanguarda, "internas" e as convencionais, "clássicas", "eternas". Numa espécie de vertigem, mas com extremo rigor, ele torna trivial aquilo que definimos como alta cultura e torna distinto aquilo que reconhecemos como cultura de massa. Intimismo, o gosto pelo tom superficial, coloquial e uma espécie de mediocridade voluntária se articulam com um tom recitativo, declamatório, completando o quadro. É indiscutível o fato de que poucos lhe recusam os títulos de nobreza estética. Mas se recusam a inserir sua linguagem entre as inúmeras formas de produção social, em favor daquelas circunscritas nos "planos de imanência", e encerram seus filmes em interpretações acabadas ou definitivas. Reduzido ao debate acirrado interno ao campo cinematográfico e às interpretações autorizadas, poderemos ver sua obra, aplacada, domesticada por essas mesmas instâncias ou por força de uma violência própria, a transposição didática.

A pedagogia de Godard encerra uma lição – se é que há uma lição – ela versa sobre aquilo que está entre; entre as pessoas, os planos, entre as coisas (segundo sua visão, a partir de Elie Faure, de Velázquez). Então, Godard, na posição de autoridade pedagógica, pelo poder da narrativa, nos faz esquecer a ilusória humildade filosófica de Sócrates: "Só sei que nada sei", para nos lembrar de outra passagem a ele atribuída, a de que: "A verdade não está com os homens, mas entre os homens". E nós poderíamos parafrasear o polifônico Sócrates dizendo que o poder não está com os homens, mas entre os homens.

É essa ênfase relacional e a rejeição de uma visão tópica e econômica do poder que nos faz ver que Godard não ocupa o lugar do poder ou é detentor deste; nós é que lhe atribuímos, ou reconhecemos nele, a autoridade. Dessa forma, ele permanece nos interessando na medida em que declara: "Não me incomoda ser o mais célebre dos esquecidos, gosto bastante dos paradoxos. As pessoas reconhecem meu nome não sei bem por quê. Acho que é porque devo ser o último daquela época que ainda resiste" (GODARD, 2002, p. 71). Resiste e resistirá até o momento em que o monstro Jean-Luc venha ceder o lugar ao sagrado Godard.

Referências

AMIEL, V. A. *Estética da montagem*. Lisboa: Texto & Grafia, 2010.

AUMONT, J. *O olho interminável [cinema e pintura]*. Rio de Janeiro: Cosac Naify, 2004.

BERGALA, A. O prazer material de escrever. *Devires*, Belo Horizonte, v. 2, n. 1, p. 82-101, jan./jun. 2007. Entrevista concedida a Mario Alves Coutinho.

BORGES, J. L.; COZARINSKY, E. *Do cinema*. Lisboa: Horizonte, 1983.

COUTINHO, M. A. *Escrever com a câmera: a literatura cinematográfica de Jean-Luc Godard*. Belo Horizonte: Crisálida, 2010.

DUBOIS, P. *Cinema, vídeo, Godard*. Rio de Janeiro: Cosac Naify, 2004.

FORQUIN, J-C. *Escola e cultura*. Porto Alegre: Artes Médicas, 1993.

GODARD, J-L. *Jean-Luc Godard por Jean-Luc Godard*. Barcelona: Barral Editores, 1971.

GODARD, J-L. O mais célebre dos esquecidos. *Bravo!*, São Paulo, ano 6, out. 2002. Entrevista concedida a Fernando Eichenberg.

HENNEBELLE, G. *Os cinemas nacionais contra Hollywood*. Rio de Janeiro: Paz e Terra, 1978.

MOULLET, L. Jean-Luc Godard. Cahiers du Cinéma. In: BARBOSA, H. (Org.) *Jean-Luc Godard*. Rio de Janeiro: Record, 1968.

RANCIÉRE, J. *A partilha do sensível: estética e política*. São Paulo: EXO Experimental Org.; 34, 2005.

SONTAG, S. *A vontade radical: estilos*. São Paulo: Companhia das Letras, 1987.

XAVIER, I. Inventar narrativas contemporâneas. *Cinemais*, Rio de Janeiro, n. 11, maio/jun. 1998.

Godard e a educação do olhar

Paulo Augusto Gomes

Posso estar "redondamente enganado", mas não me lembro de nenhum professor entre os personagens principais da obra de Jean-Luc Godard. Ou, pelo menos, de um professor que exerça sua profissão e demonstre apreço por ela. Em compensação, os intelectuais são figuras frequentes, tanto como seres reais que fazem o papel deles mesmos (a lista é longa e vai de Brice Parain a Samuel Fuller) ou como personagens de ficção (novamente, uma galeria significativa, que vai do Parvulesco feito por Jean-Pierre Melville – um intelectual vivendo outro intelectual – ao Pierrot de Jean-Paul Belmondo). Entre estes últimos, cabe lembrar o grupo de *A chinesa*, que são evidentemente homens e mulheres da ação, mas se sentam à mesa e analisam suas dúvidas e posições de um ponto de vista estritamente intelectual. Isso não deve se constituir em surpresa, pois até um marginal como Michel Poiccard (também vivido por Jean-Paul Belmondo em *À bout de souffle* (*Acossado*) evidencia conhecimento e sensibilidade; é só ver a maneira como ele compara Jean Seberg com a reprodução de um retrato feminino de Renoir.

Tudo isso para se chegar a um corolário: a relação de Godard com a educação, mais que ligada a uma didática tradicional, é fundada na sensibilidade que ele e seus personagens utilizam imageticamente todo o tempo. Ao comparar Seberg e a figura de Renoir, fazendo das duas as metades de um mesmo plano, Godard cria um terceiro nível de leitura, amparado na fusão de emoções que brotam daquele encontro. Experiência semelhante será repetida em *Tempo de Guerra* (*Les Carabiniers*), em que dois soldados broncos batem continência diante de uma obra de arte. Pode-se dizer que isso nem mesmo é uma invenção: remonta à conhecida experiência de Lev Kuleshov, que sobrepôs a mesma fisionomia impassível do ator Ivan Mosjoukine a uma criança em um berço ou a um prato de comida, obtendo daí "expressões" de ternura e de fome.

Infere-se, então, que a didática godardiana pouco ou nada tem a ver com aquela que é praticada na escola. Aprende-se muito em Godard, mas não da maneira tradicional. As ferramentas de ensino são outras e, ao contrário dos liceus, o aprendizado se dá em meio a dúvidas e incertezas, mais que motivado por uma convicção diante daquilo que o "professor" quer impor como definitivo. Talvez o caminho seja exatamente na direção contrária: a certeza é embutida nas diversas situações dos filmes de Godard para levantar dúvidas no espectador.

Como o leitor observa, venho me referindo aqui à chamada primeira fase da obra godardiana, àquela que parece mais palatável aos espectadores comuns, ainda que a aventura – de um agente secreto, um jornalista ou um intelectual – venha entremeada de citações e discussões teóricas. É quando a emoção ganha terreno e a poesia chega, como um catalisador de todos aqueles momentos que parecem saídos do acaso.

Aí acontece o Maio de 1968, com profundas mudanças em todo o mundo e, em especial, na vida francesa. A turma dos *Cahiers du Cinéma*, Godard, sobretudo, toma posição firme contra a velhice que envolve algumas das discussões então levantadas e o cineasta ganha destaque ao subir pelas cortinas do Festival de Cannes, buscando derrubá-las. A partir desse momento, sua obra mudará de direção. Como outros colegas (inclusive Resnais), dirige *cinétracts*, pequenos filmes feitos ao correr do dia e centrados nos acontecimentos das ruas, e abandona o ramo da poesia em benefício de uma militância política perseverante, insistente. É quando ele radicaliza seu trabalho.

Nessa segunda fase, o tom é marcado por certezas nascidas de suas convicções políticas, que levam a uma posição que alguns viram como didática. Ou seja, Godard querendo "ensinar" a seus espectadores como se comportar diante de um mundo que insiste em ofertar valores caducos e, mais, como ser revolucionário em um período que pedia uma participação mais efetiva das pessoas. Alguns artifícios já estavam presentes na primeira fase – como quando Pierrot e Marianne (Jean-Paul Belmondo e Anna Karina) encenam um *sketch* para levantar dinheiro junto a turistas, abordando a Guerra do Vietnã. Esse procedimento será retomado, por exemplo, em *Le Vent d'Est*, no qual Gian Maria Volonté faz um militar como que saído de um *western*, para expor suas verdades.

O que assustou aqueles que acompanhavam a obra de Godard desde o início foi uma certa crueza com que ele apresenta os valores contra os quais se opõe e aqueles nos quais acredita. É evidente que, nesse novo tempo, os objetivos são outros. Ele se retira voluntariamente do cinema dito comercial e se dedica com afinco ao novo rumo que definiu para seu trabalho. A educação, aí, passa a ser no sentido de tornar o espectador cúmplice de suas assertivas. Não chega a ser panfletário, mas se afina com a linha em que atuou o russo Dziga Vertov, cujo nome foi dado ao grupo a que se vinculou. Prefere atuar em parceria com os demais membros, quase sempre nem assinando os filmes que faz e buscando dividir sua missão com nomes nem tão famosos – o mais constante deles, Jean-Pierre Gorin.

Os conceitos com os quais passa a lidar são rígidos e assumem o tom de uma nova verdade. E é fato, também, que seus fiéis admiradores vão gradativamente o abandonando: Godard não mais trabalha com valores – como a comédia – que ainda cultivava na primeira fase. Sua narrativa torna-se dura e seca e as citações, que sempre foram parte ativa de sua linguagem, continuam, mas sem que a poesia esteja mais envolvida nelas. Continuam também as frases escritas em sua letra inconfundível, porém, agora, mais objetivas que nunca. São, às vezes, sintéticas e principalmente centradas em dados factuais. Isso pode ser observado, inclusive, nos filmes em que Godard retoma algumas tendências da fase inicial, como a ficção em *Tout Va Bien*, no qual dispõe de grandes nomes (Jane Fonda e Yves Montand, ambos ativistas políticos) e assina a direção com Gorin. Mas é uma ficção em cima da realidade imediata, no caso, uma fábrica que serve de ponto de partida para uma discussão sobre as relações entre patrões e empregados. Trata-se de um filme que o grande público não levou em consideração, esvaziando o seu discurso. Estaria Godard testando sua relação com o cinema e a educação, uma vez que seu processo de radicalização o levou a um beco sem saída?

Ele cada vez mais se afasta do cinema tradicional. Faz curtas-metragens que se transformam em episódios de longas e outros que acabam mesmo como curtas autônomos (um exemplo é *Letter to Jane*, no qual ele analisa e expõe ideias sobre uma foto em que a atriz se encontra em Hanói; isso se repetirá em *Meeting WA*, uma conversa com Woody Allen, a partir da participação que o autor/ator americano teve como o bobo da corte em *Rei Lear*, uma nada convencional versão godardiana da peça de Shakespeare). Também no elenco está o veterano ator americano Burgess Meredith, um respeitável intelectual, responsável pela adaptação do livro *Diário de uma Camareira*, de Octave Mirbeau, que ele estrelou em Hollywood ao lado de Paulette Godard, sob a direção de Jean Renoir.

Aí tem início uma terceira fase em sua obra, que sinaliza para um gradativo retorno a posturas que ele havia (provisoriamente) abandonado. *Prénom Carmen*, por exemplo, se afirma como uma obra bastante engraçada, a partir da própria participação do cineasta como ator, fazendo um personagem internado em um asilo, um diretor de cinema decadente e tio da personagem central, que atende pelo apelido de "Titio Jean-Luc", que bolina enfermeiras e parece alheio ao que vai à sua volta. Retorna também a poesia, evidente em uma obra como *JLG/JLG* (*Jean-Luc Godard por Jean-Luc Godard*), ensaio nada convencional sobre sua pessoa e seu lugar no mundo, espécie de balanço de sua trajetória como cineasta. Ou em *Nouvelle Vague*, reflexão sobre a condição humana na sociedade moderna, não mais aberta à aventura romântica, como, por exemplo, é o caso de *Pierrot le fou*. Ou ainda nos diversos capítulos de *Histoire(s) du Cinéma*, no qual é frequente o uso de imagens fixas ou, no máximo, ralentadas – o que não deixa de ser irônico, já que o cinema é caracterizado pelo movimento dessas imagens. Evidentemente, o uso de trechos de alguns filmes pode ter sido dificultado pelas empresas que detêm os direitos sobre eles, mas as fotos fixas permitem, até incentivam, outra leitura. Um Godard maduro já não mais alimenta ilusões sobre a função do artista no tempo moderno, em que tantas ilusões foram apagadas e tantas apostas perdidas. A grosso modo, é essa terceira fase que ainda existe na obra godardiana, embora, é curioso observar, ao contrário do que vinha fazendo até então, não mais com uma produção abundante, com várias obras em um mesmo ano. Após *Filme Socialismo*, seu último trabalho, foram pelo menos três anos de inatividade até *3 X 3D*, o filme seguinte de que participou. Nunca, em sua carreira, ele se permitiu ficar tanto tempo sem que um novo trabalho seu fosse dado a conhecer. É claro que seus 80 anos ditam um ritmo menos intenso, mas, ainda assim, dispondo hoje em dia de recursos menos complicados que as antigas câmeras pesadas e as películas que demandavam tempo para revelação e montagem, talvez se pudesse esperar uma participação mais frequente de Godard na criação atual.

  Tudo o que foi dito parece sinalizar que seu trabalho vai aos poucos chegando ao fim. É lícito supor que ele ainda nos surpreenderá com outros filmes, mas não deverão ser muitos. É possível, portanto, tentar uma interpretação do conjunto de sua obra, no que se refere à sua relação com a educação. Como ponto de partida, pode-se propor uma discussão quanto ao papel que a didática tem para sua condição de autor.

  Vemos, nos dias de hoje, uma rebelião cada vez mais intensa contra o papel que o ensino tem na vida moderna. Isto é, o ensino nos moldes tradicionais, em que os alunos eram colocados diante de um professor todo-poderoso, cuja função era ministrar o saber "oficial" a pessoas carentes e incultas. No mundo inteiro, estudantes se mobilizaram contra esse tipo de postura, promovendo manifestações e assumindo questionamentos politicamente embasados contra essa maneira, atualmente arcaica, de ministrar o conhecimento. Em países como o Brasil, onde o padrão educacional muitas vezes é nivelado por baixo, as atitudes costumam ser bem mais radicais, com alunos agredindo e ameaçando mestres.

A atitude de rebeldia é uma constante na postura de Godard. Rebeldia, antes de mais nada, contra o cinema tradicional: mesmo conhecendo a fundo – e amando – o cinema dito comercial, sintonizado pelos padrões industriais americanos, ele, desde o início em *Acossado*, criou uma forma nova de filmar, rompendo com os padrões estéticos tradicionais, introduzindo uma série de procedimentos inéditos, fazendo do seu longa-metragem de estreia uma referência tão importante para a história do cinema como foi *Cidadão Kane* em sua época. Isso explica por que, desde o início, Godard foi execrado pelo grande público. Há quem ache que ele sempre filmou daquela maneira porque não sabia fazer diferente. Não penso assim. Como foi dito, ele conhece a fundo as regras, os modelos e os mestres do cinema tradicional; copiá-los, mesmo dentro de um padrão europeu, não seria tarefa impossível. Mas ele, como intelectual de vanguarda, pertencente a uma família de intelectuais que tinha grandes pensadores e escritores como amigos, fez uma escolha consciente. Era preciso mudar, subverter a ordem vigente.

Essa postura contra a corrente fica evidente em outros posicionamentos seus. Como quando, rompendo uma tradição na produção cinematográfica, encarou a realização simultânea de dois longas-metragens, *Made in USA* e *Duas ou três coisas que eu sei dela*. Ou quando, como foi dito acima, subiu pelas cortinas do Festival de Cannes, como forma de protesto. Era, portanto, de se esperar que ele também se insurgisse contra a educação, tal como a via sendo praticada. Cinema, diga-se, não é o lugar (ou o meio) ideal para o ensino de nada. Mais que isso, a função da arte é levantar dúvidas e promover questionamentos. Mesmo em sua fase mais radical – aquela em que procurava "ensinar" no seu público como fazer a revolução, Godard o fez sem abandonar seu modelo estético inovador. Não é por outro motivo que todos aqueles filmes se frustraram no nível da disseminação de conceitos, já que, exceção feita aos espectadores mais radicais, cuja cabeça já estava feita de antemão, dispensando por conseguinte lições suplementares, os espectadores ignoraram tais obras, o que certamente contribuiu para o esvaziamento do Grupo Dziga Vertov.

Creio ser mesmo possível afirmar que, se existe um componente na obra godardiana que envelheceu, é exatamente o seu lado didático. Do que foi exposto acima, fica claro que sua trajetória, inicialmente marcada pela poesia, abdicou, em um segundo momento, desse ingrediente básico na criação de qualquer obra de arte, em benefício do que poderia ser definido como uma objetividade na apresentação dos motivos e do direcionamento do conteúdo revolucionário. Posteriormente, constatando o empobrecimento de sua criação, Godard fez uma meia-volta e retomou, em boa parte, o rumo que havia voluntariamente abandonado (ou teria ele achado que, na sua fase "política", a poesia mais atrapalharia que ajudaria os seus propósitos?).

Além do mais, qual revolução? O século XX foi gradativamente mostrando que as revoluções drásticas não têm mais grande futuro. A da Rússia, que extinguiu a dinastia dos tzares, foi aos poucos se transformando de tal forma, que acabou como uma ditadura de esquerda vulgar, beneficiando seus líderes com privilégios e obrigando o povo a uma vida de limitações. A própria China, por detrás de sua herança maoísta, transformou-se em uma contradição viva, já que hoje é uma das nações com maior vocação capitalista no mundo. Cuba, cada vez mais isolada, procura sobreviver como pode, sem o apoio de antigos aliados e sem perspectivas de progresso.

Godard ainda se mantém fiel a seus antigos valores e a prova evidente é *Filme socialismo*, cujo título já deixa evidente a preferência do seu autor – mas agora o discurso é marcadamente ambíguo, eliminada a ortodoxia de antes. Para que, então, o didatismo (coisa que sua última fase já havia deixado parcialmente de lado)?

Os últimos livros que assinou não mais são de críticas de filmes – ou trazem os textos de alguns de seus filmes mais recentes, apresentados sob a forma de ensaios poéticos, ou contêm, basicamente, entrevistas. A exceção, no caso, é *Introdução a uma verdadeira história do cinema* (então prevista para ser o tomo 1 de uma série que não teve continuidade, sob forma de livro), recolha de textos de conferências apresentadas no Conservatoire d'Art Cinématographique de Montréal, no Canadá, onde se apresentou a convite do diretor Serge Losique, após a participação de Henri Langlois. Usando uma abordagem poética, Godard reuniu dez longos capítulos em torno de sete viagens, para retomar o termo que usou. Ali, ele lança mão de vários de seus filmes, tomando como termos de comparação obras de diretores que admira e que admite terem estado à origem das suas próprias criações. Ou seja, trata-se de uma tentativa de localizar sua própria inserção na história do cinema (da qual, evidentemente, ele se sabe parte atuante e marcante), como consequência do trabalho e da atuação de mestres que o precederam. A política está sempre presente – mas não mais vista sob os olhos do dogma.

Os prometidos segundo e terceiro tomos, jamais publicados, acabaram por se transformar na série de vídeos *Histoire(s) du Cinéma*. Nos diversos capítulos que a compõem, Godard faz o que tinha vontade desde o início desse projeto: "Eu preparo para mim mesmo uma espécie de história do cinema e da televisão a que chamarei 'Aspecto Desconhecido da história do cinema'. E, de início, percebi que era preciso poder ver filmes" (GODARD, 1980, p. 21). Como já foi dito antes, ele não conseguirá mostrar trechos de filmes que gostaria, certamente em função dos direitos envolvidos, que implicariam em quantias significativas (e proibitivas), tendo que se contentar com mostrar fotos fixas – o que, aliás, em nada prejudica o valor e o significado do que é dito. Profundo conhecedor do tema que aborda, nessa série feita para a televisão, Godard retoma a poesia como ferramenta de trabalho e é justamente aí que se torna mais didático – e sua didática tem mais eficácia. É uma didática que lhe permite – com sua reconhecida inteligência – apontar aproximações muitas vezes insuspeitadas entre momentos-chave do cinema, nascidas de um texto muito bem embasado e de montagens de imagens que acrescentam novas ideias ao que é dito. Teria ele, durante sua segunda fase, deixado de lado algumas lições que Eisenstein apresentou com tanta eficácia no seu *Bronenosets Potyomkin* (*O encouraçado Potemkin*)?

Se comparado a outros colegas seus de *Nouvelle Vague*, Godard acaba por ser muito mais didático que Truffaut ou Chabrol. Esses dois são autores dentro da linha tradicional do cinema, afeitos a contar histórias, usando dos artifícios da linguagem cinematográfica que aquele movimento trouxe ao mundo. Mas, é claro, toda história só é verdadeiramente contada quando, por detrás dela, o cineasta busca exprimir uma visão de mundo. Isso, claro, em um cinema autoral, como é o europeu.

Autoral e cerebral, pois Godard é um intelectual, que exerce essa condição a cada momento de sua obra. Suas grandes admirações estão quase sempre no cinema americano, cujos autores clássicos – de John Ford, Howard Hawks e King Vidor a Joseph L. Mankiewicz, Nicholas Ray e Samuel Fuller – têm um compromisso franco, aberto, com a indústria, embora solidamente embasados na cultura erudita. Sempre foram, por isso mesmo, esnobados pela *intelligentzia* de seu próprio país, até que a crítica de cinema francesa deixasse evidente, para aqueles pensadores, o alto valor dos trabalhos desses mestres. Godard cita praticamente todos eles em seus filmes (Mankiewicz em *Nouvelle Vague*; Vidor em *Pierrot, le Fou*; Fuller e Ray em *Made in USA*, a quem o filme é dedicado), embora essa citação venha sempre transubstanciada pelo tempo e contexto nos quais se encontra inserida. Em seus textos críticos, Godard ajudou a deixar claro a todo o mundo, aos americanos principalmente, a grandeza desses cineastas e o quanto seu cinema deve – sempre deveu – a todos eles. Isso, claro, é uma forma de didatismo.

Talvez seja essa, aliás, a grande educação que o cinema godardiano propõe: a educação do olhar. Saber/poder ver com olhos livres – o cinema e a vida. Todo o resto passa a ser corolário disso: a já citada rigidez que caracteriza a segunda fase de sua carreira chega ao espectador transformada pela recriação que Godard faz de seus mestres, ao filmá-los de maneira nada convencional.

O que se observa, então, nas últimas obras de Godard, marcadas pelo retorno a pontos de vista poéticos, é uma síntese de seu trabalho e uma tentativa de resumir, nos planos que filma, suas convicções políticas e os autores que o marcaram esteticamente. É o desfecho e a culminação de uma longa caminhada que, ao que parece, vai chegando ao ponto final. Mais que didática, sua trajetória é a de um longo aprendizado, humilde e, sobretudo, honesto. Sob esse aspecto, ele se coloca como o intelectual do século XX por excelência: o pensador que fez do mundo a matéria-prima de sua reflexão e ação e que, ao fazê-lo, através de um cinema de poesia, mostrou a seus colegas, semelhantes e contemporâneos como deve se comportar o homem moderno diante dos conflitos e contradições que o afetam.

Referências

BARBOSA, H. M. (Org.) *Jean-Luc Godard*. Rio de Janeiro: Record, 1968.

CAHIERS DU CINÉMA. Paris: L'Etoile, n. 300, maio 1979. Número especial editado por Jean-Luc Godard.

CAHIERS DU CINÉMA. Paris: L'Etoile, agosto 1991. Número especial: Godard – Trente Ans Depuis. Rédacteurs en Chef: Thierry Jousse, Serge Toubiana.

COUTINHO, M. A. *Escrever com a câmera – a literatura cinematográfica de Jean-Luc Godard*. Belo Horizonte: Crisálida, 2010.

COUTINHO, M. A. (Org.). *Godard, cinema, literatura*. Belo Horizonte: Crisálida, 2013.

ESTÉVE, M. (Org.) *Jean-Luc Godard. Au-delà du Récit*. Paris: Lettres Modernes; Minard, 1967.

GODARD, J-L. *Jean-Luc Godard par Jean-Luc Godard*. Introduction et notes par Jean Narboni. Paris: Pierre Belfond, 1968.

GODARD, J-L. *Godard par Godard. Des Années Mao aux Années 80*. Paris: Flammarion, 1991.

GODARD, J-L. *Introduction à une Véritable Histoire du Cinéma*. Paris: Albatros, 1980. Tome 1.

GODARD, J-L. *JLG/JLG. Phrases*. Paris: P.O.L., 1996.

GODARD, J-L. *Éloge de l'Amour*. Paris: P.O.L., 2001.

GODARD, Jean-Luc y el Grupo Dziga-Vertov: un Nuevo Cine Politico – *Guiones de Viento Del Este, Pravda, Luchas em Italia, Seguido de Carta a Jane Fonda* – Edición y Prólogo de Ramón Font – Barcelona: Editorial Anagrama, 1972.

MARIE, M. *A Nouvelle Vague e Godard*. Tradução de Eloisa A. Ribeiro e Juliana Araújo. Campinas: Papirus, 2011.

OLIVEIRA, L. M. (Org.) *Godard 1985–1999*. Lisboa: Cinemateca Portuguesa, 1999.

ROSEMBERG FILHO, L. (Org.) *Godard, Jean-Luc*. Rio de Janeiro: Taurus, 1985/1986.

O cinema faz-se escola:
o amor revisitado em *Pierrot le fou*, de Jean-Luc Godard

Ana Lucia Soutto Mayor

> *Sem paz, sem amor, sem teto,*
> *caminho pela vida afora.*
> *Tudo aquilo em que ponho afeto*
> *fica mais rico e me devora.*
> Rainer Maria Rilke, "O poeta"

Os versos de Rilke poderiam ter sido inspirados no personagem de Ferdinand, um dos protagonistas do filme, *Pierrot le fou,* de 1965, dirigido por Jean-Luc Godard. O título dessa narrativa fílmica já sugere um "caminho" a ser delineado por esse personagem: se tomarmos o imaginário vinculado à figura de Pierrot, presença recorrente na cena da *commedia dell'arte*, podemos identificá-lo com a melancolia, o abandono, a solidão. Retrato do desengano amoroso através dos tempos, nas representações estéticas do Ocidente, a figura de Pierrot configura-se como um emblema e, materializado no título dessa narrativa godardiana, esboça uma chave fundamental para sua leitura. Ferdinand/Pierrot – assim nomeado insistentemente por Marianne, uma advertência sutil a seu amado... – apresenta-se, desde o início do filme, como um sujeito à margem do mundo que o rodeia, "perambulando", perdido, a esmo de si, por entre a pintura, a poesia, a paisagem, em uma busca desesperançada, ao redor do amor por Marianne. Como, outra vez, poderíamos descrever, por meio das palavras de Rilke: "Ainda uma coisa, só, no imenso mar / das coisas, e uma luz depois do escuro, / um rosto extremo do desejo obscuro / exilado em um nunca-apaziguar" (Campos, 2007, p. 143).

Entretanto, antes de seguirmos a trilha sugerida por essa imagem-Pierrot, acompanhando-a pelos desvãos do delírio e da loucura, presentes também no filme, é preciso pensar em lugar possível para sua análise, circunscrita ao âmbito do espaço da escola, mais precisamente, no espaço do ensino – ou, como prefiro denominar, da experiência do literário nas salas de aula do ensino médio. O ensino de Literatura, há décadas, vem sendo pautado por uma perspectiva que privilegia a história dos movimentos literários, o exame dos traços temáticos e estilísticos presentes em cada um desses movimentos e a cobrança da leitura de obras literárias pertencentes ao cânone. Quase sempre, observa-se o privilégio, no cotidiano pedagógico da maioria das escolas, tanto da rede pública quanto da rede privada, de práticas leitoras que investem nesse "entorno do texto" ou no reconhecimento superficial de aspectos característicos de diferentes estilos de época, em detrimento de outras práticas, mais ousadas e ambiciosas, voltadas para a experiência direta do literário ou, num dizer mais amplo, na experiência do poético. De modo ainda mais específico, o trabalho com a disciplina Literatura, ao longo de todo o ensino médio, vê-se quase sempre ameaçada por um pragmatismo excessivo, em função dos exames vestibulares e das novas políticas de acesso ao ensino superior. Assim, torna-se cada vez mais urgente repensar a experiência do literário em sala de aula, valorizando o caráter artístico dessa disciplina e o seu diálogo com outras linguagens artísticas, mais especificamente, com a linguagem do cinema, em razão da centralidade da imagem no mundo contemporâneo. Apostar em uma "pedagogia do sensível", intensificando as experiências estéticas no contexto da escola – eis nossa tarefa mais urgente, imprescindível e radical. Nas palavras de João-Francisco Duarte Jr:

> Maior sensibilidade; vale dizer: menor anestesia perante a profusão de maravilhas que este mundo nos permite usufruir e saborear. Uma vida mais plena, prazerosa e sabedora de suas capacidades e deveres face à consciência de nossa interligação com os outros e com as demais espécies do planeta. Este talvez consista hoje no objetivo mais básico e elementar de todo e qualquer processo educacional, por mais especializado que ele possa parecer. Uma educação do sensível, da sensibilidade inerente à vida humana, por certo constitui o lastro suficiente para que as naus do conhecimento possam singrar os mares mais distantes de nossas terras cotidianas, como os oceanos da matemática ou da mecânica quântica. Inevitavelmente, após

viajarmos por tais paragens longínquas, acabaremos sempre por retornar aos nossos portos do dia a dia, nos quais convivemos com outros marinheiros e companheiros de jornada, tendo de trocar, com eles e com a paisagem ao redor, informações e procedimentos que precisam nos tornar mais humanos e menos predadores (DUARTE JR., 2003, p. 180-181).

Retomando o cinema, Godard, *Pierrot le fou*: por que essa linguagem de arte no cotejo com o literário, por que esse diretor, por que esse filme? De que modo o cinema pode funcionar como um *locus* privilegiado para "desaprenderes" e "reaprenderes", tão caros aos processos formativos das escolas de educação básica? Como – mais particularmente – o cinema godardiano pode provocar a desestabilização necessária a esses processos formativos, comprometidos com a inquietação, a busca e a transformação de sujeitos? Ainda de maneira mais focal, como, temática e formalmente, *Pierrot le fou* é capaz de promover uma rediscussão das representações amorosas, por meio da tensão entre pressupostos estéticos da tradição romântica e da modernidade?

Segundo Serge Daney (2007), em artigo em que analisa, de modo específico, o que ele intitula uma "pedagogia godardiana", a escola, tradicionalmente, apresenta-se como um espaço refratário ao questionamento radical, às novas proposições, ao movimento das ideias e das coisas. Em outras palavras:

> A escola é por excelência o lugar onde é possível, permitido, mesmo recomendado, confundir as palavras e as coisas, nada querer saber daquilo que as liga (quando há uma ligação), de deixar para mais tarde o momento no qual iremos examinar mais de perto, no qual iremos ver se há alguma resposta ante aquilo que nos é ensinado. É um espaço que convida ao nominalismo, ao dogmatismo (DANEY, 2007, p. 108).

Em contrapartida, o cinema oferece-se como um espaço "gratuito", comprometido com a lógica intrínseca de seus próprios objetos – os filmes – e, como todo espaço verdadeiramente artístico, afirmativo em sua autonomia e liberdade. De modo mais específico, o cinema de Godard, notabilizado como dos mais bem-sucedidos exemplos de experimentação da história do cinema, promove, em contínuos "exercícios audiovisuais", o tensionamento de linguagens, conceitos e formas. Em *Pierrot le fou*, observaremos como essa "pedagogia godardiana" se atualiza, focalizando, em particular, as releituras, nessa narrativa fílmica, da representação amorosa. Voltando ao ensaio de Daney, evidencia-se, no texto, o procedimento godardiano de "colagem de discursos" – anúncios publicitários, cartazes, manchetes de jornais, entre outros –, mecanismo privilegiado de reconhecimento do "já-produzido", com o qual Godard interage, em busca de um "outro" na imagem, na palavra, no som.

Nas palavras do crítico, "Godard seria o espaço vazio, a tela escura na qual as imagens, os sons, iriam coexistir, reconhecer-se, neutralizar-se, embater-se" (DANEY, 2007, p. 109). Além disso, o processo narrativo godardiano não se propõe, como tarefa primeira, a "contar uma história", com "começo, meio e fim" (necessariamente nessa ordem...); antes, contrariando a lógica da narrativa clássica, instaura em seus textos cinematográficos outras possibilidades de agenciamento da matéria narrada, como analisaremos em *Pierrot le fou*. O cinema de Jean-Luc Godard pode ser pensado, à luz das reflexões de Giorgio Agamben, como um autor essencialmente contemporâneo, no sentido de que

> [...] o contemporâneo é aquele que percebe o escuro do seu tempo como algo que lhe concerne e não cessa de interpelá-lo, algo que, mais do que toda luz, dirige-se direta e singularmente a ele. Contemporâneo é aquele que recebe em pleno rosto o facho de trevas que provém de seu tempo (AGAMBEN, 2009, p. 64).

> [...] é também aquele que, dividindo e interpelando o tempo, está à altura de transformá-lo e de colocá-lo em relação com outros tempos, de nele ler de modo inédito a história, de citá-la segundo uma necessidade que não provém de maneira nenhuma de seu arbítrio, mas de uma exigência à qual ele não pode responder (AGAMBEN, 2009, p. 72).

Em *Pierrot le fou*, Godard ilumina a escuridão de seu tempo, esclarecendo os dilemas, as contradições e a poesia de um relacionamento amoroso, entre Ferdinand e Marianne, e, ao mesmo tempo, tensionando representações "clássicas" da tradição romântica – estamos falando, aqui, do Romantismo em seus princípios mais genéricos e não de uma certa tradição do Romantismo alemão, como veremos mais adiante – e imagens outras do sentimento amoroso, à luz da modernidade. Em diálogo contínuo e visceral com a poética de Rimbaud – mais notadamente *Une Saison en Enfer* –, *Pierrot le fou* oferece ao "espectador-professor" não somente a possibilidade de revisitar diferentes representações do amor na história da literatura ocidental, mas, sobretudo, problematizá-las, virando-as "pelo avesso", ousando a fruição do poético cinematográfico em sala de aula, desafiando os alunos em seus processos de recepção do texto fílmico.

Um das primeiras sequências de *Pierrot* traz ao espectador a voz *off* de Ferdinand, comentando a pintura de Velásquez:

> Velazquez, depois dos cinquenta anos, não pintava jamais uma coisa definida. Ele flutuava em torno dos objetos, com o ar e o crepúsculo, ele surpreendia na sombra e na transparência das essências as palpitações coloridas que ele fazia o centro invisível de sua sinfonia silenciosa. Ele capturava do mundo apenas as trocas misteriosas, que fazia penetrar umas nas outras as formas e tons, por um progresso secreto e continuo, que nenhum choque, nenhum sobressalto denuncia nem interrompe o movimento. O espaço reina. É como uma onda aérea que resvala nas superfícies, se impregna de suas emanações visíveis para defini-las e modelá-las, e levá-las por toda parte como um perfume, como um eco delas que ela dispersa sobre toda a superfície em sua volta como pó imponderável (*Pierrot le fou*).

A longa fala de Ferndinand pode ser lida como uma espécie de epígrafe de todo o filme, em razão de ela conter, em si mesma, elementos que apontam para o *modus operandi* godardiano, qual seja, o de tentar capturar poeticamente seus objetos – em *Pierrot le fou*, o amor em seus impasses e contradições –, "rodeando-os com o ar, com o crepúsculo", em reiteradas alusões à estética simbolista, em sua busca incessante de atingir o inefável. Por recorrentes sinestesias – "palpitações da cor" / "misteriosas interpretações da forma" / "onda etérea" / "espalhasse como um perfume um eco delas mesmas" – configura-se, nessa abertura do filme, esse "enquadramento simbolista" e, simultaneamente, um enquadramento romântico, no que esse movimento antecedeu o Simbolismo em sua vocação para o absoluto, o misterioso, o inefável sempre escorreito de todas as coisas. "O espaço reina supremo". No filme, muitos são os "espaços supremos": o céu, a floresta, mas, soberano, reina o mar. Em planos reiterados de sua imensidão, ao longo de toda a narrativa, o mar sintetiza a vocação do Romantismo para a imensidão, a plenitude o absoluto. Ou, ainda, nas palavras de Arthur Rimbaud, com que – na superfície das imagens visuais do mar e do sol – a voz em *off* de Ferdinand encerra a narrativa: "Achada, é verdade? / Quem? / A Eternidade. / É o mar que se evade / Com o sol à tarde".

A narrativa desenrola-se por meio de "capítulos", os quais, longe de obedecerem a uma sequência linear de eventos, se apresentam, antes, ao espectador como um todo em si mesmos, como se, para contar a história de Ferdinand e Marianne, só fosse possível assumindo suas fraturas não apenas cronológicas – uma vez que eles se separam ao longo de suas vidas, por duas vezes –, mas, acima de tudo, as contradições, os lapsos, os não-ditos desse relacionamento amoroso. Ferdinand, revelando ao espectador algumas etapas desse percurso dos dois, anuncia: "Próximo capítulo: desespero, memória, liberdade, lembrança de coisas passadas". Mais uma vez, apontam-se emoções e estados do sujeito romântico. A angústia, a dor, a nostalgia: uma "onda etérea", "espalhando como um perfume / o eco" das inquietações românticas, no centro das inquietações modernas de Godard?

Em uma das mais belas cenas do filme, no apartamento de Marianne, ela, ao acordar Ferdinand e servir-lhe o café da manhã, inicia uma canção, uma espécie de monólogo, cujo tema é o amor dos dois, pondo em questão a perenidade do amor, suas possibilidades e impossibilidades. Nessa cena, justapõem-se expectativas opostas, no sentido da efemeridade e da eternidade do sentimento amoroso, amalgamando (ou, antes, reconhecendo...) ressonâncias românticas no olhar da modernidade godardiana.

Ferdinand provoca Marianne: "Você não acreditou que sempre estaríamos apaixonados", ao que ela responde: "Eu nunca disse que te amaria por toda a minha vida". O início desse diálogo apontaria para um ceticismo em relação à perenidade do amor, em virtude, como registra explicitamente Marianne, de ela se conhecer e conhecer o amado. Entretanto, no desenrolar do monólogo de Marianne, o amor vai sendo apresentado como algo que irrompe a despeito da vontade dos amantes:

> E mesmo assim, e mesmo assim, passo a passo, sem uma palavra entre nós / pouco a pouco / sentimentos escorregaram entre nossos corpos felizes e entrelaçados [...] Nunca pensei que eu sempre desejaria você / [...] Nossos sentimentos nos amarraram a despeito de nós mesmos (*Pierrot le fou*).

Marianne, todavia, recupera sua perspectiva inicial – interrompida por esse inesperado reconhecimento da força do amor entre os dois –, fazendo um pedido a Ferdinand: "Vamos manter o sentimento que este amor/ Este nosso amor é um amor sem amanhã".

Se, nessa cena, o sentimento amoroso é tematizado em suas contradições, em função das expectativas dissonantes dos dois amantes, em outra sequência do filme, um dueto alternado de falas entre Ferdinand e Marianne, podemos observar o emprego de um procedimento narrativo – a fragmentação –, bastante caro à poética godardiana. Esse recurso, além de conferir agilidade e síntese à matéria narrada, sugere também a impossibilidade da totalidade – ainda que, em se tratando do envolvimento amoroso, ela sempre possa ser almejada, na utopia recorrente dos amantes. O diálogo entrecortado é acompanhado de imagens de pinturas de Renoir e de planos do apartamento de Marianne. Justaposição de quadros, de tempos, de espaços – barthesianamente, fragmentos de um discurso?

É particularmente relevante observar que, em *Pierrot le fou*, dois aspectos, tributários da vertente romântica alemã, representada por filosósofos-poetas como Schlegel, Schelling e Novalis, na virada do século XVIII para o XIX, se fazem recorrentemente presentes: a fragmentação e a conjunção entre arte e filosofia, ou em outros termos, a reflexão da poesia – ou da filosofia – sobre si mesma. No que tange à fragmentação, além da sequência aludida, nota-se, no filme, uma presença recorrente desse procedimento: falas, imagens, tempos, espaços, movimentos – recortados, justapostos, elípticos. Na fragmentação dos românticos alemães, restaurada pelos "olhos contemporâneos" de Godard, inscreve-se de modo radical a modernidade de seu cinema, por meio do reconhecimento da visada antecipatória da modernidade dos românticos alemães. A esse respeito, comenta Maurice Blanchot (2010):

> [...] A menos que, precisamente, uma das tarefas do romantismo tenha sido introduzir um modo absolutamente novo de realização e mesmo uma verdadeira conversão da escrita: o poder, para a obra, de ser e não mais representar, de ser tudo, mas sem conteúdos ou com conteúdos quase indiferentes, e, assim, de afirmar a um só tempo, o absoluto e o fragmentário, a totalidade, mas numa forma que, sendo todas as formas, isto é, não sendo, no limite, nenhuma, não realiza o todo, mas o significa suspendendo-o, ou até mesmo quebrando-o (p. 103-104).

Se causa um certo espanto reconhecer a modernidade assinada dos românticos alemães, ao "assinarem" fragmentariamente seus escritos – uma aposta de "forma e fundo" – não é menos instigante reconhecer a força com que, em seus textos, poesia e filosofia, arte e pensamento, estética e crítica aliaram-se, estabelecendo um nexo fecundo e instigante, precursor dos anseios críticos da modernidade. Em *Pierrot le fou*, essa dobra poética do pensamento godardiano sobre si mesmo manifesta-se tanto no comentário da narrativa sobre si mesma – "Tudo o que ele pensa é se divertir" (Marianne) / "Está falando com quem?" (Ferdinand) / "Com a platéia" (Marianne); "Vamos voltar para o nosso filme de gangster". (Marianne) –, quanto em reflexões sobre o amor, que pontuam toda a trama, seja na forma de aforismos poéticos – "A linguagem poética brota das ruínas" (Ferdinand), seja na expressão das emoções das personagens, nas quais, através dos sentimentos, se percebe a experiência amorosa do sujeito – "Talvez esteja sonhando acordado. Ela me faz pensar em música" / "Gostaria que o tempo parasse" (Ferdinand). Blanchot (2010), analisando essa marca do pensamento romântico alemão, comenta:

> Caso se quisesse receber como novos esses primeiros assaltos românticos – tentativa ainda a empreender –, talvez o que surpreenderia não seria a glorificação do instinto ou a exaltação do delírio, mas, bem ao contrário, a paixão de pensar e a exigência quase abstrata colocada pela poesia de se refletir e de realizar-se por meio de sua reflexão. Naturalmente, não se trata mais aqui de arte poética, de saber anexo: é o âmago da poesia que é saber, é sua essência ser busca e busca de si própria (BLANCHOT, 2010, p. 104).

Uma poesia que "busca a si própria", o amor que procura compreender a si mesmo – eis o percurso narrativo de *Pierrot le fou*. Assim revisitado e, de certo modo, reinventado – à maneira rimbaudiana –, o amor, nesse filme de Godard, abre-se em um convite a rever as fronteiras entre os movimentos estéticos, a repensá-los em suas fissuras internas, à luz de uma mirada sempre inquieta, desconfiada das verdades. Desaprender com o cinema, reaprender com Godard, refazendo o lugar da experiência do literário, tensionando com a potência do fílmico, instaurando a possibilidade do poético e – por fim e por começo – redescobrindo, com olhos infantes, por meio da intensidade dessa experiência estética, a vocação humana para o encontro amoroso, nossa utopia cotidiana e eterna. Marianne e Ferdinand, aqueles dois, esses dois, duplos de nós, errantes e andarilhos na aventura de existir amando, de resistir amando, em uma profissão diária de fé na vida, em exercício pleno e potente de vida. Como celebra em seus versos, o poeta Paul Éluard:

> *Nós dois de mãos dadas*
> *Sentimo-nos à vontade em qualquer lugar*
> *Sob a terna árvore sob o céu escuro*
> *Sob todos os tetos ao pé do fogo*
> *Na rua vazia em pleno sol*
> *Nos olhares vagos da multidão*
> *Perto dos sábios e dos loucos*
> *Entre as crianças e os adultos*
> *O amor não tem nenhum mistério*
> *Nós somos a prova viva por que*
> *Os amantes se sentem à vontade.*
> ("Nós dois")

Tu vieste o fogo então se reacendeu
A sombra cedeu o frio embaixo se cristalizou
E a terra se cobriu novamente
De tua carne clara e eu me senti leve
Tu vieste a solidão foi vencida
Eu tinha um guia sobre a terra eu sabia
Me conduzir eu me sentia desmedido
Eu avançava eu ganhava espaço e tempo
Eu seguia em tua direção eu seguia infinitamente até a luz
A vida tinha um corpo a esperança estendia seu véu
O sono brilhava seus sonhos e a noite
Prometia à aurora olhares confiantes
Os raios de teus braços entreabriram a névoa
Tua boca estava molhada do primeiro orvalho
O repouso deslumbrado substituía o cansaço
Eu adorava o amor como nos primeiros dias.
("A morte o amor a vida")

Referências

AGAMBEN, G. *O que é o contemporâneo? e outros ensaios*. Trad. de Vinícius Nicastro Honesko. Chapecó, SC: Argos, 2009.

BLANCHOT, M. *A conversa infinita 3: a ausência do livro, o neutro, o fragmentário*. Tradução de João Moura Jr. São Paulo: Escrita, 2010.

CAMPOS, A. *Coisas e anjos de Rilke*. São Paulo: Perspectiva, 2007.

COUTINHO, M. A. *Escrever com a câmera: a literatura cinematográfica de Jean-Luc Godard*. Belo Horizonte: Crisálida, 2010.

DANEY, S. *A rampa: Cahiers du cinéma; 1970-1982*. Tradução Marcelo Rezende. São Paulo: Cosac Naify, 2007. Coleção Mostra Internacional de Cinema.

DUARTE JR., J. F. *O sentido dos sentidos – a educação (do) sensível*. Paraná: Criar, 2003.

DUARTE, P. *Estio do tempo: romantismo e estética moderna*. Rio de Janeiro: Zahar, 2011.

ÉLUARD, P. *Últimos poemas de amor*. Tradução de Maria Elvira Braga Lopes e Gilson Maurity. Tradução de prefácio e posfácio de Anderson Alexandre Silva. Rio de Janeiro: Íbis Libris, 2009.

RIMBAUD, A. *Poesia completa*. Tradução, prefácio e notas de Ivo Barroso. Rio de Janeiro: Topbooks, 1995.

Sonoridades godardianas:
uma breve análise do som de *Pierrot le fou*. Sobre uma educação da escuta no cinema

Glauber Resende Domingues

Um filme, habitualmente, é o resultado de um diálogo entre diversas linguagens: musical, teatral, visual e literária, podendo ainda existir a possibilidade de entrarem outras, se pensarmos na evolução das tecnologias e no quanto elas também constituem as mudanças no cinema. Porém, não foi assim sempre. Nos primeiros anos de cinema, esta era uma arte essencialmente visual. Falo do período no qual os inventores desta arte descobriram a possibilidade de colocar as imagens em movimento, ultrapassando a barreira da fotografia, que só captava imagens fixas. Nesse período, o som realmente não estava presente nas películas. Quando o cinema passou a entrar nas salas, viu-se a necessidade de haver um acompanhamento sonoro, por conta do vazio que ficava. A partir daí, o som começou a fazer parte do cinema, acompanhando as películas, mas não as histórias que o cinema contava.

Além da linguagem dramática, que de certo modo já se fazia presente, algumas outras linguagens passaram a fazer parte do cinema. Esse fator trouxe diversas novidades, pois ele passou a ser um espaço no qual diversas artes/linguagens/recursos se encontravam. Em montagens clássicas, essas interações normalmente tinham uma lógica hierarquizante, com finalidades narrativas bem claras. Aumont e Marie (2003) nos dão um claro exemplo disso quando dizem que a montagem tem, "a princípio, uma função narrativa: a mudança de planos, correspondendo a uma mudança de ponto de vista, tem por objetivo guiar o espectador, permitir-lhe seguir a narrativa facilmente" (p. 196). Desse modo, é possível afirmar que as possíveis linguagens que estavam inseridas no discurso cinematográfico deveriam estar a serviço da narrativa, ou seja, a música, a fotografia, a literatura, enfim, qualquer desses elementos (e outros) estariam a favor do enunciado narrativo. Um fator importante para também se atentar é que até então os usos feitos pelo cinema eram muito bem pensados, em termos de disposição. O objetivo era não confundir o espectador, ou seja, evitava-se uma sobreposição exacerbada dos elementos para que a narrativa pudesse ser mais bem compreendida.

Godard e outro(s) modo(s) de fazer e ver cinema

Jean-Luc Godard começou no final da década de 1950 a (re)pensar as questões expostas acima. Godard seguiu, como bem aponta Coutinho (2010), uma tradição francesa no que diz respeito à relação com o cinema. O autor afirma que, em países anglo-saxões, por exemplo, o cinema foi transformado numa indústria rentável e popular, tendo assim uma rejeição por parte dos intelectuais daqueles países. Já na França, os intelectuais "se encantaram com a nova arte, se não exatamente pelas suas realizações imediatas, pelo menos pelas suas potencialidades" (COUTINHO, 2010, p. 27). Esses intelectuais ficaram conhecidos por fazerem parte de um movimento que foi muito importante no cinema, a *Nouvelle Vague*. Dessa forma, o país que "criou" o cinema queria fazer um cinema que não fosse um mote para a indústria. Entre os muitos intelectuais que lideraram o movimento, estava Godard, ao lado de outros cineastas, como François Truffaut e Jacques Rivette.

O modo godardiano de trabalhar, de operar com os filmes centrou-se mais nas possibilidades do que nas realizações já até então produzidas. Coutinho (2010) ainda aponta que uma das contribuições de Godard à escritura cinematográfica é que ele propõe uma "destruição gradual da narrativa" (p. 27). O foco que até então era dado à história do filme, às construções de sentido para o espectador através da narrativa foram colocados em xeque. Godard criou um modo próprio de contar suas histórias, criando enquanto filmava, pois para ele não se deveria saber tudo o que se ia fazer: "Se sabemos antecipadamente tudo que vamos fazer, não vale a pena fazê-lo. Se um espetáculo está todo escrito, para que filmá-lo? Para que serve o cinema, se ele vem depois da literatura?" (GODARD *apud* COUTINHO, 2010, p. 62).

Utilizando-se de argumentos literários, o escritor e crítico mineiro Mário Alves Coutinho nos mostra que Godard usa alguns recursos para passar as impressões que gostaria de causar. Ao fazer um notável trabalho acerca do modo que Godard "escrevia", Coutinho (2010) analisou alguns de seus filmes e evidenciou elementos da literatura presentes na obra godardiana.

Em *Le mépris* (1963), ou *O desprezo*, há a presença forte da adaptação. Em filmes como *Alphaville* (1965) e *Pierrot le fou* (1965), percebe-se uma presença marcante da intertextualidade, do dialogismo, da citação e até do plágio. Godard não queria que seus espectadores percebessem uma simples história que estivesse à frente da tela, vulnerável, entregue. A ideia do cineasta era que eles percebessem a que elementos de seu mundo ele estava fazendo alusão. Em *Pierrot le fou*, por exemplo, é quase impossível não perceber as alusões que as personagens de Anna Karina (Marianne) e Jean-Paul Belmondo (Ferdinand) fazem, numa sequência do filme, à Guerra do Vietnã.

Godard não só impressiona com seus filmes apenas no que diz respeito à quebra da ideia de narrativa e da discussão de elementos do seu cotidiano. Ele quer, na verdade, impactar os espectadores com tudo o que ele puder articular para fazê-lo. O modo com o qual ele vai conduzir a imagem é um exemplo claro. Em estudo acerca da cor no cinema, Ferreira (2011) traz uma discussão interessante ao falar da cor no cinema godardiano, especificamente. Ele aponta que Godard foi um dos grandes coloristas do cinema dos anos 1960. Isso porque, segundo o autor, ele conseguiu produzir filmes com uma harmonia em cores, como é o caso de *Une femme est une femme* (1961), por exemplo; conseguiu compor filmes em preto e branco, como *À bout de souffle* (1960); mas também conseguiu "introduzir a discordância da cor como expressão de desordem, de caos, e como expressão de intensificação quer de sentimentos quer de efeitos de falso" (FERREIRA, 2011, p. 25). Exemplo disto: o autor cita o próprio *Pierrot le fou* (1965). Observando-se as datas de produção dos filmes, é possível inferir que os primeiros filmes de Godard ainda seguem as ideias do cinema clássico, enquanto que os filmes da segunda metade da década de 1960 já seguem uma perspectiva que tenta chocar com a ideia do cinema clássico, neste caso, evidenciado pela desordem na cor.

Como um cineasta de vanguarda, Godard propiciou novas experiências do ver cinema. Ao fazer uma crítica nos *Cahiers du Cinéma* sobre o filme *O homem do oeste*, de Anthony Mann, em 1959, Godard parece já evidenciar aquilo que viria a ser sua obra. Ele diz: "Ele o reinventa [o cinema]. Eu digo reinventar; dito de outra maneira: mostrar ao mesmo tempo que demonstrar, inovar ao mesmo tempo que copiar, criticar ao mesmo tempo que criar" (GODARD *apud* COUTINHO, 2010, p. 60). Tal fragmento mostra o que viria a ser a obra de Godard, uma intensa polifonia de imagens e sons.

A polifonia godardiana em *Pierrot le fou*

Para expressar o quanto a obra de Godard apresenta a polifonia, pretendo, a partir deste momento, desenvolver minha análise no filme *Pierrot le fou*, especificamente. Este longa-metragem de Godard data de 1965. Num belo ensaio sobre o filme, Barone (2001) sintetiza bem a história:

> *Pierrot le fou* conta a trajetória de Ferdinand Griffon (Jean Paul Belmondo) e Marianne Renoir (Ana Karina). Ele vive o duplo tédio de um casamento infeliz com uma esposa rica e o trabalho como produtor de televisão. Ela, vive uma vida dupla como a inocente sobrinha do cunhado de Ferdinand, que vem a casa dele como *baby-sitter* e está envolvida com gangsters traficantes de armas e amores proibidos, inclusive com o tio, e anteriormente, com o próprio Ferdinand. Os dois se reencontram na noite em que Ferdinand, obrigado por sua esposa, vai a um jantar na casa dos amigos ricos de sua esposa. Mariane é chamada para tomar conta da filha do casal. Ferdinand vaga pela festa completamente deslocado e resolve voltar para casa mais cedo, não sem antes provocar um escândalo entre os convidados. Ao chegar ao apartamento, encontra Mariane e se oferece para levá-la em casa. No carro, os dois relembram o caso que tiveram e acabam restabelecendo a relação, que vai servir para detonar a ruptura que para Ferdinand é a saída para acabar com a vida tediosa e medíocre da qual é prisioneiro. Rapidamente, os dois estão envolvidos no assassinato do tio de Marianne, cunhado de Ferdinand, que por sua vez estava ligado aos traficantes de armas com os quais Marianne tinha relações. Os dois fogem para o Sul da França, mas na verdade estão sem destino e levam, sem saber, 50 mil dólares que pertencem aos *gangsters*. Mas logo no início, o dinheiro é queimado junto com o carro em que eles começam a fuga. É o início de uma viagem que vai ser marcada pelo fracasso e, sobretudo pela incompetência de Ferdinand em transformar-se em herói e viver um romance de aventura com Marianne, que, por sua vez irá traí-lo. Perseguidos pelos *gangsters*, que tentam recuperar o dinheiro a qualquer preço, e pela polícia, que os procura por homicídio, a viagem de Ferdinand e Marianne terá um final trágico e explosivo (BARONE, 2001, p. 26).

Godard, neste filme, lança mão de diversos elementos para poder produzir as significações que ele busca imprimir no espectador. Segundo Ropars-Wuilleumier (*apud* COUTINHO, p. 173), "nas suas citações, Godard não procura significações, mas objetos; a significação nasceria de uma confrontação de todos estes 'objetos' na mente do espectador". Na tentativa de recriar sentido(s), Godard mostra e demonstra, inova e copia, critica e, ao mesmo tempo cria, como ele mesmo disse. É nítida a presença de elementos da cultura e da arte neste filme. A mais evidente é a presença forte da poesia. Godard faz diversas citações de alguns poetas, como aponta Coutinho (2010). É possível perceber diversas alusões a Rimbaud, por exemplo. A pintura também tem sua presença marcada, quando, em diversas tomadas, percebe-se a alusão a quadros, principalmente de Renoir, e, quando Ferdinand fala o nome e o sobrenome de Marianne – Marianne Renoir – aparece uma obra pictórica do pintor. Ele ainda utiliza elementos do cotidiano, como propagandas, fatos que estavam acontecendo à época do filme, como a Guerra do Vietnã, por exemplo. Esses elementos já são suficientes para argumentar o quanto Godard é polifônico em *Pierrot le fou*. Ele lança mão de diversos recursos já existentes, como uma grande colagem.

Fiz a opção de falar da música por último porque pretendo me ater a discussões sobre ela e a partir dela. Primeiramente, antes de tratar especificamente da polifonia do filme, torna-se imperativo falar do conceito de polifonia. O conceito de polifonia com o qual pretendo trabalhar aqui nesta exposição advém do trabalho do professor Ney Carrasco. O autor segue a ideia eisensteiniana de polifonia. Como pretendo fazer uma análise da polifonia tomada pelo ponto de vista da música de *Pierrot le fou*, partirei de algumas ideias desse autor. O conceito de polifonia já foi trabalhado pelo cineasta Sergei Eisenstein nos anos 1940, em que ele, por sua vez, faz referência à vocação que o cinema possui de arranjar, de sobrepor, às vezes, diversas imagens e sons. Como uma possível releitura do termo, Carrasco (2003) aponta que "a polifonia que se dá entre o movimento musical e o visível também se assemelha à polifonia musical propriamente dita e à polifonia entre a música e o texto poético" (p. 25). Falando sobre a relação polifônica da música com o movimento, Carrasco (2003) aponta que a música teria duas funções, basicamente. A primeira seria a de organizar o desenvolvimento temporal, que é uma propriedade que pode ser traduzida pelo eixo horizontal do discurso cinematográfico. A segunda propriedade da música seria a sua capacidade de associar-se consigo mesma ou com outras linguagens, produzindo assim outro tipo de dado, que seria construído de modo sobreposto, quando as diferentes "vozes" estariam em plena execução simultânea, sendo traduzido, então, como um eixo vertical do discurso cinematográfico.

Nesse sentido, um aspecto importante ressaltado por Michel Chion (2011) é que o conceito de polifonia, que foi se construindo ao longo dos anos, não acontece naturalmente. Há negociações feitas entre as diversas linguagens inseridas no cinema. Os efeitos produzidos a partir da imagem e do som, principalmente, estão sempre permeando as escolhas feitas pelo diretor do filme. A este tipo de "negociação", Chion (2011) chama de contrato audiovisual. Em *Pierrot le fou* o contrato nem sempre é cumprido, pois, para dar o sentido necessário, Godard mescla, atravessa essa relação imagem/som, como veremos mais adiante.

Algumas asserções sobre o som em *Pierrot le fou*

Tornando a discussão mais estreita, pretendo, neste momento, enfocar a conceituação da questão do som e da trilha sonora, especificamente. Há alguns conceitos correntes a respeito da narrativa cinematográfica e do tempo cinematográfico que precisam ser explicitados para poder se falar sobre trilha sonora. Há uma palavra que traduz a questão da narrativa do cinema e das construções temporais que acontecem nele: a *diegese*. Para Souriau (*apud* AUMONT; MARIE, 2003, p. 77), "os 'fatos diegéticos' são aqueles relativos à história representada na tela, relativos à apresentação em projeção diante dos espectadores". Analisando do ponto de vista do som, é possível afirmar que também o som de um filme pode ser diegético ou não diegético.

Caminhando na direção dessa perspectiva, é imperativo citar o trabalho de Gorbman (1976), que é uma das pioneiras nos estudos a respeito da questão do som no cinema. De acordo com a autora, é possível dividir os sons de filmes em três categorias: o som diegético, o som não-diegético e o som meta-diegético. Segundo a autora, o som diegético é aquele que está inserido na narrativa fílmica, ou seja, os personagens ouvem ou manipulam determinado som. No caso de ser uma música, os personagens ouvem e até interagem com tal música. O som não diegético diz respeito àqueles sons que não fazem parte do universo da narrativa. Eles estão presentes na cena, mas só para o espectador. Os atores em cena não ouvem tais sons. O som metadiegético é aquele que traduz o imaginário de um personagem quando este está com seu estado de espírito alterado ou em alucinação.

A sonoridade em *Pierrot le fou* está basicamente permeada por sons diegéticos e não diegéticos. Os sons das vozes, o canto de Marianne, os ruídos dos tiros, dos carros em fuga são de tipo diegéticos. O *leitmotiv*[1] está presente por vários momentos da película e é um som não diegético, pois não faz parte da narrativa. O *leitmotiv* de *Pierrot le fou* está basicamente construído numa tonalidade menor, com movimentos rítmicos assimétricos, o que contribui para transmitir para o espectador um clima de imprecisão. Isso nos leva a pensar que poderia ser o que Godard queria: deixar um

---

[1] Elemento sonoro-musical ou uma frase musical que normalmente se repete por várias vezes no decorrer do filme.

clima de suspense no ar para que o espectador possa ir construindo suas conclusões acerca do filme.

Análise de dois diálogos musicados: som não diegético se tornando som diegético

O primeiro diálogo que pretendo analisar se passa no trecho em que Marianne e Ferdinand estão num pequeno apartamento. Marianne prepara o café da manhã para Ferdinand e o leva na cama para ele. O segundo se passa num ambiente que parece um parque florestal à beira-mar. Eles passeiam nesse parque e assim o diálogo se desenvolve. Apenas para iluminar a análise, fiz a opção de escolher unidades de análise para músicas de filmes propostas por Gorbmann (1987). Estas unidades são apropriadas aqui por conta de a autora ter se inspirado na psicanálise para poder desenvolvê-las e é uma análise da música do ponto de vista psicanalítico que até certo ponto pretendo fazer. Assim sendo, ela apresenta sete princípios de "composição, mixagem e edição", que são os seguintes:

> 1. Invisibilidade: o aparato técnico da música não diegética não deve ser visível. 2. Inaudibilidade: a música não está lá [no filme] para ser ouvida conscientemente. Como tal, deve se subordinar aos diálogos e imagens – isto é, aos veículos primários da narrativa. 3. Provocador de emoções: a trilha musical pode estabelecer atmosferas ou climas específicos [*moods*] e enfatizar emoções particulares sugeridas na narrativa, mas, fundamentalmente, ela é um provocador de emoções *per se*. 4. Indicações narrativas: a. referenciais/narrativas: a música provê indicações referenciais e narrativas, por exemplo, indicando um ponto de vista, proporcionando demarcações formais e estabelecendo conjunturas e caracteres; b. conotativas: a música 'interpreta' e 'ilustra' eventos narrativos. 5. Continuidade: a música proporciona continuidade rítmica e formal – entre planos, em transições entre cenas, preenchendo os 'interstícios'. 6. Unidade: a partir da repetição e variação do material musical e da instrumentação, a música auxilia na construção da unidade formal e narrativa. 7. Uma dada composição [*film score*] pode violar qualquer um dos princípios acima, contanto que a violação esteja a serviço de outro princípio (GORBMAN, 1987, p. 73).

Analisando o primeiro diálogo, podemos perceber algumas nuances significativas no que tange à presença da música nesse trecho. Ferdinand diz que acredita que eles (ele e Marianne) estariam apaixonados para sempre. Marianne responde que ela disse que nunca o amaria para sempre. Nesse momento, escuta-se o som de um piano tocando uma melodia alegre, numa tonalidade maior, com muita plasticidade rítmica. A questão é que o som é invisível no plano filmado. Dentro de instantes, Marianne começa a cantar uma música para Ferdinand. No instante em que Marianne começa a cantar o som do piano, que até então era não diegético, passa a ser diegético. Porém, não totalmente, pois o piano, enquanto elemento físico, não aparece na cena. Isso nos gera uma grande dúvida, pois, afinal de contas, o som do piano é diegético ou não? Não ouso afirmar se esta foi a primeira vez que se fez esta prática de atravessar a fronteira som não diegético x som diegético. Mas acredito que Godard borrou estas fronteiras. Após cantar, Marianne declama para Ferdinand: "nunca pensei que eu sempre te desejaria, oh, meu amor! Nunca achamos que pudéssemos viver juntos sem nos entediar. Acordamos juntos toda manhã surpresos por estar felizes na mesma cama...". Ferdinand não dá uma palavra ao que Marianne cantou e falou. Mas, após a fala de Marianne, Godard fecha o plano no rosto de Ferdinand e mostra que ele tem os olhos fitos em Marianne. O piano que acompanhava Marianne continua a tocar. Enquanto filma o rosto de Ferdinand, Godard diz o que ele está pensando com as inflexões que o piano faz na região mais grave, quebrando a estrutura musical que até então era fluida. As inflexões no piano me fazem crer que Godard quis imprimir, pelo piano, a insatisfação de Ferdinand com a resposta de Marianne, ou seja, aqui o cineasta opta por fazer uma indicação narrativa (GORBMANN, 1987) com o silêncio de Ferdinand e que é desvelado pelo que o piano executa. No final dessa cena, Marianne diz: "nosso amor é um amor sem amanhã", o que acaba, de certo modo, com a empolgação de Ferdinand.

Figura 1 – Semblante de Ferdinand ao ouvir as palavras de Marianne no primeiro diálogo

Em cena anterior ao segundo diálogo, Marianne fala para a câmera, como um desabafo. Ela diz que queria comprar um toca-discos na última

Figura 2 – Marianne cantando no primeiro diálogo

semana, mas Ferdinand gastou todo o dinheiro em livros. Com isso, tanto ela, quanto o espectador inferem que Ferdinand não gosta muito de música. No segundo diálogo, os dois estão no parque à beira-mar. Daí, o piano do primeiro diálogo aparece novamente e Marianne logo começa a cantar: "Como é pequena minha linha da sorte [a da mão], minha palma é algo que está condenado, tenho medo do que virá amanhã. Minha linha da sorte, minha linha da sorte, diga-me, querido o que acha dela?" Ferdinand responde falando num certo fluxo rítmico, mas sem cantar: "O que eu acho dela? Não tem importância. Gosto mais da sua linha do quadril". Ferdinand toca essa parte do corpo de Marianne, pouco se interessando com o tal futuro que tanto preocupa Marianne. Eles conversam correndo pelo parque: Marianne cantando e Ferdinand falando, sem entoar uma única nota musical. Eles param num dado momento e Marianne diz: "Veja, esta é minha pequena linha da sorte. Veja, este é todo o meu destino. É tão curto que mal dá para vê-lo. Minha linha da sorte, diga-me, querido, o que acha dela?" Ferdinand volta a correr e Marianne atrás dele. A pureza, a inocência da imagem é afetada, desestabilizada pelo interlúdio instrumental que está sendo tocado enquanto eles correm. A intensidade do trecho musical demonstra o momento tenso que eles vivem: as escolhas, a (im) possibilidade de esse amor ir à frente, os problemas de Marianne com o tráfico, os problemas do casamento de Ferdinand. Numa terceira tentativa, Marianne retoma o diálogo num fluxo rítmico menos preciso, como se ela compreendesse a situação de Ferdinand. No final do diálogo, Marianne não consegue convencer Ferdinand a "olhar sua linha da sorte". O interessante de se notar nesse diálogo é que os papéis se invertem. Enquanto no primeiro diálogo Ferdinand cobra um posicionamento de Marianne, no segundo é o contrário. Essa fuga de dar uma resposta frente ao problema já aponta para o trágico final que se sucederá.

Figura 3 – Marianne cantando para Ferdinand enquanto ele anda pela árvore, no início do segundo diálogo

Para pensar uma educação da escuta no cinema a partir de *Pierrot le fou*

Tradicionalmente, estamos acostumados a pensar possibilidades educacionais de um filme a partir de sua imagem, com um termo muito falado no campo da educação chamado de "educação do olhar". Porém, é importante ressaltar que já há bastante tempo não podemos considerar o cinema como uma arte puramente visual. Sendo o cinema também uma arte sonora, trazer discussões sobre uma possível "educação da escuta" se torna pertinente. Nesta última parte do texto, pretendo trazer alguns lampejos que possam iluminar um pouco a questão da educação sonora nos filmes, principalmente os de Godard.

Pensar a educação sonora no cinema é uma questão um tanto quanto desafiadora. Em primeiro lugar, pelo fato de haver certa escassez de trabalhos que versem sobre tal temática e, em segundo, por haver problemas teóricos com relação a deduzir uma unidade de análise para o som, como se faz com o plano como essência da imagem. Tal inferência é colocada por Chion (2011), quando fala a respeito do ponto de escuta. Segundo ele, o ponto de escuta é decalcado do ponto de vista e que aquele é a representação do som, como o ponto de vista é a representação da imagem. Sendo assim, o autor aponta que, no cinema, o ponto de vista tem duas representações: "de onde eu vejo, eu espectador (de que ponto do espaço a cena é considerada, de cima, de baixo, do teto, [...], etc.). É a acepção estritamente espacial do termo; – que personagem, na ação, vê aquilo que eu vejo; é a acepção subjetiva" (CHION, 2011, p. 74). Tomando tais afirmativas, o autor aplica-os à ideia do ponto de escuta, chegando às seguintes conclusões: "[em] um sentido espacial: de onde ouço, de que ponto do espaço representado no ecrã² ou no som? – um sentido subjetivo: que personagem, num dado momento da ação, está em condições de ouvir aquilo que eu próprio ouço?" (CHION, 2011, p. 74).

Tomando para discussão a primeira indagação proposta pelo autor, podemos perceber, através de conclusões tomadas por ele mesmo, que, normalmente, não se pode falar de um ponto de escuta no cinema que dê conta de tentar precisar o som no espaço da tela – aqui se encontra o problema para encontrar a unidade de análise. Segundo ele, tal dificuldade se dá por conta de duas razões: a omnidirecionalidade do som – sua propriedade de se propagar em diversas direções – e a própria escuta – que capta os sons de forma circular. Já a segunda indagação é aquela mais possível de se responder, pois, para o autor, no plano subjetivo, o ponto de escuta está na própria imagem: "é realmente a representação visual em grande plano de uma personagem que, por ser associada simultaneamente à audição de um som, situa esse som como ouvido pela personagem mostrada" (CHION, 2011, p. 75). Tal asserção do autor é válida para observar o ponto de escuta de filmes que tenham personagens diante do espectador.

Há alguns casos em que, numa obra fílmica, tal representação não fica bem clara na tela, pelo menos inicialmente. Na própria obra de Godard é possível perceber tais questões. Em *Pierrot le fou*, inclusive. Em ambos os diálogos que analiso neste texto, podemos perceber que, apesar de termos tanto Marianne quanto Ferdinand como personagens diante da tela, não conseguimos identificar se eles percebem ou não que um piano está tocando. De onde vem o som do piano? Quem toca? Ele está sendo ouvido pelas personagens ou não? Ouso dizer que tal sutileza é própria de Godard. Pois, se fôssemos tentar criar um ponto de escuta utilizando outro modo de análise – as categorizações propostas por Gorbmann (1987) com relação aos tipos de sons do cinema (diegético, não diegético e metadiegético) –, ficaríamos confusos, como de fato ficamos, ao vermos tais trechos do filme. Tal fato nos faz tentar descobrir qual seria a lógica sonora nos filmes desse realizador. Com certeza, Godard tem uma que lhe é própria: a lógica para ele é produzir significações na mente do espectador com a confrontação de diversos elementos.

---

[2] Palavra normalmente usada no português de Portugal que significa "superfície, geralmente branca, na qual se projetam vistas fixas ou animadas". Disponível em: <http://www.priberam.pt/DLPO/default.aspx?pal=ecr%C3%A3>. Acesso em: 4 maio 2013. Como a palavra está numa citação, optei por não colocar um sinônimo.

Considerações finais

Pensar uma linearidade na obra de Godard é quase que vão. Tentar "forçar" algum *modus operandi* de análise dos trechos ou filmes pode não ser totalmente válido, por conta do modo específico que o cineasta tem de fazer seus filmes, mas, ainda assim, tomar as ideias de Gorbmann (1987) e Chion (2011) como uma lupa para aproximar-se dos sons de seus filmes é uma atitude válida. Mas tal atitude se tornará nula se o espectador não se reportar a outros aparatos acerca do filme, como, por exemplo, recorrer à leitura de críticas acerca dos filmes e/ou tentar compreender o cenário político-social da época na qual o filme foi produzido. Afinal de contas, todo – senão quase todo – filme de Godard é uma trama que mistura imagens e sons que contam, de alguma maneira, o que o cineasta percebia da vida.

Pensando acerca dessas questões, Leandro (2003, p. 682) contribui para o pensamento quando diz que "o cineasta [Godard] não quer escrever e ler o seu roteiro, mas vê-lo e ouvi-lo". Para Godard, um cinema que ensina, que educa é um cinema "no qual o espectador é convocado a analisar criticamente a cena" (LEANDRO, 2003, p. 683).

Referências

AUMONT, J.; MARIE, M. *Dicionário teórico e crítico de cinema*. 8. ed. Campinas: Papirus, 2003.

BARONE, J. B. R. S. Reflexões tardias sobre *Pierrot le fou* ou lições de cinema com o Demônio das onze horas. *Sessões do imaginário*, Porto Alegre, ano 6, n. 6, p. 25-31, 2001.

CARRASCO, N. *Sygkhronos: a formação da poética musical do cinema*. São Paulo: Via Lettera; Fapesp, 2003.

CHION, M. *A audiovisão*: som e imagem no cinema. Tradução de Pedro Elói Duarte. Lisboa: Texto & Grafia, 2011.

COUTINHO, M. A. *Escrever com a câmera: a literatura cinematográfica de Jean-Luc Godard*. Belo Horizonte: Crisálida, 2010.

FERREIRA, C. M. *Cinema – uma arte impura*. Porto: Afrontamento, 2011.

GORBMAN, C. Teaching the Soundtrack. *Quarterly Review of Film Studies*, v. 1, n. 4, p. 446-452, 1976.

GORBMAN, C. *Unheard Melodies:* Narrative Film Music. Bloomington: Indiana University Press, 1987.

LEANDRO, A. Lições de roteiro, por JLG. *Educação & Sociedade*, Campinas, v. 24, n. 83, p. 681-701, 2003.

O projetor e os ícones

César Guimarães

> *Lá... lá havia apenas crianças, e o tempo todo eu estava lá com as crianças. Eram crianças daquela aldeia, toda a tropa que estudava na escola. Não é que eu ensinasse a elas; oh, não, para isso havia lá um mestre-escola, Julie Tibot; eu talvez até ensinasse a elas, mas eu estava mais com elas, e todos os meus quatro anos se passaram assim. Eu não precisava de mais nada. Eu falava tudo com elas, não escondia nada delas. Seus pais e familiares ficaram zangados comigo porque, no fim das contas, as crianças não podiam passar sem mim e estavam sempre aglomeradas ao meu redor, e o mestre escola acabou virando o meu primeiro inimigo por causa das crianças.*
>
> Relato do príncipe Míchkin, na casa na generala Ielisavieta Prokófievna

Em *As crianças brincam de Rússia*, tudo começa por uma história bem diferente daquelas que os estudantes são forçados a ler sob o controle do mestre, que zela pelo encadeamento das ações, a caracterização dos personagens e a interpretação dos acontecimentos. Com traços de farsa, trata-se de uma narrativa destinada talvez apenas às crianças impossíveis, as que sabem jogar com os paradoxos e os pontos de vista desconcertantes, e que suportam, corajosas (mas não sem uma pontinha de medo ou assombro), os desenlaces que nos deixam desassossegados. Um conto, afinal, para *enfants pas sages*, os inquietos, curiosos, que brincam com as imagens móveis, inquietantes, que põem em questão o que julgamos saber e as crenças às quais nos apegamos sem duvidar[1]. Uma história não para sabichões, mas para os que não temem investir sua crença nas imagens (a fundo perdido, para decepção dos economistas): os espectadores que, destituídos de um saber prévio, se põem a errar pelos universos projetados na tela, que desfilam diante dos seus olhos.

Eis a historieta. Jack Valenti, presidente da Associação dos Grandes Estúdios Americanos, planeja uma expedição à Rússia para recolher e vender às massas as imagens do seu passado (negócio altamente rentável, ele julga). André S. Labarthe e Bernard Eisenschitz, investidos respectivamente dos papéis de Alcide Jolivet e Harry Blount, personagens do *Miguel Strogoff* de Jules Verne, são encarregados de fazer uma reportagem sobre o empreendimento. Com seu gorro de lã, rosto parcialmente escondido pelo visor da câmera, investido da figura burlesca do Idiota ou do Sábio Louco, Godard indaga por que, mais uma vez – depois de Napoleão e Hitler – as pessoas inteligentes querem tirar proveito da "pobre Rússia". Ele mesmo responde: "Por ser a terra natal da ficção, e o Ocidente não sabe mais o que inventar". Consultado por Jolivet, o Idiota (cuja camiseta ostenta ironicamente a insígnia russa das CCCP – União das Repúblicas Socialistas Soviéticas), o aconselha: "Faça o que quiser. Não sou inteligente, portanto, não vou". A ficção, contudo, não está muito longe do real. Juntamente com outros cineastas (Herzog, Peter Bogdanovich, Ken Russel, entre outros), Godard recebera a encomenda do produtor americano Aaron Spelling para fazer um filme para uma série sobre a Rússia nos anos 1990.

O cineasta, que visitara Moscou em 1992 (quando da retrospectiva de uma quinzena de seus filmes), não retorna à cidade para realizar o filme encomendado. Ele encarrega Caroline Champetier de fazer alguns registros em Moscou e filmar, com uma câmera Hi-8, pequenas encenações (como a morte de Anna Karenina). Ele mesmo prefere retornar a uma outra Rússia: aquela dos vastos palácios da memória (para retomar a expressão de Santo Agostinho), agora disponível na videoteca do seu estúdio em Rolle, na Suíça, onde trabalhava no material inesgotável das *História(s) do cinema*. Aos olhos dos jovens estudantes das escolas de cinema moscovitas que o escutaram naquela ocasião, Godard parecera nostálgico do grande cinema russo, ao mencionar os nomes de Vertov, Boris Barnet, Eisenstein, além de escritores como Tchekhov, Tolstoi e Dostoiévski. O colapso da União Soviética ainda

---

[1] *Contes pour enfants pas sages* é o título de um dos livros de Jacques Prevert. Como nas fábulas, aqui também são os animais que falam, mas apenas para mostrar, de maneira desconcertante, a crueldade e a desumanidade extremas das atitudes humanas (PREVERT, 2007).

era recente, e talvez esses estudantes já não quisessem mais brincar de Rússia. Eles poderiam, quem sabe, compor o público procurado por Jack Valenti, e pagar um dólar para rever as grandes figuras do seu passado do país de outrora...

Não sabemos bem onde estão as crianças que brincam de Rússia (tradução improvável – e tanto melhor!) nesse filme de Godard: talvez, porque, tal como as imagens, elas não parem quietas; contrariando o ditado, elas *ne sont pas sages comme une image*... Além do mais, como encontrar crianças nesses filmes povoados de mártires, místicos, guerreiros, massas insurgentes, camponeses e marinheiros revoltados? Um dos trechos de *Alexander Nevski* escolhido por Godard exibe, justamente, a cena em que uma criança russa é lançada na fogueira pelos invasores alemães (descritos como os inimigos mais odiosos pelo príncipe Alexander). Essa cena é sucedida por uma tela em negro e, logo em seguida, pela pergunta: "Que poder tinha a noite para explorar esse povo?" Na verdade, essa brevíssima sequência (de menos de um minuto de duração) apresenta-se bem mais complexa. Godard alterna a passagem de *Alexander Nevski* com a imagem de *Un Été Prodigieux*, de Boris Barnet, na qual uma mulher rasteja sobre um monte de feno, como se tentasse acudir a criança prestes a ser consumida pelas chamas. Gesto inútil, sabemos, pois o mundo comunista que aliava harmoniosamente trabalho e natureza (nesse filme de Barnet) cederá lugar, após a dissolução da União Soviética, aos filmes pornográficos exibidos na televisão e patrocinados pela máfia russa (com efeito, é uma imagem pornográfica que encerra essa sequência). E se uma imagem de *Alenka* (outro filme de Barnet) aparece aqui, com a mãe e a menina migrantes, na carroceria do caminhão que atravessa as estepes do Cazaquistão, não é senão para exibir, com tristeza, a derrota do projeto político que atraiu e consumiu tantas vidas.

Lembremos que as *História(s) do cinema* são assombradas por duas aparições emblemáticas de crianças: a de Edmund, de *Alemanha ano zero*, que se lança do prédio em escombros, atordoado pelo gesto extremo (o envenenamento do pai doente), à qual fora conduzido pelo seu professor nazista; e a dos irmãos John e Pearl, que fogem do padrasto assassino em *O Mensageiro do Diabo* (*The Night of the Hunter*), de Charles Laughton. Crianças em fuga, órfãs, desamparadas. Aliás, outra imagem presente em *História(s) do cinema* é a das irmãs de *Órfãs da tempestade*, de Griffith. (Godard multiplica as associações e as metáforas em várias direções, compondo um mosaico no qual as referências de partida não saem intactas: trechos de livros são alterados, fragmentos de filmes ganham articulações insólitas com outros signos, longe dos seus contextos originais.)

Porém, se no filme de Laughton as crianças encontram proteção na casa da velha senhora que as adota (interpretada por Lillian Gish), no filme de Rossellini estamos diante da derrocada final, absolutamente desamparados. A estrela da redenção parece ter desaparecido do firmamento (quantos perscrutaram a noite espessa sobre os campos de extermínio à procura dela?). Os poderes da noite venceram a luz. Só resta ao cinema projetar a queda, o vazio: a noite chegou e um outro mundo surgiu: "duro, cínico, analfabeto, amnésico" (como escutamos no episódio *IB – Uma história só*). Talvez, tanto as *História(s) do cinema* quanto *As crianças brincam de Rússia* estejam à procura, de maneira oblíqua, daquela potência da infância que somente Marguerite Duras (1988) foi capaz de discernir *na noite do caçador:* é o momento em que a velha senhora se põe a cantar o *spiritual* (Moses) que o criminoso assobiava:

> Fora e dentro da casa, entre o criminoso e a inocência das crianças, a senhora inventa de elevar aquela barreira do canto. O milagre está nisso. À medida que o canto se desenvolve, o criminoso se transforma. Uma espécie de graça invade-o – graça que era o lugar comum da senhora, das crianças – por sua vez, sobe por ele, caminha nele através de sua negrura, através de sua morte, digamos que como a infância através da vida e, de repente, sua vontade de matar parece ingênua ao lado daquela imensidão: a infância (p. 118).

Em *As crianças brincam de Rússia*, em contraste, não há nenhum milagre, e o único canto que surge, grave, solene, é o salmo da Rússia, a música de Arvo Part, os versos que são almas errantes na noite. Onde estariam então as crianças neste filme – como sublinha Jean Louis Comolli (2004) – senão no desejo de reencontrar a crença? A crença que elas depositam em suas brincadeiras e brinquedos (nos mundos que criam, nos personagens que inventam para si e – por que não – nos afetos que dirigem aos animais e na vida que concedem às coisas inanimadas). Essa convocação da crença surge também em uma passagem do episódio IB das *História(s) do cinema*, quando se ressaltam os vínculos entre a projeção, a narrativa e os afetos despertados no espectador: "O cinema projetava / e os homens viram que o mundo estava lá / um mundo quase sem história / mas um mundo que conta".

Porém, como em pouquíssimo tempo as histórias de sexo e amor acabariam por fascinar os espectadores, enfeitiçados pela indústria dos cosméticos e das máscaras, e a beleza fatal das atrizes se transmutaria nos poderes de Circe, tornou-se necessário reivindicar uma outra forma de crença: "O cinema, como o cristianismo / não se funda sobre uma verdade histórica / ele nos dá uma narrativa / uma história, e nos diz agora: creia". Essa passagem, na qual aparece a figura – recorrente no episódio IB – da imagem extraída do filme de Ingmar Bergman (*A prisão*), que mostra um casal com um pequeno projetor, traz também as figuras de Joana D'Arc (aquela de Rossellini e a de Robert Bresson), da Virgem com a Criança (um detalhe da *Fuga do Egito*, de Giotto) e, não por acaso, Johannes e a menina que crê no milagre até o fim (em *Ordet*, de Dreyer). Logo à frente, surgirá a inscrição: "A imagem virá/no tempo da ressurreição". Não se trata de outra coisa senão da redenção cinematográfica do homem ocidental, escreveu Comolli (2004, p. 314).

Para além da furtiva presença das crianças nesse ensaio de investigação cinematográfica realizado com os meios da escritura videográfica, tentemos compreender a insistência em se jogar com esses significantes, inscritos na tela e submetidos a três declinações – as crianças *brincam* de Rússia/a Rússia *não brinca mais*/as crianças *ainda brincam* – e que traduzem a nossa crença ou descrença diante das imagens projetadas.

Para que pudéssemos explicar o *leitmotiv* do filme, foi preciso suspender, provisoriamente, a vertiginosa montagem que superpõe, combina (sem recorrer à profundidade ou à espessura), entrelaça e projeta (uns sobre os outros) uma surpreendente heterogeneidade de materiais: esboços da história encenada (com a presença, inclusive, da voz *off* do diretor, que orienta os atores em certas cenas), fragmentos de filmes (*Um homem com uma câmera*, de Vertov; *Alexander Nevski* e *Ivan, o Terrível*, de Eisenstein; *Terra*, de Dovjenko; *O sacrifício*, de Tarkovski, *Au bord de la mer blue*, *Un été prodigieux* e *Alenka*, de Boris Barnet – só para lembrar os russos mais conhecidos), além de outros (*Um rosto na noite*, de Visconti, inspirado em uma novela de Dostoiévski; *Paisagem na neblina*, de Theo Angelopoulos, *Nascido para matar*, de Stanley Kubrick, os cinejornais do cubano Santiago Alvarez), exibição das páginas, com trechos das traduções francesas de *O Idiota*, *Anna Karenina* e *O arquipélago Gulag*, trechos de músicas, a presença do corpo de Godard e seus comentários em *off*. Esses elementos tão diversos são envolvidos por um ritmo que faz sobressair o batimento das imagens, sua aparição e desaparição, pisca-piscando, intermitentes, a desaceleração e a retomada irregular da velocidade da sua passagem, sem falar das múltiplas sobreimpressões que alcançam também os diferentes materiais sonoros (diálogos filmados ou retirados dos filmes citados, fragmentos musicais, canções, ruídos). Tal modo de composição, heteróclito ao extremo e polifônico, desafia os procedimentos analíticos usuais de que dispomos para compreender o agenciamento dos sons e das imagens. É o caso, talvez – como reivindica Philippe Dubois ao caracterizar os recursos expressivos próprios de uma estética do vídeo – de não falarmos mais em montagem de planos, e sim de mixagem de imagens. Entre os três procedimentos produtores dessa mescla de imagens mencionados por Dubois – a sobreimpressão, os jogos de janela e a incrustação –, a primeira é que nos permite apreender com maior propriedade essa escritura que já não tem mais o plano como unidade significante mínima:

> A sobreimpressão visa sobrepor duas ou várias imagens, de modo a produzir um duplo efeito visual. Por um lado, efeito de transparência relativa: cada imagem sobreposta é como uma superfície translúcida através da qual podemos perceber outra imagem, como em um palimpsesto. Por outro lado, efeito de espessura estratificada, de sedimentação por camadas sucessivas, como um folheado de imagens. Recobrir e ver através. Questão de multiplicação da visão (DUBOIS, 2004, p. 74).[2]

Para um cineasta que sempre tratou o cinema menos como uma escrita e mais como uma visão, as ferramentas do vídeo propiciam, sem dúvida, um novo conjunto de procedimentos de criação.[3] Porém, ainda assim, é o cinema que está em jogo, disputado pelos poderes que querem subjugá-lo, e as potências que ele inventa, resistindo. Em *As crianças brincam de Rússia*, munido da estranha geringonça movida a manivela (uma lanterna mágica, talvez, ou um moinho gerador de histórias, imagina Comolli), o Idiota (com seu gorro de lã, ora de um cor, ora de outra), faz passar, diante de nós, as imagens projetadas:

> Passar, ser projetadas? Sim, mas umas *com* e *nas* outras. Toda sequência de imagens já é montagem, jogo serial, cascata de encadeamentos, justaposição, oposição, colagem. Uma imagem em um filme é sempre o rastro ao mesmo tempo daquelas que a precedem e das que a sucedem. Não há imagem solitária no cinema (COMOLLI, 2004, p. 291).

Tudo se complica, entretanto, quando a sucessão das imagens é combinada com a sobreimpressão, quando as imagens, umas *sobre* e *com* as

---

[2] Como veremos mais adiante, a sobreimpressão constitui matéria de composição daquilo que Jacques Rancière denomina *frase-imagem*.

[3] É Godard (1998, p. 436) quem o afirma.

outras, formam camadas na mesma superfície, sem que uma esconda a outra (jogando simultânea e ambiguamente com os significantes próprios das escrituras videográfica e cinematográfica). Em *As crianças brincam de Rússia*, Godard se põe no extremo oposto daqueles que fazem da citação (das imagens, dos sons, das vozes) uma operação de rapina e exibição espetacular. O filme, na verdade, põe em operação o procedimento paradoxal que norteia a escritura do cinema, que só pode reter fazendo passar, e só pode passar a partir do que foi momentaneamente retido, numa incessante produção e apagamento dos traços. (Logo na abertura, vemos uma criança que brinca com um Bloco Mágico e, na superfície dessa imagem, o traço da escrita – à mão – do título do filme.) Um mecanismo complexo, portanto, produz a *cinemagia*, de tal forma que o filme embute, em *mise en abyme*, a relação que vincula o espectador na sala escura à luz que *o atinge pelas costas*: imagens que passam pela janela da câmera ou do projetor e, em última instância, na tela mental do espectador[4]. Com a diferença de que, enquanto a tela do cinema só pode mostrar e apagar, numa operação de substituição sem fim dos fotogramas uns pelos outros, "somente a tela mental do espectador pode recolher nas suas dobras e redobramentos os traços de vida e morte das imagens de um filme" (COMOLLI, 2004, p. 296). Diante da passagem das imagens móveis, o espectador extrai do encadeamento lógico das narrativas esses "corpos anômicos" imantados pelo afeto que a memória concede aos filmes, coisa que os faz sobreviver fora do cinema, da projeção e dos arquivos, conforme a bela formulação de Jean-Louis Scheffer (1999).

Ao desacelerar e perturbar o desfile das imagens (graças aos recursos da edição em vídeo), fixando-as momentaneamente, e em seguida, fazendo-as disparar em velocidade alterada, em pequenos saltos (o que às vezes incide também sobre o som), Godard enfatiza sobretudo esse "corpo anômico" que as sustenta para além da força organizadora da narrativa. Para Jacques Rancière (2012), esse ato de criação godardiano alia dois vetores da imagem: o seu valor autônomo, pura presença sensível, não-mediatizada (à maneira dos ícones) e o seu valor combinatório: montadas, vinculadas a outros signos – inscrições, fotografias, palavras grafadas na tela, trechos de composições musicais, comentários – as imagens passam a constituir conjuntos feitos da relação entre uma visibilidade e uma significação.

---

[4] "É pelas que costas que a luz atinge a noite": a formulação, que surge no episódio 1B de *História(s) do cinema* (Uma história só) parece ter sido criada por Godard inspirado, talvez, em *A morte de Virgílio*, de Herman Broch (cf. LEUTRAT, 2001, p. 97).

A escritura godardiana se vale da tensão entre dois modos opostos de funcionamento das imagens: elas tanto se apagam ao passar (por força do relato que as faz avançar), quanto desviam o relato do seu curso, quebram os seus encadeamentos e contrariam, com sua força plástica, a fábula que as engloba.[5] A essa peculiaríssima combinação de duas lógicas da montagem realizada por Godard – uma, dialética, guiada pelo choque; outra, simbolista, produtora de analogias –, Rancière (2012) denominou *frase-imagem*:

> Conectar sem fim, como ele faz, plano de um filme com o título ou o diálogo de outro, uma frase de romance, um detalhe de quadro, o refrão de uma música, uma fotografia jornalística ou mesmo uma mensagem publicitária, é sempre fazer duas coisas ao mesmo tempo: organizar um choque e construir um contínuo. O espaço do choque e do contínuo podem ter o mesmo nome, História. De fato, a História pode ser duas coisas contraditórias: a linha descontínua dos choques reveladores ou o contínuo da copresença. A ligação dos heterogêneos constrói e reflete ao mesmo tempo um sentido de história que se desloca entre esses dois polos (p. 70).

Mais do que um recurso reflexivo ou um procedimento metalinguístico, o que o filme põe em cena é a aprendizagem que o cinema, por meio da experiência estética que lhe é peculiar, graças à montagem, propõe ao cinespectador. Ao ligar os elementos heterogêneos, pela via da continuidade ou da descontinuidade, a montagem exibe a história – aquela que "se aproxima de nós a passos lentos", como diz o cineasta – aos olhos do espectador. Operação nada simples (tanto para o cineasta-historiador quanto para o espectador), já que a multidão de signos, dispostos em um conjunto polifônico, forma um vastíssimo intertexto como que criptografado, mas, paradoxalmente, sem segredo, sem chave secreta ou código decifrador, já que a trama tecida pela montagem é feita com os mesmos materiais da experiência histórica, essa *crisálida guardada pelas imagens*, e que só alcança

---

[5] Em uma esclarecedora entrevista publicada na revista Balthazar, Jacques Rancière discute tanto o retorno ao ícone nas teorias da arte (como no trabalho de Georges Didi-Huberman, por exemplo) quanto a insistência de Godard em aproximar a imagem cinematográfica do manto de Verônica, que traz impressa a Santa Face. Rancière ressalta que Godard lança mão de um procedimento contraditório, característico daquilo que o filósofo denomina *regime estético das artes*, e que permite a convivência dialética entre a supervalorização do sensível (traço enfatizado pelas abordagens fenomenológicas, que acentuam a dimensão reveladora da imagem, tomada como presença pura, desprovida de significação) e o seu envolvimento pelas formas do discurso, quando se torna coisa a ser decifrada, tornada componente de uma composição que a entrelaça a outros signos distintos (verbais, sonoros, gráficos, fotográficos) (cf. *Balthazar.* 2001).

a metamorfose se elas são mescladas e combinadas umas com as outras. Envolvido pelo turbilhão dos filmes com os quais joga, ele também, com sua *pequena história inscrita na grande história*, o narrador dessas histórias percorre a memória do século como numa banda de Moebius. Assim é que, em *As crianças brincam de Rússia*, o Idiota se desloca imperceptivelmente e assume as diferentes trabalhos do montador, do projecionista e até mesmo do espectador. Se ele recusa a esperteza de Jack Valenti, se não hesita em trocar os milhares de dólares por um mísero copeque (a centésima parte do rublo), então temos algo a aprender com ele. Entretanto, estamos distantes daquela pedagogia godardiana de outros tempos.

Como notou Serge Daney (2007), fustigado pelos ventos de Maio de 1968 e desconfiado diante do avanço gradativo da sociedade do espetáculo, Godard se retira da sala de cinema, considerada então um mau lugar, e a substitui pela escola: o cubo cenográfico transforma-se em sala de aula; "o diálogo do filme em recitação; a voz *off* em aula magistral; a filmagem em trabalhos dirigidos; o tema dos filmes em matéria obrigatória ('o revisionismo'; 'a ideologia', etc.) e o cineasta em diretor de escola, em monitor, em bedel" (p. 108). Essa pedagogia exercitada em *A chinesa*, *Tout va bien*, *Numéro deux* e *ici et ailleurs*, permite ao cineasta voltar a cinefilia contra ela mesma, virando-a do avesso como uma luva, como escreve Daney (2007).

> A escola como o bom lugar, porque nela é possível reter o maior número de pessoas pelo maior tempo possível. O lugar por excelência do desacordo, da diferença. Porque "reter", isso quer dizer "guardar", mas também "retardar". Guardar um público de alunos para retardar o momento no qual eles se arriscariam a passar rápido demais de uma imagem a outra, de um som a outro, ver rápido demais, pronunciar-se prematuramente; pensar em ter terminado com o cinema quando eles estão longe de suspeitar a que ponto o agenciamento dessas imagens e desses sons é coisa complexa, grave e sem inocência (p. 112).

Passado quase meio século, se Godard abandonou a sala de aula e se desvencilhou da figura do mestre que dava lições (necessariamente obrigatórias, feitas para contrariar a pulsão escópica do espectador insaciável – cego, na verdade – no seu desejo de ver mais e mais imagens), ele parece não ter renegado de todo sua pedagogia, que somente adquiriu outra natureza, transfigurada. As imagens e os sons ainda são projetados para um espectador que se deseja bem situado no difícil lugar que lhe é oferecido (crítico, vigilante, atento), mas a voz que comenta não é mais aquela, impessoal, do mestre que ministra os ensinamentos; ela ganhou novas modulações, nela sentimos o sopro da respiração, seu ritmo estudado, em fina consonância com as imagens e os sons, atenta às pausas e silêncios. Desde *L'autoportrait de décembre* e nos episódios de *História(s) do cinema*, voz sobretudo melancólica, do Velho Sábio que recorre à *mise en scène* do Idiota ou do Príncipe para se livrar dos enganos do bem pensar, que faz do pensamento algo natural, guiado unicamente pela boa vontade do pensador. ("Mesmo que tenhamos de ser idiota, sejamo-lo à maneira russa: um homem do subsolo" – escreveu Deleuze (1988, p. 217) pensando em Chestov, o personagem de Dostoiévski que "nem se reconhece nos pressupostos subjetivos de um pensamento natural nem nos pressupostos objetivos da cultura de seu tempo e que não dispõe de um compasso para traçar um círculo".)

No entanto, há algo a mais nessa nova modulação da voz do autor: como bem notou Jacques Aumont (1999, p. 179), nela sente-se a vibração ou a expressão de um "sentimento do tempo". Tomada pelo temor respeitoso diante das imagens e dos sons que nos expõe e comenta, essa voz pertence a alguém que se depara com os fantasmas que retornam; fantasmas de títulos e fantasmagorias de obras de arte que não nos assombram nem nos ameaçam mais, pois elas é que são ameaçadas pelos vivos: desmemoriados, sem dúvida, mas também incapazes de criar – pela montagem – um sentido para as obras do passado (arruinadas, por um lado, mas por outro, ainda bem vivas, testemunhas que são de uma experiência histórica). Daí o apelo não apenas à memória (encarregada de salvar o que resta de um processo de destruição – empreendimento bem ao gosto de Walter Benjamin[6]), mas também ao trabalho do espectador: ele deve aprender a montar e a se colocar ao lado do crítico, historiador e cineasta que entoa os salmos da Rússia. "Conservar. Venerar. Sofrer. Ser liberto (ou consolado)", eis o programa histórico das *História(s) do cinema* – resume Aumont (1999, p. 189) – e que orienta igualmente outros filmes-ensaio de Godard.

Em *As crianças brincam de Rússia*, as cenas do massacre cometido pelos impiedosos invasores alemães em *Alexander Nevski* surgem desaceleradas e mescladas (por sobreimpressão e pela aparição/desaparição intermitentes) com imagens de soldados fardados na rua e imagens pornográficas, enquanto a voz *off* de Godard pergunta a Alcide Jolivet se ele sabia de onde vinha a

---

[6] Citemos um trecho da Tese II de "Sobre o conceito de história", mencionada por Godard, na tradução brasileira feita por Jeanne Marie Gagnebin e Marcos Lutz Müller: "O passado leva consigo um índice secreto pelo qual ele é remetido à redenção. Não nos afaga, pois, levemente, um sopro de ar que envolveu os que nos precederam? Não ressoa nas vozes a que damos ouvido um eco das que estão, agora, caladas?" (cf. LÖWY, 2005, p. 48).

ideia de projetar. Logo após uma tela em negro, surge a imagem de uma projeção em sala de aula, com o rosto dos estudantes em primeiro plano, nitidamente tocados pelo que veem (fascinados? embevecidos? atemorizados? – impossível saber). Sejam quais forem os poderes tenebrosos que se abateram sobre o povo russo, sua redenção dependerá dessa "luz que atinge a noite pelas costas", nessa sala escura na qual os espectadores estão imersos, para lançá-los (projetá-los) ainda mais longe, para fora de todo lugar: a utopia. Mais à frente, uma passagem em particular, uma extensa *frase-imagem* (para retomar o termo cunhado por Rancière) nos permitirá comentar os vínculos entre a projeção dos ícones, a utopia e a restituição das imagens ao espectador como uma outra face da pedagogia godardiana.

De quais reservas (de força, de imaginação), afinal, disporiam os russos para combater o poder das trevas que os ameaça, senão aquele das *almas que entram na noite*, os ícones? Um ícone como aquele no qual a menina camponesa, Bernadete, identificou um dia a Virgem, como nos conta a lenda.[7] A história de Bernadete de Lourdes, que reconheceu, no *ícone de Cambrai*, a Virgem que lhe aparecera na gruta – e que em nada se assemelhava às Madonas de Murillo ou de Rafael, cujas reproduções lhe foram mostradas – foi tomada de empréstimo a André Malraux (que, por sua vez, a contara a Picasso) e reaparecerá tanto em *História(s) do cinema* quanto em *Nossa música*, na pequena palestra que Godard – em pessoa – oferece aos participantes da quarta edição dos Encontros Europeus do Livro, em Sarajevo. (Colocada um pouco atrás daqueles que escutam o cineasta, uma menina folheia um livro de imagens.)

Por coincidência – será mesmo? –, a *Theotokos* (Mãe de Deus) de Cambrai pertence a uma categoria de ícones denominados *Hodiguitria* ("aquela que mostra o caminho"), e os olhares da Virgem e da Criança nos resgatariam "dos nossos próprios lugares saturados de lembranças, imagens e representações" (LELOUP, 2006, p. 97). Por outro lado, essa *Theotokos* conservada em Constantinopla e trazida de Roma em 1440 pelo cônego de Cambrai, é atribuída a São Lucas, o evangelista, aquele que escreve e pinta, que lida tanto com a escrita quanto com a imagem. Talvez fosse ele o padroeiro das *História(s) do cinema*, e não São Paulo (embora a fórmula deste último tenha sido convocada mais de uma vez: "A imagem virá no tempo da ressurreição").

---

[7] A conhecida menção de André Malraux à Virgem de Cambrai abre o livro de Jean-Yves Leloup (2006).

Em *As crianças brincam de Rússia* os ícones serão projetados na noite – outra vez – como os filmes russos fizeram desde sempre. Ao contrário do que seria esperado, Godard não elege os filmes de Tarkovski para salvar os ícones do que *restou do império da ficção*, mas um filme de Dovjenko, em especial. Não são os monges peregrinos que atravessam o mundo lutando contra as tentações (como em *Andrei Roblev*) que nos revelarão o sagrado, mas os camponeses pobres de *Terra (Zemlya)*: não porque eles sejam os mais místicos, em sua vida precária, sob a opressão dos donos das terras, mas porque sustentaram as *novas canções de uma nova vida* já sem a necessidade de um mártir, enquanto o comunismo se esgotava – precocemente – com suas fábricas de sonhos e esperanças. Assim é que, quando Alcide Jolivet adentra uma sala na qual há um projetor (a cinemateca da cidade suíça de Penthaz) e pergunta a Harry Blount (interpretado por Bernard Eisenschitz, conhecido estudioso do cinema russo), "onde estamos?", este lhe responde: "estamos no centro do que restou do império da ficção" (neste momento, as imagens das ondas violentas de *As estações*, de Artavazd Pelechian, encobrem parcialmente, por sobreimpressão, os dois amigos: o cineasta e o historiador do cinema). Em seguida, Jolivet/André S. Labarthe afirma: "Aliás, você escreveu que não há campo e contracampo no cinema soviético, me explique isso". Ao que Blount/Eisenschitz responde: "Com efeito, só há ícones. Há espaços ou personagens recortados mais ou menos de perto ou mais ou menos de longe, mas não há troca de olhares".

Sem trazer nenhuma imagem religiosa – pois se trata principalmente de escapar da influência dos padres – e para além da fábula comunista da coletivização dos kolkozes e do conflito entre o velho e o novo (presente em *A linha geral*, de Eisenstein e em *Le bonheur*, de Medvekine), o filme de Dovjenko já exibe os ícones que Godard nos reapresentará sob um duplo modo. Por um lado, eles surgem em sua pura presença sensível, em comunicação, ao mesmo tempo, com o mais longínquo e com o mais próximo (é nisso que consiste seu mistério) e em oposição à mera reprodução fotográfica das coisas ("a realidade clic-clac Kodak", designada pelo termo russo *isobrazenié*). Por outro lado, são também articulados a uma complexa operação de sentido, transformados em componentes de uma *frase-imagem* que os põe em relação com outros signos. Desse modo, o ícone, em sua tradição religiosa, da qual o cineasta destaca a dimensão indicial – o traço do rosto de Cristo no manto de Verônica como equivalente da impressão fotográfica – vê-se assimilado ao termo russo que designa a ficção, no seu sentido forte: *obraz*. Será preciso explicar então como essa dimensão indicial que levou tanta gente a alucinar uma verdade da inscrição (como as tentativas de decifrar cientificamente o Santo Sudário para convencer de vez os incrédulos) foi, surpreendentemente, conduzida para o domínio da ficção. Mesmo quando reafirma a ontologia baziniana da imagem fotográfica, Godard está longe de canonizá-la como ícone *acheiropoietos* (não feito pela mão humana). Se a presença do projetor é recorrente em *História(s) do cinema*, é porque ele é obrigado a se lembrar da máquina que gerou a imagem que ele põe diante dos olhos do espectador (*para que este creia*). Não há projeção sem impressão, visível sem invisível, olhar sem voz, imagem sem verbo.

Godard está distante de toda idealização do ícone, como se este encerrasse uma potência de alteridade (própria do sagrado) que o livrasse inteiramente da servidão aos poderes terrenos (da Igreja ou do Estado). Como bem ressalta Marie-José Mondzain (2009, p. 33) em seus estudos sobre o ícone, "enquanto instituição temporal que quer adquirir um poder e conservá-lo, a Igreja agiu como todos os ditadores, produzindo visibilidades programáticas, feitas para comunicar uma mensagem unívoca". Se, como observa Mondzain (2003), a grande inovação do cristianismo consistiu na afirmação de que *fazer ver é fazer crer*, a guerra das imagens entre iconófilos e iconoclastas fez do campo da imagem um terreno de disputa percorrido por duas posições extremas: o poder de fazer ver era um poder de fazer pensar, ou então, tratava-se de fazer crer para ser obedecido? Como distingue ainda a filósofa, para os iconoclastas, Cristo reencontrou, após a ressurreição, sua natureza espiritual invisível, depois de ter tido, por um tempo, uma existência material e corporal. É por isso que não podemos nem vê-lo nem dotar objeto algum de uma semelhança com ele: isso significaria negar a vitória sobre a matéria e a morte. Já os iconófilos, em contraste, defendem uma redenção da carne, uma transfiguração da matéria – graças ao sacrifício daquele que é uma imagem do Pai para a eternidade – que abre "as visibilidades do mundo às operações da graça" (MONDZAIN, 2003, p. 153-154).

Digamos que Godard permanece um iconófilo materialista, bem entendido, sem ceder à adoração das imagens religiosas. Vejamos brevemente como isso se dá na longuíssima *frase-imagem* de *As crianças brincam de Rússia* que nos restitui os ícones criados por Dovjenko em *Terra*. De início, Godard recorre a Dostoiévski para saber de que morre a velha Europa, que nunca soube reconhecer que a Rússia era seu próprio mundo, novo e desconhecido. Impedida de sonhar com outras formas de existência, coletivas, como um dia imaginaram tantos utopistas, a velha Europa agoniza sob o predomínio do individualismo e sob os poderes de Roma (que perdeu o Cristo) e de Washington (acrescenta Godard, provocando o Império Americano). No entanto, a Rússia deve se felicitar por ser seu próprio mundo, e por ter conjugado a invenção da projeção (das imagens) com a invenção das formas políticas revolucionárias que um dia receberam as esperanças das massas. Origem da projeção, origem da utopia, explicará o Idiota a Alcide Jolivet. Não é exatamente isso que, no filme de Dovjenko, leva o padre da aldeia a amaldiçoar o cortejo dos camponeses pobres e incrédulos que querem enterrar o jovem Basil (assassinado pelo filho do koulak, o rico proprietário de terras) sem padres e sem vigários?

Godard procede a uma inversão que liberta o filme de Dovjenko da fábula política que o atravessa. De início, a associação é simples: a figura do padre (alternada e em sobreimpressão com imagens de pássaros em revoada) é assimilada, sem mais, à dominação eclesiástica e capitalista, e os camponeses pobres que se revoltam, aos revolucionários. Na segunda aparição do padre, a voz *off* do cineasta enuncia cinco vezes o título da tradução francesa de um dos livros de Dostoiévksi: *Le Journal d'un Écrivain*. Em seguida, surgem as imagens de Basil em sua liteira de morte, que passa rente ao campo de girassóis, a corrida desesperada do assassino, Thomas, e o gesto exasperado da noiva de Basil, nua, que aperta os seios, em pleno tormento. Nessa passagem, Godard intervém na imagem, suavemente desacelerada (estirando o sofrimento, impedindo-o de desaparecer, como sublinhou Comolli (2004)), faz um trocadilho entre *verstes* (antiga medida russa de distância) e *versets* (versos) e recita, colocando um acento especial na repetição da conjunção adversativa, sempre seguida de uma pausa: "Mas, todos esses *verstes* (verstas) a percorrer não são também os versos recitados por todas essas almas que cantam o salmo da Rússia?" A frase é dita uma segunda vez, acompanhada de novas imagens do filme de Dovjenko; os camponeses no cortejo fúnebre, entoando seu cântico da nova vida; a noiva de Basil, tomada pela aflição, e mais duas aparições quase fantasmáticas, que mal distinguimos, quase que sombras, imagens que erram na noite: uma, de Basil; outra, a da jovem irmã, com as pontas dos dedos nos lábios e os olhos que se movem delicadamente, temerosos talvez (com dificuldade, vemos que há mãos que a protegem e acariciam sua cabeça). Em *Terra*, essas imagens proveem de um tempo suspenso – nem a noite nem a madrugada – e do qual emergem as figuras amorosas dos casais, imóveis e silenciosos (nenhuma profundidade, o longínquo tão próximo: um ícone). No filme de Godard, essas criaturas que erram na noite reaparecerão durante a terceira repetição da frase, em sobreimpressão com a imagem de uma senhora (cabeça envolta em lenço) que acende velas.

Ao deslocar as sequências do filme de Dovjenko, Godard reforça a maneira com que tais imagens resistem à lição triunfalista que logo recairia sobre o assassinato de Basil e diante da qual o próprio pai, com seus olhos espantados, permanece cético. Talvez seja esse o único modo de ainda sustentar a crença nas imagens da Rússia, mesmo depois da derrota de todas as suas fábricas de sonhos. Não é por acaso que a continuação dessa passagem em torno do salmo da Rússia prosseguirá com a sobreimpressão da figura de Ivan, o terrível, sobre a imagem da velha senhora (serão os últimos que ainda creem?). Enquanto ela acende as velas, ele se deita para receber a extrema-unção, com o Evangelho aberto ao meio, encobrindo seu rosto enrijecido pelo esgar, olhos estatelados e fixos. Quando ele se reclina totalmente, surge o rosto de Lênin em seu leito de morte, e as duas imagens se põem a alternar. O luto só não se completa porque, logo a seguir, surgem duas novas imagens em sobreimpressão: uma mulher de bicicleta, ágil e contente (extraída de *Un été prodigieux*) e um rapaz que salta n'água, impetuoso. Mas se as camponesas que entoavam as *canções da nova vida* no filme de Dovjenko agora reaparecem em cores, um espectro ronda esse novo sonho de harmonia entre a natureza e o trabalho. Talvez seja por isso que, se essa mesma sequência de *Ivan, o terrível* (a da extrema unção do czar, envolvido pelos aliados que contra ele conspiravam) reaparece no episódio 4 B de *História(s) do cinema* (Os signos entre nós), a máscara mortuária de Lênin tenha sido substituída pela de Stalin, em sobreimpressão com o pesado livro (O Evangelho) que salvara Ivan de seus inimigos. "A crença nos profetas foi substituída pela crença nos homens de Estado: fim da odisseia da utopia." A Rússia não brinca mais. Conhecemos o desastre que se seguiu.

Diferentemente desta sequência perturbadora das *História(s) do cinema*, antecedida pela figura híbrida que distorce e mistura os rostos de Hitler e Carlitos, esse filme de Godard, que foi pouco exibido depois do seu lançamento (uma vez ou outra vez na televisão, somente), encontra outra via para sustentar a crença nas imagens. Ele inventa uma nova pedagogia. Agora não se trata mais de restituir as imagens aos sujeitos filmados (como Daney (2007) escrevera), e sim de restituí-las aos espectadores. A Rússia ainda brinca. E o filme se torna o abrigo de todos esses criadores hoje desterrados das nossas salas de cinema e do nosso imaginário. O projetor, com o auxílio da tecnologia do vídeo, nos devolve as imagens que eles um dia criaram e, talvez, até mesmo a esperança que os impulsionou. O empreendimento de Jack Valenti não vingou; pelo menos desta vez a pobre Rússia não foi nem invadida nem saqueada. No hotel Raphael, o Idiota aguarda os seus convidados. As camareiras, que não eram senão as irmãs da peça de Tchekhov, os convidam a entrar: entre, camarada Eisenstein, bem vindo; entrem, camaradas Pudovkin, camarada Dovjenko, camarada Kaufman, ah, Boris Barnet...

Referências

AUMONT, J. *Amnésies. Fictions du Cinéma après Jean-Luc Godard*. Paris: P.O.L., 1999.

BALTHAZAR. *Revue d'Analyse du Cinéma Contemporain*, n. 4, p. 78-79, verão de 2001.

COMOLLI, J-L. Voir et Pouvoir. *L'innocence Perdue: Cinéma, Télévision, Fiction, Documentaire*. Lagrasse: Verdier, 2004.

COMOLLI, J-L. Jouer à la Russie: Le Corps Projeté de Godard. In: *Voir et Pouvoir. L'innocence perdue: Cinéma, Télevision, Fiction, Documentaire*. Lagrasse: Verdier, 2004.

COMOLLI, J-L. L'Idiot à la Manivelle. In: *Voir et Pouvoir. L'innocence Perdue: Cinéma, Télevision, Fiction, Documentaire*. Lagrasse: Verdier, 2004.

DUBOIS, P. *Cinema, vídeo, Godard*. São Paulo: Cosac Naify, 2004.

DANEY, S. *A rampa*. São Paulo: Cosac Naify, 2007.

DANEY, S. O aterrorizado. Pedagogia godardiana. In: *A rampa*. São Paulo: Cosac Naify, 2007.

DELEUZE, G. *Diferença e repetição*. Rio de Janeiro: Graal, 1988.

DURAS, M. *Os olhos verdes*. Rio de Janeiro: Globo, 1988.

GODARD, J-L. *Jean-Luc Godard par Jean-Luc Godard*. Paris: Cahiers du Cinéma, 1998. Tome 2.

LELOUP, J-Y. *O ícone*. Uma escola do olhar. São Paulo: UNESP, 2006.

LEUTRAT, J-L. Mais C'est Dans le Dos que la Lumière Va Frapper la Nuit. *Vertigo*, Paris, n. 22, 2001.

LÖWY, M. *Walter Benjamin: aviso de incêndio. Uma leitura das "Teses sobre o conceito de história"*. São Paulo: Boitempo, 2005.

MONDZAIN, M-J. *A imagem pode matar?* Lisboa: Vega, 2009.

MONDZAIN, M-J. *Le Commerce des Regards*. Paris: Seuil, 2003.

PREVERT, J. *Contos para crianças impossíveis*. São Paulo: Cosac Naify, 2007.

RANCIÈRE, J. *O destino das imagens*. Rio de Janeiro: Contraponto, 2012.

RANCIÈRE, J. Balthazar. *Revue d'Analyse du Cinéma Contemporain*, n. 4, été 2001. Entretien avec Jacques Rancière.

SCHEFFER, J-L. *Images Móbiles. Récits, Visages, Flocons*. Paris: P.O.L., 1999.

Penso, logo edito:
História(s) do cinema e a obra de Jean-Luc Godard

Mário Alves Coutinho

> *Pareceu-me que a história poderia ser uma obra de arte.*
> Jean-Luc Godard

Labirinto: talvez esta seja a imagem mais precisa para dar uma ideia do que seria *História(s) do cinema*, de Jean-Luc Godard – *uma história das imagens*. Vídeo-filme com quatro horas e vinte e cinco minutos, oito capítulos, seria possível entrar nessa obra em qualquer ponto? Será que o próprio autor conseguiu escapar da sua edificação, quinze anos depois de terminada? Será que Godard foi sempre habitado por esse labirinto? Será que precisou entrar nele, ou será que sempre o habitou? Será que o construiu? Ou será que foi construído por ele?

II

Tendo presente o risco que enfrentam todos os que entram num labirinto – a dificuldade, quase impossibilidade de sair dele – e sem a ajuda do fio de Ariadne, cabe a nós explorar essa construção godardiana. Por onde adentrá-la? Por que não no início do terceiro episódio da série, *O cinema somente*, em que assistimos ao seu criador, Dédalo, isto é, JLG, discutir com Serge Daney a planta baixa da sua admirável criação?

Esse episódio (e a obra em geral) é composto de fragmentos, trechos de filmes, fotos, diálogos de fitas não mostradas, músicas de outras fitas, diálogos dos filmes mostrados, falas (*on* e *off*) de Godard, letreiros com alguns títulos, textos lidos por atores (*on* e *off*). Tudo isso trabalhado em termos de sobreimpressão, montagem, incrustação e edição, o que torna problemática a noção de plano: a cada momento, temos uma quantidade enorme de informações simultâneas e sobrepostas. O episódio começa com uma mão ("somente a mão que apaga pode escrever o momento fatal", *História(s)*, 2B). Ela escreve *História(s) do cinema*, num papel onde está impresso "Peripheria", produtora dessa obra e empresa de Godard; a letra parece indicar que a mão também é dele. A mão usa uma régua para sublinhar *História(s) do cinema*. Aparecem, então, vários instrumentos, armas, imagens em sobreimpressão: régua, mulher olhando um microscópio, guerrilheiro (que parece ser palestino) apontando um fuzil, uma funda, um ciclope, uma pessoa diante de um olho enorme, uma mulher olhando através de uma lupa, duas fotos de Godard, com uma inscrição sobre seu rosto: "fazer uma descrição precisa". *O esporte favorito do homem* (Howard Hawks), Os *Niebelungos* e *Moonfleet* (Fritz Lang), *Oito e Meio* (Fellini), e *A aventura* (Antonioni) aparecem. Quadros de Rembrandt (*Hendrieckje banhando-se no rio* [SCHAMA, 2000, p. 556]) e Klimt (*Judith* [BAÜMER, 1991, p. 59]) são mostrados. Em seguida, Godard e Daney conversam sobre como é apropriado essa obra estar sendo realizada por Godard.

Essa vai ser uma história para o olho, para a visão, feita de imagens e não com títulos, escolas e autores, somente palavras, o que quase todas as histórias do cinema haviam sido. Godard vai dizer que o cinema é uma forma feita para pensar, ele não é somente emoção (em 4A, mostrando Hitchcock e seus filmes, Godard afirma que "são as formas que nos dizem finalmente o que existe no fundo das coisas"). Como essas ideias aparecem? Através da montagem, da sobreimpressão, da incrustação, da edição, de duas ou mais imagens que se chocam e produzem sentido: "o cinema foi feito para pensar, pois ele foi feito para ligar" (GODARD, 1998, p. 426), quer dizer, editar, havia ele escrito, alguns anos antes.

A mão do diretor, sua letra, sua voz e, finalmente, sua imagem: essa não é uma história objetiva, como quase todas as outras tentaram ser. Nela, ele irá articular o seu ponto de vista, suas ideias e suas obsessões. Godard falará dele próprio, de sua história pessoal, juntamente com a do cinema. As frases que aparecem inscritas nesse trecho, como "Montagem, minha bela preocupação", falam disso: com esse título, ele publicou um ensaio em 1956, na revista *Cahiers du Cinéma*, sobre a montagem como instrumento do pensamento; essa frase é também uma citação do primeiro verso ("*Beauté, mon beau souci*") do poema "Dessein de quitter une dame qui ne le contentait que de promesse", de François Malherbe (1555-1628). Ou *Les signes parmi nous* (Os signos entre nós) (GODARD, 1998a, vol. 1, p. 139), romance de Charles Ferdinand Ramuz. Essa história não vai ser somente uma relação de datas e nomes, mas uma obra de arte em si mesma, um poema. O jogar com as palavras, as brincadeiras com os possíveis e os impossíveis da linguagem, as intertextualidades, as inúmeras citações, assim o atestam: aqui, ao escrever que "o que nunca houve foi o trabalho do historiador", Godard usa uma paronomásia: o historiador (*histo/rien*) é nada (*rien*), não fez o seu trabalho, como ele o fará, com imagens e palavras. O recurso poético usado torna a ideia concreta. Não um arrazoado histórico, mas um poema sobre outros filmes, um filme-vídeo-poesia sobre o cinema e sua história. Poesia sobre a poesia, literatura sobre o cinema. Ou cinema sobre a literatura? Ou história do cinema, da literatura e da poesia, de si mesmo, e da própria história?

Portanto, a sua história não vai ser somente do cinema. Já o atesta esse trecho, em que faz literatura, poesia e usa a palavra falada e escrita, lembra alguns poetas e romancistas, e quase sempre faz ligações diretas entre literatura e cinema. Ao citar *Madame Bovary*, em outro trecho, ele vai ligar esse romance ao filme de Billy Wilder *Beija-me, idiota*: o filme do diretor vienense-americano é também sobre a idiotice da província, sobre a infidelidade de uma mulher casada, em outra chave: a da comédia. Ao escrever "Jeune filles em fleurs", lembra o Proust de *À l'ombre des jeunes filles en fleurs* (2005, p. 343), que ele logo transforma, poeticamente, em *Jeunes filles en pleurs*, mais as imagens de *Lolita*, Natalie Wood, *Monika e o desejo* (Ingmar Bergman) e a *Baby Doll* de Kazan: a literatura volta e meia desliza para o cinema. Daí a pouco ele estará lendo a primeira frase de *Em busca do tempo perdido*: "*longtemps je me suis couché de bonne heure*" (PROUST, 2003, p. 13). Ou então o uso intertextual que ele faz dos textos de Hermann Broch, Charles Baudelaire, Raymond Queneau, Philippe Sollers, Paul Valéry, Maurice Blanchot, Elie Faure. Além da literatura, a pintura: Godard dará um destaque todo especial à pintura, essa arte da imagem, antecessora do cinema, na verdade, antecipando-o, dirá ele. 135 outros quadros aparecerão nessa obra. (No terceiro capítulo, Godard irá escrever e dizer: "Com Edouard Manet / começa / a pintura moderna / quer dizer / o cinematógrafo".)

As armas, os guerrilheiros, os aviões, as guerras, os sons de tiros e bombardeios: essa será uma história da história, e não apenas uma história das artes. Uma história das ideologias, da luta de classe, de retrocesso e barbárie. História do cinema, mas também da literatura, da poesia, da pintura, da ideologia, da política, tudo se relacionando com tudo, as coisas não existem separadamente. E uma história do cineasta, escritor e poeta

Jean-Luc Godard. Que poderia dizer, como Descartes (que aparece num dos episódios), no *Discurso do método* (1999, p. 42) , "tomei um dia a decisão de estudar também a mim próprio".

III

Durante parte desses dez minutos, Godard (1998a, vol. 2, p. 17) conversa com Daney (nesse labirinto, esse crítico luminoso não terá o papel de Ariadne?). Daney diz que Godard e a *Nouvelle Vague* tiveram a chance de chegar exatamente no meio da história do cinema e no meio do século XX. Godard intervém, e diz o quanto ele deve ao cinema (no livro que publicou, ele coloca isso em forma de poema): "minha ideia / que posso exprimir agora / é que era a única maneira / de relatar / de se dar conta / que eu tinha uma história / enquanto sujeito". Em seguida, Godard liga alguns escritores franceses a Truffaut:

> Não houve história / história da arte / um pouquinho / devido aos franceses/ os outros não / Diderot, Baudelaire / Malraux / coloco logo em seguida / Truffaut / uma linha direta / Baudelaire falando de Edgar Poe / é parecido com Malraux / falando de Faulkner / é parecido com Truffaut / falando de Edgar Ulmer / ou de Hawks / Não houve senão franceses / que fizeram / a história / eles duvidaram (p. 38-42).

Daney continua: "duvidaram / que estavam numa história / quiseram saber / qual história era aquela / a deles na grande / a grande na deles" (p. 42). Daney, aqui, tem uma percepção exata: "decidiram [a *Nouvelle Vague*] não herdar passivamente o legado cultural da sua arte, mas achar seus próprios precursores". Foi Jorge Luis Borges que inventou essa ideia dos precursores, em *Otras inquisiciones*. Foi ele que escreveu: "cada escritor cria seus próprios precursores. Seu trabalho modifica nossa concepção do passado, como há de modificar o futuro". As *História(s)* de Godard terminarão com uma metáfora agenciada exatamente através de Borges...

IV

"Se não existisse / o cinema / eu não saberia que eu tinha / uma história / era a única maneira / eu lhe devia isto / este lado sempre culpado / ou maldito / como diz Marguerite [Duras]" (p. 39). Gaguejando, como disse Deleuze (1990, p. 56), Godard tocou em alguns entrecruzamentos fundamentais desse labirinto: a história dele, do século XX, e a do cinema.

Filho de uma abastada família protestante-suíça-francesa, ele foi um menino e um adolescente muito protegido pela riqueza dos seus avós e pais (seu avô fundou o Banco Paribas). Nascido em Paris, em 1930, com três anos sua família mudou-se para a Suíça, país neutro e protegido de todas as guerras e destruições europeias. No seu abrigo, descobriu os grandes autores alemães, mas desenvolveu uma simpatia que era também da família pela ideologia alemã – ele lembra os comentários antissemitas do seu avô e de suas simpatias por alguns personagens colaboracionistas, na França; em outro texto, Godard (1998b, vol. 2, p. 307) conta que a derrota de Rommel na África foi como se o time pelo qual ele torcesse tivesse perdido uma partida. "Minha família era de preferência colaboracionista (nas ideias, não de fato) na medida em que ela não se sentia incomodada", escreveu. Valéry, Rilke e Gide eram amigos e frequentavam a casa de seu avô e do tio. Passaram a frequentar, também, a obra de Godard: o título de uma seção do capítulo 4A, "O controle do universo, introdução ao método de Alfred Hitchcock" (GODARD, 1998a, vol. 4, p. 76-77), faz referência a um livro de Valéry, *Introduction à la Méthode de Léonard de Vinci*: podemos ver, num título, a *política dos autores*: Godard, Truffaut, Rohmer, Rivette e Chabrol criaram esse movimento na década de 1950: para eles, alguns diretores do cinema americano eram tão autorais e importantes quanto alguns dos maiores artistas do cânone ocidental. Os versos de Rilke (2001, p. 17), "pois que é o belo / senão o grau do terrível que ainda suportamos / e que admiramos porque, impassível, desdenha / destruir-nos?", frequentaram sua obra desde a década de 1980, reescritos e remanejados incessantemente. Outra frase sua foi usada em *História(s) do cinema:* "lá onde crio sou verdadeiro", no capítulo 4A, "O controle do universo".

Por um lado, estão presentes nas *História(s)* o esplendor e a beleza da literatura, da poesia e da filosofia alemãs: Mann, Rilke, Broch, Goethe, Mestre Ekhart, Wittgenstein, Heidegger, Hegel, Jean-Paul Richter, Celan, Benjamin; o cinema impressionista, Lang e Murnau, são presenças constantes. Algumas outras realizações alemãs são onipresentes também: a barbárie nazista, seus campos de concentração e sua brutalidade racista, "este lado sempre culpado / ou maldito?" Godard vai acusar claramente: "O cinema anunciou os campos de concentração, lembremo-nos de *A regra do jogo* [o massacre dos animais, a dança da morte] e de *O grande ditador* [Chaplin]. Mas ele não os mostrou. O cinema faltou com seu dever, ele falhou na sua missão: documentar o real". Na sua adolescência protegida, burguesa e suíça, Godard não conheceu o cinema, somente comédias italianas insignificantes. O cinema era um espetáculo vulgar e circense, para a sua sofisticada família.

Acontece o milagre – "o cinema não é uma arte, nem uma técnica, mas um mistério", ele diz/escreve nas suas *História(s)* – e Godard descobre o cinema, na Paris de pós-guerra, num templo construído por um anjo-dragão *sui generis:* Henri Langlois (não o minotauro, embora um possível Teseu, André Malraux, tenha tentado abatê-lo, em 1968...). Anjo: Langlois aparece próximo da imagem de um anjo, em *História(s)*. Dragão: não foi Jean Cocteau (autor onipresente em *História(s)*, também) que escreveu que Langlois era "o dragão que guarda nossos tesouros"? Sua cinemateca seria mais uma construção labiríntica, precursora e modelo para Godard. "Como cineastas, criadores, nascemos (muito tarde, aliás, aos 20, 25 anos) num museu, Museu do Cinema, criado por Langlois", escreveu Godard (1998b, vol. 2, p. 414).

"A imagem virá no tempo da ressurreição", frase de São Paulo, ocorre várias vezes nessa obra. Nas salas escuras da cinemateca francesa e de outros cinemas de Paris (outros tantos labirintos, com entrada para milhares de universos fílmicos), que estavam exibindo os filmes americanos proibidos durante a ocupação alemã, Godard nasceu novamente, descobrindo aquela arte vulgar, atacada pela cultura *highbrow* como pouco inteligente e comercial. Certamente, deseducou-se de vários de seus aprendizados ideológicos e estéticos, e colocou outros no lugar. Estabeleceu uma convivência íntima do que aprendera (e introjetara) das artes alemãs e francesas, poesia, literatura, pintura e música, com a nova arte da imagem. Novo nascimento, provavelmente uma ressurreição? Desde essa época, aprendeu a desaprender e a aprender sempre que fosse necessário, nos museus e arquivos realmente existentes ou imaginários, estes últimos teorizados por Malraux, cujo filme (*L'éspoir*), palavras, discursos e frases são onipresentes nas *História(s)*. Principalmente, aprendeu, ensinou e desaprendeu realizando seus filmes. Aprendeu o cinema americano, o dos poetas, Griffith, Vidor, Ford, Hawks, e o dos rebeldes, Fuller e Ray (este, presente desde as primeiras imagens do primeiro capítulo das *História(s) do cinema*, em *Nick's Movie)*. Não escreveu Godard (1988b, vol. 1, p. 119) que "havia o teatro (Griffith), a poesia (Murnau), a pintura (Rossellini), a dança (Eisenstein), a música (Renoir). Mas existe a partir de agora o cinema. E o cinema é Nicholas Ray?" E também o cinema italiano, neorrealista, que mudou todo o cinema mundial; Godard não registrou nas suas *História(s)* que "a língua de Ovídio e Virgílio / de Dante e de Leopardi / passara para as imagens?"

Godard e seus colegas vão descobrir e defender estas cinematografias: eles são (e estão) onipresentes, também, nas *História(s) do cinema*. Aos poucos, ele vai aprender algo surpreendente: esse cinema americano, influenciado pelos autores e diretores alemães, exilados em Hollywood – o que seria do cinema policial e *noir* sem o expressionismo? O que seria de Hitchcock, sem Murnau e Lang? – também pode ser o cinema da barbárie, da propaganda, de tudo que é comércio, regressão e ideologia fascista. A técnica alemã (Von Braun, aliás, Leonard Nosferatu, é personagem de *Alphaville*), também influenciou o capitalismo americano; as universidades americanas e sua intelectualidade são outros tantos produtos que descendem diretamente das artes e ofícios alemães. Presidentes como Reagan, Bush (pai e filho) não foram capturados por uma ideologia totalitária? E quanto ao fascismo que sobrevive (e é parte constituinte) em (de) cada um de nós? Será por isso que Godard, durante a década de 1960, realizando seus filmes, vai mudar radicalmente sua ideologia (do anarquismo ao maoísmo), amando, mas questionando esse cinema, sempre? Estas dúvidas (Descartes [1999, p. 20]: "se duvido, penso") e ambiguidades ressoam, em *História(s) do cinema* e fazem dele uma das obras mais importantes do século, colocando Godard ao lado de Freud e Sartre – presentes, por mais de uma vez, em *História(s) do cinema* – como um daqueles mestres que souberam explicar as artes, a cultura, a história, a ideologia e a civilização do século XX.

V

A partir de seu primeiro filme, Godard, usando todos os arquivos, museus, obras e imagens que terá visto, amealhado e lido até então, vai construindo ao poucos sua obra labiríntica. Já nos primeiros minutos de *Acossado*, discute Faulkner (presente na sua conversa com Daney (GODARD, 1998a, p. 42) e seu romance, *Palmeiras Selvagens*, questiona a linguagem repetidamente, usa paronomásias e outros recursos poéticos e literários, coloca Belmondo ao lado de uma foto de Humphrey Bogart, usa um diretor de policiais, Melville, para interpretar um escritor, Parvulesco, compara o rosto de Jean Seberg com um quadro de Renoir (*Retrato de Irene Cahens d'Anvers, 1880* [NÉRET, 2009, p. 361]), enfim, usa cinema, literatura, poesia e pintura em todos os filmes que fez. A cada novo filme, é como se quisesse apre(e)nder de novo o estado da arte, o que sobrevive e participa na criação do novo, num recenseamento sem fim. Os arquivos realmente existentes e os da sua memória entram na sua obra com igual peso. A citação, a intertextualidade, o plágio, a paródia, a polifonia, foram suas armas de sempre, desde o começo. "Montagem, minha bela preocupação..." (GODARD, 1998b, p. 92).

Em 1978, Henri Langlois, que estava fazendo uma série de conferências na Cinemateca de Montreal sobre a História do Cinema, morre (autor de somente um curta, Langlois realizara muitas antologias colando trechos de filmes de sua cinemateca). Em seu lugar, é convidado Godard. Este exibe, a cada dia, trechos de um filme seu e de outros autores, que ele pensa ter alguma relação com aquela sua obra. Depois, uma conferência, e discussões com a plateia. A partir dessa experiência, é publicado um livro, *Introdução a uma verdadeira história do cinema*, e nasce o projeto de realizar uma série de filmes que tratassem da história do cinema. Nos dez anos seguintes, tenta filmá-la. Finalmente, em 1988, começa suas *Histórias(s)*, que terminará em 1998. Durante os dez anos subsequentes, realiza uma série de filmes que tratam diretamente do cinema, da literatura, da pintura, da cultura: *Allemagne neuf zero* (1991), *Les enfants jouent à la Russie* (1993), *JLG/JLG* (1994), *2x50 ans de cinéma français* (1995), *The Old Place* (1998). Todos os outros filmes que fez durante esse período continuam também a usar sua metodologia, imagens e textos de arquivo, obsessões e preocupações literárias, cinematográficas, musicais e pictóricas. Somente em *História(s) do cinema* ele citou 495 filmes, 148 livros, 135 quadros e 93 peças musicais, num total de 871 obras.

VI

No ano 1998, Godard termina *Hitória(s) do Cinema* e lança sua obra em vídeo. Ainda em 1998, uma caixa com quatro livros, numa coleção prestigiosa da Gallimard, é editada: trata-se de *Histoire(s) du Cinéma*, agora um texto: estava realizado finalmente seu sonho de juventude, publicar um livro pela Gallimard... A partir daí todos podem ler as palavras faladas, escritas e lidas e impressas não como prosa, mas como poema, com 1.493 fotografias em cores e preto e branco. Comentário de Jacques Maillot (*apud* De Baecque, 2010, p. 755), encarregado da programação visual e gráfica:

> [...] ele [JLG] já havia realizado todo o trabalho de concepção. Compreendi imediatamente que este trabalho era uma verdadeira obra, da qual ele era inteiramente o autor, e para a qual era preciso achar soluções práticas correspondendo à originalidade do projeto: nem um livro ilustrado, nem um livro de cinema no sentido clássico, mas uma obra "escrita" com palavras, imagens, brancos e espaços tipográficos.

Em 1999, a gravadora ECM Records lança uma outra caixa, contendo, em cinco CDs, a trilha sonora completa (falas, diálogos, sons, músicas) de *Histoire(s) du Cinéma*. Em 1998, Alain Bergala, como editor, havia lançado os dois volumes de *Jean-Luc Godard par Jean-Luc Godard*, reunião de textos, ensaios, críticas, roteiros, entrevistas, e poemas do mestre. De 1996 a 2001, Godard publica os livros de alguns de seus filmes: *Allemagne neuf Zero, Les enfants jouent à la Russie, JLG/JLG, 2x50 Ans de cinéma français, For ever Mozart, Éloge de l'amour*, não como roteiros técnicos, mas como "frases": "Frase / unidade / do discurso / parte / de um enunciado / geralmente formado / de várias palavras / ou grupo / de palavras / no qual a construção / apresenta um sentido / completo / Frasear / Jogar / colocando / em evidência / pela respiração / o desenvolvimento / da linha / melódica" (GODARD, 1996, contracapa). Em Godard, cinema + palavra+ linha melódica = poesia.

Portanto, tanto em *História(s) do cinema* (vídeo-filme), quanto em toda sua obra (filmes, livros, CDs), Godard usou incansavelmente trechos de filmes, romances, poemas, obras filosóficas, ensaios, fotos e filmagens de quadros, enfim, variados arquivos materiais e imateriais. Sua memória se aproxima da memória de "Funes, el memorioso", conto de Borges (1974, p. 488), cujo personagem se lembra de tudo:

> Funes não só recordava cada folha de cada árvore de cada monte, mas também das vezes que a havia percebido ou imaginado. [...] Duas ou três vezes havia reconstruído um dia inteiro [...] cada reconstrução havia requerido um dia inteiro. [...] Mais lembranças tenho eu do tiveram todos os homens desde que o mundo é mundo.

Godard (1998a, vol. 4, p. 276), no último episódio de *História(s) do cinema, les signes parmi nous:* "Preciso de um dia/para fazer/a história de um segundo/Preciso/de um ano/para fazer a história/de um minuto/Preciso/ de uma vida/para fazer/a história de uma hora/Preciso de uma eternidade/ para fazer/a história/de um dia)".

Desde o momento em que descobriu a arte, a poesia, o cinema, e passou a produzir (ensaios e textos críticos, depois filmes, logo em seguida, livros), não fez outra coisa senão polemizar a história das artes, do cinema, da poesia, literatura, pintura, filosofia, política, ideologia, a si mesmo, e a própria história. A cada filme, a cada texto, a cada livro. Porém, mais que um arquivista, um recenseador de obras e autores, fez cinema sobre o cinema, quer dizer, poesia sobre a poesia, poesia sobre o cinema, e cinema sobre a poesia. Mais uma vez, Descartes (1999, p. 93) poderia ser citado: "não se pode compreender tão bem uma coisa, torná-la nossa, quando a aprendemos de outrem, como quando nós mesmos as criamos".

VII

Na sequência final de *História(s) do cinema*, aparece o letreiro "usina de sonhos". Logo depois, uma flor. Quando a voz de Godard começa a falar um texto, ele nos mostra um nome impresso na tela, "Jorge Luis Borges". Durante sua leitura, aparecem fotos de Godard e uma flor. O texto: "se um homem / atravessasse / o paraíso / num sonho / e recebesse uma flor / como prova / de sua passagem / e se ao despertar / ele encontrasse / esta flor / em suas mãos / que dizer / então?" Estas frases se encontram num ensaio de Borges (1974, p. 639), *La flor de Coleridge*; trata-se, segundo Borges, de uma invenção do poeta inglês; o que não é dito por Borges, é que Coleridge o recolheu de Jean Paul Richter, romancista alemão (será que a série dos precursores termina aí?). O texto de Borges, com pouquíssimas modificações, é usado tal e qual pelo cineasta. A única modificação realmente significativa é o acréscimo, ao final: "eu fui [era? sou?] / este homem".

História(s) do cinema: labirinto ou a prova de que Godard entrou e conseguiu sair do paraíso? Será que conseguiu mesmo? E o inferno do horror nazista, onipresente nesse filme? Labirinto, Paraíso e Inferno: todas estas construções são capazes de dar uma ideia de sua obra. Desde quando começou a escrever, ele nunca mais conseguiu sair dessas construções totalizantes. Godard, desde seu primeiro texto, passando por todos seus filmes e livros, até o último, ao final e ao cabo, sempre produziu histórias do cinema, da literatura, da poesia, da cultura, labirintos intermináveis e nunca realmente terminados, nunca abandonados – "Ainda temos de lidar com um absoluto ou com um sagrado, mas ambos deixaram o céu e desceram à Terra" (TODOROV, 2011, p. 11). O que ele tem conseguido é fazer magníficas reportagens etnográficas, sempre parciais, filmes, documentários, ficções, poesias, textos filosóficos e ensaios pictóricos sobre suas experiências. Ou, como escreveu Maurice Blanchot, citado por Godard (1998a, p. 299-300), com ligeiras modificações, na penúltima sequência: "sim, a imagem / é a felicidade / mas próximo dela / o nada habita / a imagem / capaz de negar / o nada / é também o olhar / do nada sobre nós". Finalmente, segundo Godard / Blanchot, o cinema, este enorme labirinto, "Nunca esteve ao abrigo do tempo, ele foi [é?] o abrigo do tempo". Nesse enorme labirinto, que na verdade o fez, entrou nele, e no qual entrou, ao que tudo indica, na sua adolescência, no qual sempre morou a partir de então e que, ao que parece, vai abrigá-lo até sua morte, e mesmo depois, Jean-Luc Godard realizou, filmou, escreveu e produziu sua luminosa arte multimídia, porque, como *História(s) do cinema* veicula numa de suas últimas sequências, "A única coisa / que sobrevive a sua época / é a forma de arte / que ela cria". Pois, como sabem os poetas, não haverá nunca uma porta. Estás dentro / e a fortaleza abarca o universo / e não tem nem anverso nem reverso / Nem externo muro nem secreto centro. / Não esperes que o rigor de seu caminho / Que teimosamente se bifurca em outro / Que teimosamente se bifurca em outro / Terá fim. / Em meu fim está meu princípio. / Em meu princípio está meu fim. / Só um absoluto subsiste no mundo: a beleza. / A beleza salvará o mundo.

Referências

AUMONT, J. *Amnésies*. Paris: P.O.L., 1999.

BADIOU, A. *O século*. Tradução de Carlos Felício da Silveira. Aparecida: Ideias & Letras, 2007.

BAECQUE, A. *Godard*. Paris: Bernard Grasset, 2010.

BERGALA, A. *Nul Mieux que Godard*. Paris: Cahiers du Cinéma, 1999.

BRODY, R. *Everything is Cinema*. London: Faber and Faber, 2008.

BAÜMER, A. *Gustav Klimt: Women*. Tradução de Ewald Osers. New York: Rizzoli, 1991.

BLANCHOT, M. *L'Amitié*. Paris: Gallimard, 2004.

BORGES, J. L. *Obras Completas 1923-1972*. Buenos Aires: Emecé, 1974.

BRENEZ, N. (Org.). *Jean-Luc Godard: Documents*. Paris: Centre Pompidou, 2006.

CLARK, K. *An Introduction to Rembrandt*. Devon: Readers Union, 1978.

COUTINHO, M. A. *Escrever com a câmera: a literatura cinematográfica de Jean-Luc Godard*. Belo Horizonte: Crisálida, 2010.

DANEY, S. *A rampa*. Tradução de Marcelo Rezende. São Paulo: Cosac Naify, 2007.

DELEUZE, G. *Pourparlers*. Paris: Minuit, 1990.

DESCARTES, R. *O discurso do método*. São Paulo: Nova Cultural, 1999.

DUBOIS, P. *Cinema, vídeo, Godard*. Tradução de Mateus Araújo Silva. São Paulo: Cosac Naify, 2004.

FAURE, E. *Histoire de L'Art – L'Art Moderne I*. Paris: Le Livre de Poche, 1964.

FEIST, P. H. *Renoir*. Koln: Taschen, 2004.

GODARD, J-L; ISHAGHPOUR, Y. *Archéologie du Cinéma et Mémoire du Siècle*. Tours: Farrago, 2000.

GODARD, J-L. *Allemagne Neuf Zero*. Paris: P.O.L., 1998.

GODARD, J-L. *For Ever Mozart*. Paris: P.O.L., 1996.

GODARD, J-L. *Éloge de l'Amour*. Paris: P.O.L., 2001.

GODARD, J-L. *Histoire(s) du cinema – Volume 1: Toutes les histories; Une histoire seule; Volume 2: Seul le cinema; Fatale Beauté; Volume 3: La monnaie de l'absolu; Une vague nouvelle; Volume 4: Le controle de l'univers; Les signes parmi nous*. Paris: Gallimard-Gaumont, 1998a.

GODARD, J-L. *Histoire(s) du Cinéma: The Complete Soundtrack*. München: ECM Records, 1999. 5 CD Set.

GODARD, J-L. *Interviews*. Edited by David Sterritt. Jackson: University Press of Mississipi, 1998.

GODARD, J-L. *Introdução a uma verdadeira história do cinema.* Tradução de Antonio de Pádua Danesi. São Paulo: Martins Fontes, 1989.

GODARD, J-L. *Jean-Luc Godard par Jean-Luc Godard.* Paris: Cahiers du Cinéma, 1998. Tome 1-2.

GODARD, J-L. *JLG/JLG.* Paris: P.O.L., 1996

GODARD, J-L. *The Future of Film.* Bern: Verlag Gachnang & Springer AG, 2002.

GODARD, J-L. *2 x 50 Ans de Cinéma Français.* Paris: P.O.L., 1998.

MACCABE, C. *Godard, a Portrait of the Artist at Seventy.* New York: Farrar, Straus and Giroux, 2003.

NÉRET, Gilles. *Renoir, el pintor de lá felicidad.* Köln: Taschen, 2009.

OUBIÑA, D. *Jean-Luc Godard: El Pensamiento del Cine.* Buenos Aires: Paidós, 2003.

PRÉDAL, R. *Où En Est le God-Art?* Condé-sur-Noireau: Corlet-Télérama, 2003.

PROUST, M. *À la Recherche du Temps Perdu.* Paris: Gallimard, 2005.

RANCIÈRE, J. *La Fable Cinématographique.* Paris: Seuil, 2001.

RANCIÈRE, J. *Le Destin des Images.* Paris: La Fabrique, 2003.

RILKE, R. M. *As elegias de Duíno.* Tradução de Dora Ferreira da Silva. São Paulo: Globo, 2001.

SCHAMA, S. *O poder da arte.* Tradução de Hildegard Feist. São Paulo: Companhia das Letras, 2011.

SCHAMA, S. *Rembrandt's Eyes.* London: Penguin Books, 2000.

SERAFIM, J. F. (Org.). *Godard, imagens e memórias: reflexões sobre* História(s) do cinema. Salvador: EDUFBA, 2011.

STERRITT, D. *The Films of Jean-Luc Godard.* Cambridge: Cambridge University Press, 1999.

TEMPLE, M.; WILLIAMS, J. S.; WITT, M. (Ed.). *For Ever Godard.* London: Black Dog Publishing, 2004.

TEMPLE, M.; WILLIAMS, J. S. (Ed.). *The Cinema Alone.* Amsterdam: Amsterdam University Press, 2000.

TODOROV, T. *A beleza salvará o mundo.* Tradução de Caio Meira. Rio de Janeiro: DIFEL, 2011.

VALÉRY, P. *Introduction à la Méthode de Leonard de Vinci.* Paris: Gallimard, 1957.

WOLLEN, P. *Paris, Hollywood: Writings on Film.* London: Verso: 2002.

Histórias de montagem, montagens da História (Godard e os arquivos)

Anita Leandro

Ao retomar a produção audiovisual do século XX em sua obra, principalmente a partir dos anos 1970, Godard se posicionou, a seu modo, como um historiador de sua época. E isso não somente em função do tema de predileção de seus filmes, os conflitos do século, mas sobretudo devido a um método de montagem propriamente historiográfico, interessado na materialidade documental e no caráter monumental das imagens e dos sons, por ele abordados como vestígios do tempo. Nas fissuras dos discursos consensuais e das visibilidades espetaculares, Godard introduziu o questionamento. E, à maneira de Foucault (1969), cujo método arqueológico elucidou as conexões existentes entre instituições, arquivos e discursos aparentemente separados uns dos outros, Godard desenvolveu, no ocaso das lutas de 1968, uma nova política da montagem, capaz de aproximar realidades distantes umas das outras e de expor, à luz do presente, camadas sedimentadas de enunciados e de matéria visual. Seu cinema é um grande arquivo de arquivos, que ele abre um a um, convidando-nos a um estudo de suas relações estratificadas.

Genealogia do método

Até chegar à *História(s) do cinema* (1988-1998), obra de conclusão de uma longa pesquisa em torno das possibilidades da montagem, Godard procedeu a diferentes experimentações para introduzir a História em seus filmes, servindo-se de imagens de arquivo, de citações ou mesmo de sua própria presença diante da câmera. Ishaghpour (1968) fala, por exemplo, da "historicidade do fora de campo" que penetra em *Prénom Carmen* (1982), referindo-se ao personagem de Tio Jean, interpretado por Godard nesse filme (ISHAGHPOUR, 1986, p. 129).[1] Sua obra evolui numa zona de indistinção entre a grande e a pequena história, o real e a ficção, o que faz dela uma importante fonte de documentos a respeito da época de realização de cada filme e da evolução de um pensamento crítico sobre a imagem. Uma genealogia do método godardiano de montagem poderia ser estabelecida colando, simplesmente, um depois do outro, seus mais de cem filmes, para assistir, em seguida, ao conjunto da obra, verificando suas recorrências temáticas e suas variações. Descobriríamos, sem dúvida, nesse filme de cerca de duzentas horas, um longo processo de criação de uma forma que pensa e que problematiza a História. Sua filmagem é uma constituição de arquivos, de provas para o futuro. E sua montagem é uma retomada de arquivos, de marcas do passado. Nos dois casos, uma abordagem historiadora orienta a criação da imagem.

Mas Godard nunca fez o que chamamos de "filme histórico" ou "filme de época". É em filigrana que a História entra em sua obra, como um detalhe incontornável, capaz de atrair todo o resto para si. Uma ética profundamente benjaminiana, empenhada em reter as imagens fugazes do passado que o presente deixa escapar, determina sua relação com o cinema. Em vez da reconstituição histórica, Godard cria as condições para o comparecimento, no presente, da "imagem autêntica" do passado (BENJAMIN, 1991, p. 41), aquela que, embora frágil, como todo vestígio, traz consigo a possibilidade do futuro. Em *Weekend* (1967), num cenário perfeitamente atual de consumismo e acidentes de carro, Jean-Pierre Leaud surge, de forma inesperada, vestido com roupas do século XVIII, no papel de Saint-Just, o jovem revolucionário guilhotinado. A rápida aparição do personagem histórico, em um único plano, é o suficiente para interpelar o tempo presente da ficção. Numa montagem dialética dentro do próprio plano, o discurso político de 1789 atropela um presente desprovido de história, tomando de empréstimo ao futuro próximo, maio de 1968, um pouco de esperança e de tempo.

Embora sua intuição arqueológica só alcance o rigor de um método bem mais tarde, na complexa organização de arquivos que é *História(s) do cinema*, um esboço desse tipo de procedimento já aparece em *Viver a vida*

---

[1] Segundo Ishaghpour, a ideia de historicidade "implica não somente no conhecimento da História mas também na consciência de si como um ser fundamentalmente histórico" (ISHAGHPOUR, 2004, p. 9).

(1963), seu primeiro filme em som direto, que explora a potencialidade de vários procedimentos do documentário (técnicas de entrevista, voz *off*, pesquisa sociológica, inserção de imagens de arquivo na montagem). Nesse filme, os arquivos em questão são cenas de um outro filme, *A Paixão de Joana d'Arc* (DREYER, 1928), projetadas numa sala de cinema para um pequeno grupo de espectadores, do qual faz parte Nana (Anna Karina), a heroína de *Viver a vida*. Nana assiste ao filme no momento em que o abade de Rouen (Antonin Artaud) anuncia à Joana (Renée Falconetti) sua condenação à fogueira. Joana chora e, em contraplano, com o mesmo enquadramento em *close*, vemos Nana, também chorando, como se as duas, ambas entre a vida e a morte, compartilhassem não somente um destino trágico, mas um mesmo tempo histórico. Godard não integra, simplesmente, a sequência de Dreyer em sua narrativa. Ao reproduzir o gesto dreyeriano em sua decupagem, Godard evoca sua atualidade e procede, aqui, a um mapeamento do saber cinematográfico sobre a forma clássica de cernir os afetos, em *close*, algo que ele já havia começado a fazer nos anos 1950, enquanto crítico de cinema.

Sua defesa do *close*, intimamente relacionada a sua visão da montagem e da História, aparece em dois artigos que precedem sua atividade de cineasta, ambos escritos em resposta a André Bazin. Um deles é "Montage, Mon Beau Souci", publicado juntamente com "Montage Interdit", de Bazin, no número 65 da *Cahiers du Cinéma*, de dezembro de 1956. Nele, Godard apresenta seu pensamento sobre a montagem, em clara oposição ao pressuposto baziniano da necessidade de unidade do espaço. Para Bazin, "quando o essencial de um acontecimento depende de uma presença simultânea de dois ou mais fatores da ação, a montagem é proibida" (BAZIN, 1994, p. 59). Godard contesta essa tese, afirmando uma positividade da montagem e do plano curto. "Se colocar em cena é um olhar, montar é um batimento cardíaco", ele diz (GODARD, 1998, p. 92). A montagem "mostra a alma que está por trás do espírito, a paixão por trás da maquinação, ela faz prevalecer o coração em detrimento da inteligência, destruindo a noção de espaço em benefício da noção de tempo" (GODARD, 1998, p. 93). Coração, alma, paixão, tempo, é todo um vocabulário que remete a uma historicidade da montagem, ou seja, ao gesto humano que a pressupõe, a uma moral fundadora da técnica e da estética, que torna possível o resgate do ritmo vivo do acontecimento decupado, da força vital do instante filmado. O outro artigo de Godard, "Défense et illustration du découpage classique", publicado no número 15 da *Cahiers du cinéma*, em setembro de 1952, precede a polêmica sobre a montagem. Godard refuta, aqui, uma outra ideia de Bazin, a da defesa da duração do plano, apresentada em "Evolution du langage cinématographique", no número 1 da *Cahiers*, de 1950. Em vez da "amplitude real da espera", defendida por Bazin, Godard vê no cinema da montagem a possibilidade de captura dos momentos mais efêmeros da vida. "É preciso viver, em vez de durar, ir ao pleno gozo do instante" (GODARD, 1998, p. 82).

O *close* e o plano curto são, para Godard, uma forma de imobilizar o instante e de reter os vestígios do tempo que passa. Sua noção de duração é próxima de Levinas, citado por Godard em diferentes trabalhos. Para Levinas, o instante "não é o elemento infinitesimal da duração – o instante de um raio – ele tem, do seu jeito, uma duração quase eterna" (LEVINAS, 2000, p. 138-139). Da mesma forma, o close, no filme de Dreyer, imortaliza o instante fugidio em que o rosto ético de Joana d'Arc se manifesta, fazendo com que, eternamente, ela viva, de maneira exemplar, o seu martírio. E, ao retomar essa imagem, reproduzindo sua estilística, Godard petrifica esse instante preciso, transformando-o em monumento à paixão, ao martírio. Desde *Viver a vida*, o testemunho dos arquivos em sua obra se apresenta como um "testemunho ético", no sentido de Levinas, que viu no rosto um "testemunho do Infinito" (LEVINAS, 1982, p. 94). Não é apenas Nana que contempla o rosto de Joana d'Arc. É o próprio montador que se posiciona, admirativo, diante da alteridade absoluta dos rostos de Falconetti, mas também de Artaud, filmados por Dreyer.[2]

Mais do que a uma maneira de filmar o rosto, *Viver a vida* remete a uma ética do *close*, a uma "questão de moral", como Godard (1959) definiu o *travelling*. Ele poderia ter dito que "o close é uma questão de moral" e o problema seria o mesmo: como, a partir da técnica, fundar uma política do rosto? Como abordar, com a consciência da justiça e da responsabilidade, o absolutamente outro do rosto que eu filmo? Os planos de Dreyer são citados no filme de Godard em sua duração original, sem corte, o montador se limitando a inserir um close de Nana entre dois closes de Joana. A montagem se coloca a serviço da história do cinema e resgata, dessa forma, o "segredo perdido de Griffith", que é como Hitchcock chamou o close. É assim que Godard assume sua responsabilidade em relação aos cineastas que o precederam, prolongando no presente o gesto político de seus filmes. Como diria Levinas (1971), o rosto que me olha – aqui, o rosto de um cinema do *close* e do mistério, em vias de desaparecimento – me pede para servi-lo, me ordena, e eu obedeço. Godard não teme a citação e faz dela uma questão de honra, mostrando em sua total alteridade as obras que cita

---

[2] O martírio que levaria Artaud à morte em 1946 por excesso de eletrochoques e de medicamentos já era público quando ele fez esse filme.

e nos fazendo entender que, sem elas, seus filmes não existiriam. Bem mais tarde, ao ser questionado sobre o direito de uso de tantas imagens alheias em *História(s) do cinema*, ele vai responder que não tinha o direito, mas o dever de mostrá-las.

Um novo arquivista (*Ici et Ailleurs*)

Rodado com Jean-Pierre Gorin no Oriente Médio, em 1970, a convite da Organização para a Libertação da Palestina (OLP), e montado somente cinco anos depois, *Ici et ailleurs* (Aqui e lá, 1976) é um marco na obra de Godard. O filme, que deveria, inicialmente, se chamar *Até à vitória*, mas que muda de nome na mesa de montagem, situa-se entre o fim da militância maoísta de 1968, com o grupo Dziga Vertov, e o início da importante colaboração de Godard com Anne-Marie Miéville. Com *Ici et Ailleurs*, Godard adota uma nova estratégia política no tratamento da matéria audiovisual. Em vez da imposição do discurso militante, a montagem se empenha em tornar audível uma polifonia de vozes, mais próxima da poesia concreta do que da palavra de ordem. E no lugar da sucessão horizontal das imagens, Godard inicia, aqui, a justaposição mosaicista de registros visuais de diferente natureza e sem hierarquia entre si, procedimento substituído mais tarde, em seus grandes filmes de arquivo, pela técnica da sobreposição.

Construído na mesa de montagem por Godard e Miéville, *Ici et ailleurs* é o primeiro filme dessa longa parceria. Em vez da adoção por demais previsível de um discurso pró-palestino, eles trazem à tona, com a montagem, as falas inaudíveis dos *fedayin*, combatentes civis pró-palestinos, massacrados pelo rei Hussein da Jordânia em setembro de 1970, apenas três meses depois das filmagens de Godard e Gorin. Não era mais possível retomar essas imagens sem levar em conta o massacre e cabia à montagem "honrar os mortos", como concluiu Daney (1996, p. 95) sobre esse filme. Assim, os arquivos do Grupo Dziga Vertov (cenas de treinamento militar da OLP, acampamentos de civis, declamação teatral de um poema de Mahmud Darwish por uma criança palestina) serão acrescidos de imagens de cinejornais, da imprensa e de um material gravado, mais tarde, na França (uma família diante da televisão e uma discussão em *off* entre Godard e Miéville, em que eles repensam as imagens, a partir do massacre).

O comentário introduz a dúvida nas certezas do discurso político e a montagem trabalha nos interstícios da fala, produzindo disjunções entre imagens e sons e chamando a atenção para a vulnerabilidade do arquivo. Diante da imagem de um pequeno grupo de *fedayin*, Godard, a voz masculina do filme, elabora discursos sobre a luta palestina: "aqui eles falam de teoria e prática". Miéville, a voz feminina, discorda, preferindo a transcrição exata do que é dito na própria imagem: "eles não falam de teoria e prática; eles falam de coisas cotidianas, como o inimigo, perto da ponte". No hiato dessas vozes dissonantes, a montagem vai pontuando rupturas e vínculos entre imagens de ontem e de hoje, daqui e de lá, entre discurso militante e fala improvisada, homem e mulher, público e privado. O filme busca uma ontologia discursiva na própria matéria sonora e visual, tornando audível uma multiplicidade de enunciados singulares.

Uma organização serial das imagens antecipa, nesse filme, alguns aspectos da montagem das *História(s) do cinema*: Kissinger, Golda Meir, Arafat; Hitler, Palestina, Treblinka. A montagem reúne e separa sons e imagens, passado e presente, contínuo e descontínuo, assinalando importantes fissuras arqueológicas nos arquivos: o judeu e o palestino, o *muslim* e o muçulmano, o nazismo e o sionismo. Entre uma imagem e outra, entre um som e uma imagem, entre uma camada e outra da História, *Ici et ailleurs* designa soleiras a serem ultrapassadas: 1789, 1917, 1936, 1968, 1970 formam uma longa série de guerras, cujo entrelace vai sendo costurado pela montagem.

Coincidência ou não, essa nova política da montagem, que torna Godard mais atento à pluralidade dos discursos e às conexões entre as diversas camadas de imagens, se impõe na mesma época em que Foucault desenvolve seu método arqueológico, voltado para o estudo dos diferentes estratos enunciáveis e visíveis que compõem as formações históricas. Segundo Deleuze, a arqueologia, tal como Foucault a concebeu, é um "arquivo audiovisual" (DELEUZE, 2004, p. 58), ou seja, uma estratificação de enunciados e de visibilidades. Ao adotar o procedimento arqueológico, o historiador faz ver e ouvir os arquivos. É uma atividade dessa natureza que Godard põe em prática nesse momento em sua mesa de montagem, em companhia de Miéville, fazendo dos enunciados e das visibilidades o objeto de uma epistemologia, de um estudo crítico. Com *Ici et Ailleurs*, o cinema ganha um "novo arquivista"[3].

Cartografia do século (*História(s) do cinema*)

Depois de *Ici et Ailleurs*, Godard não parou de estocar imagens e de organizar, na montagem, o que já havia sido dito ou criado por outros (filmes, reportagens, livros, fotografias, quadros). A reflexão de Daney

---

[3] Foi assim que Deleuze chamou o Foucault da *Arqueologia do saber* (DELEUZE, 2004, p. 11).

sobre a pedagogia godardiana vai nesse sentido (DANEY, 1996). Os filmes funcionam como aulas, cujo programa é preestabelecido. A partir de *Ici et ailleurs*, Godard passa a apresentar as imagens como fato consumado ("isso aconteceu"), desenvolvendo na montagem a máxima debordiana sobre o desvio dos arquivos audiovisuais, em destaque numa cartela do filme *A sociedade do espetáculo* (DEBORD, 1973): "O mundo já foi filmado, é preciso transformá-lo". E se esse grande mapeamento das guerras e lutas do século XX que foi *História(s) do cinema* não transformou o mundo, pelo menos nosso olhar sobre as imagens do mundo, ele mudou.

Essas histórias no plural, definidas, na época de seu lançamento, como um "novo programa de ensino para uma escola que não existe" (TESSON, 1998, p. 52), nos ensinaram, por exemplo, que se a Primeira Guerra foi a vitória do cinema hollywoodiano sobre o cinema europeu, a Segunda Guerra foi a vitória da televisão sobre todos os cinemas do mundo. Como nota Ishaghpour (1999), o acréscimo do "s" na História aproxima os três grandes acontecimentos do século – a revolução russa, o nazismo e o cinema – da fábula, do conto e da história pessoal do cineasta. Mas quantos historiadores, ainda hoje, se disporiam a aceitar uma historiografia como essa, feita de séries dodecafônicas, de elementos sem sincronia, às vezes de natureza diversa, como um som e uma imagem, e cujas interferências e ressonâncias somente a montagem cinematográfica, com sua capacidade de aproximar coisas longínquas, estaria apta a estabelecer? Não há, ali, nada do que se poderia esperar de um manual didático para o ensino da História (ISHAGHPOUR, 1999a). Mas, então, de que história se trata?

Organizado em oito capítulos, como um livro de História ensaístico, *História(s) do cinema* legou, ao final do milênio, um método de montagem com o qual dialogam, hoje, documentaristas, artistas e pensadores de diferentes campos do conhecimento. Em quatro horas e vinte e cinco minutos de duração, essa série de séries, quase que inteiramente construída à base de arquivos, propõe, tanto na forma quanto no conteúdo, uma reflexão sobre a História. A montagem, ancorada principalmente na superposição de imagens e de sons, remete ao próprio funcionamento da memória: a matéria audiovisual surge sem advertência, para desaparecer logo em seguida, às vezes lentamente, em fusão encadeada, outras vezes de maneira brusca, em corte seco, substituída por telas pretas acompanhadas de silêncio ou de novas camadas de som. A técnica de montagem produz rupturas nas cadeias discursivas e abre o visível a novas possibilidades de associação. Com um "s", a História assim escrita se desdobra em ato de memória: "cristais do tempo, palimpsesto, refrações, eco, estilhaço, é de memória que se trata, daquilo que uma imagem, como campo de intensidade, traz imediatamente de volta à lembrança, ou então, às conexões que ela desencadeia" (ISHAGHPOUR, 1999 a, p. 23).

A montagem interrompe o fluxo das imagens, distende o som, reenquadra o fotograma, altera a velocidade do movimento, avança, recua, sobrepõe, justapõe, faz incrustações. Ela compara, decompõe analiticamente o arquivo, como faz o historiador, vê de novo, mais de perto e mais demoradamente. É, no mínimo, instigante, a coincidência entre os procedimentos de montagem praticados por Godard e as categorias históricas com as quais trabalhou Michel Foucault (1969). O historiador, diz Foucault, "organiza" o documento, "faz decupagens, distribui, ordena, reparte em níveis, estabelece séries, distingue o que é pertinente do que não é, localiza elementos, define unidades, descreve relações" (FOUCAULT, 1969, p. 24). E se Foucault pode se servir de um vocabulário tão próximo daquele do montador é porque, tanto no cinema de arquivos como na Filosofia, trata-se de uma "reescrita". O método arqueológico é uma "transformação regulada do que já foi escrito", quase uma citação, uma "descrição sistemática de um discurso-objeto", um discurso já proferido (FOUCAULT, 1969, 183). Não é outra a tese de *História(s) do cinema*. De todas as formas de escrita, o cinema é, talvez, a mais apta a escrever a História, porque ele é, igualmente, marca do real e arquivo, memória e abrigo do tempo.[4] Nessa ambivalência reside a monumentalidade das imagens cinematográficas. Assim, escrever a História não é mais, simplesmente, interpretar documentos, mas cartografar monumentos. "Eu sou um cartógrafo, um recenseador de planos", dizia Foucault (2001, p. 1593). A retomada do arquivo pelo historiador implicava, para ele, a retomada de uma matéria monumental, quer dizer, já habitada, trabalhada pelo discurso, pelo poder. Uma mesma consciência da monumentalidade dos documentos participa do método arqueológico desenvolvido por Godard no cinema.

Como ela se atém a uma materialidade dos arquivos, sem a pretensão de nos restituir o passado enquanto tal, a montagem de *História(s) do cinema* dá acesso a um conhecimento desse passado que é permeado de lacunas. Sujeitos ao controle, ao desaparecimento, à censura, ao esquecimento, os arquivos são, por definição, o que sobrou, restos. É essa consciência do caráter residual das imagens que faz com que Godard renuncie a contar a História, a do cinema e as outras, de forma linear. A positividade dos arquivos reside, justamente, nesse aspecto lacunar, que lhes é ontológico.

---

[4] Essa ideia, recorrente em *História(s) do cinema*, é retomada no diálogo entre Godard e Ishaghpour (ISHAGHPOUR, 1999b, p. 44).

Retomar um arquivo é salvar alguma coisa, mas somente alguma coisa. O arquivo nos restitui a História como uma narrativa irremediavelmente incompleta. Daí a reiterada figura do retorno em *História(s) do cinema*, como na referência ao apóstolo Paulo: "a imagem virá, no tempo da ressurreição". A frase reaparece como um *leitmotiv*, guiando o espectador ao longo dos oito filmes da série.

Arqueologias do rosto

Godard começa filmando o rosto de Anna Karina e termina, nos anos 1990 e 2000, com o rosto dos deportados, dos palestinos, dos muçulmanos, dos croatas. Seu interesse pela imagem de arquivo participa de um projeto mais amplo de resgate do rosto como figura da História, um rosto que foi desfigurado, soterrado sob a indiferença de um presente que nele não se reconhece. *Nossa música* (2004) radicaliza essa política do rosto, buscando nos arquivos da guerra da Bósnia um contraplano ético para a ficção. Rodado em Sarajevo e Mostar, 12 anos depois do conflito que resultou em 100 mil mortos na Bósnia, Croácia e Sérvia, *Nossa música* começa com um prólogo de dez minutos de duração, composto unicamente de imagens documentais de guerras e desastres ambientais. O restante do filme foi rodado por Godard na paisagem desoladora do que restou da Bósnia, onde se deslocam três personagens: Judith, uma jornalista judia que está em Sarajevo para entregar uma carta ao embaixador francês e entrevistar o grande poeta palestino Mahmoud Darwish; Godard, no papel de Godard, convidado por uma escola de artes de Sarajevo para fazer uma palestra sobre a imagem; e Olga, uma estudante de cinema israelo-francesa, de origem russa, que pretende simular uma autoimolação num lugar público, em nome da paz na Palestina.

Além dos conflitos contemporâneos – israelo-árabe, judaico-muçulmano, servo-croata –, o filme evoca também o massacre dos índios norte-americanos, representados por três apaches, que surgem, sem explicação, na paisagem da Bósnia.[5] Godard dialoga com as teses de Levinas (1998) sobre a retidão do rosto e os personagens evocam sua responsabilidade em relação a Outrem: a jornalista, que está lendo um livro de Levinas, *Entre nous* (1991), insiste em querer entregar sua carta ao Homem, e não ao embaixador da França; o poeta Mahmoud Darwish declara que não há mais espaço para Homero e que ele se coloca do lado dos vencidos, dos troianos; a jovem

---

[5] Godard se refere, certamente, à entrevista de Deleuze com o escritor palestino Elias Sanbar, intitulada "Os índios da Palestina", publicada no *Libération* de 8-9 de maio de 1982.

suicida diz que, se existe uma chance para nós, é a dos derrotados. Muitas vezes, as réplicas dos personagens reproduzem o texto exato de Levinas (1991), como quando a jornalista visita as ruínas da ponte velha de Mostar, monumento destruído por bombardeios: "Nós somos todos culpados, de tudo e de todos. E eu, mais do que os outros". Nesse momento, Godard insere, na montagem, uma imagem em vídeo de uma reportagem sobre o bombardeio da ponte. É a única imagem de arquivo em toda essa parte do filme, um plano curto, que aparece discretamente, como um vestígio a mais da guerra, entre tantos outros que Godard filma com insistência nos muros das casas, cobertos de marcas de tiros. Embora a qualidade da imagem em vídeo seja inferior às imagens de Godard, ela tem o mesmo estatuto que as demais. Por que essa única imagem de bombardeio, quando a televisão já havia mostrado tantas outras iguais a ela? Por que uma só imagem do real, no meio da ficção?

A resposta está nas cenas que enquadram a sequência da ponte bombardeada. A imagem de arquivo se situa entre duas breves aparições do personagem de Olga, sempre filmada em *close*, numa referência explícita à Joana d'Arc de Dreyer. No final da palestra de Godard, à qual Olga assiste, emocionada, um cartaz evoca uma cartela da *Paixão de Joana d'Arc*: "Minha morte será minha libertação". Em seguida, na rua, perdida em seus pensamentos, como num transe místico, Olga olha para o céu, reproduzindo a expressão altiva do personagem de Dreyer. Olga, Joana ou Nana, é sempre um mesmo rosto diante da morte e uma mesma maneira de filmá-lo que atravessam quase um século de cinema, reunindo três filmes de épocas distintas em uma mesma história. Essa série de rostos poderia ser mais uma sequência das *História(s) do cinema*, no meio da qual viria se inserir uma imagem documental de uma explosão em Mostar ou em Jerusalém, não importa. Os arquivos foram adquirindo um papel tão importante na obra de Godard que, agora, basta uma única imagem para "salvar a honra do real", como ele diz em *História(s)*. Essa certeza de que a imagem salva deu origem a *Je vous salue, Sarajevo* (1993), curta-metragem feito de fragmentos de uma única fotografia, tirada por Ron Haviv em Sarajevo, na qual vemos três soldados sérvios, um deles chutando o rosto de imigrantes croatas que acabaram de ser executados. Num mundo em que a imagem da morte banalizou-se, o arquivo, em sua solidão testemunhal, emerge, nos filmes mais recentes de Godard, como uma prova do crime, que ele vai buscar nas camadas mais profundas da História, como o último contraplano possível, o último rosto ético que o cinema ainda é capaz de mostrar.

Referências

BAZIN, A. *Qu'est-ce que le Cinéma*. Paris: Cerf, 1994.

BENJAMIN, W. *Écrits Français*. Paris: Gallimard, 1991.

DANEY, S. Le Therrorisé (Pédagogie Godardienne). In: *La Rampe*. Paris: Cahiers du Cinéma, 1996.

DELEUZE, G. *Foucault*. Paris: Minut, 2004.

DEBORD, Guy. *La Société du Spectacle*. Paris: Gallimard, 1992.

FOUCAULT, M. Sur la Sellette *Dits et Écrits I, 1954-1975*. Paris: Gallimard, 2001. Entretien avec J-L. Ezine.

FOUCAULT, M. *L'Archéologie du Savoir*. Paris: Gallimard, 1969.

GODARD, J-L. *JLG par JLG*. Paris: Cahiers du Cinéma, 1998. Tome 1.

GODARD, J-L. *JLG/JLG*. Paris: P.O.L., 1996.

GODARD, J-L. et al. Hiroshima Notre Amour. *Cahiers du Cinéma*, n. 97, juillet/1959.

ISHAGHPOUR, I. *Cinéma Contemporain: de ce Côté du Miroir*. Paris: Éditions de la Différence, 1986.

ISHAGHPOUR, I. Arquéologie du Cinéma et Mémoire du Siècle. Dialogue 1, par Jean-Luc Godard et Youssef Ishaghpour. *Trafic*, n. 29. Paris: P.O.L., 1999 a.

ISHAGHPOUR, I. Arquéologie du Cinéma et Mémoire du Siècle. Dialogue 2, par Jean-Luc Godard et Youssef Ishaghpour. *Trafic*, n. 30. Paris: P.O.L., 1999 b.

ISHAGHPOUR, I. *Historicité du Cinéma*. Tours: Farrago, 2004.

LEVINAS, E. *Ethique et Infini*. Paris: Fayard, 1982.

LEVINAS, E. *Entre Nous*. Paris: Grasset, 1991.

LEVINAS, E. *Totalité et Infini. Essai sur l'extériorité*. Kluwer Academic, 1998.

LEVINAS, E. *Les Imprévus de L'Histoire*. Paris: Fata Morgana, 2000.

TESSON, C. *Une Machine à Montrer L'Invisible. Conversation avec Bernard Eisenschitz à Propos des Histoire(s) du Cinéma*, n. 529, p. 52-56, 1998.

A pedagogia da montagem de *História(s) do cinema*, de Jean-Luc Godard

Greice Cohn

> *A minha única intenção não é dizer alguma coisa, minha única intenção é chegar a poder fazer com que se pense algo.*
>
> JEAN-LUC GODARD

Apresentamos neste texto uma reflexão sobre a pedagogia da montagem da série *Histoire(s) du cinéma* (*História(s) do cinema*), de Jean-Luc Godard, estabelecendo um diálogo com o construtivismo eisensteiniano. Como resumo parcial da dissertação de mestrado intitulada *O construtivismo da montagem godardiana e da videoinstalação: uma investigação teórico-prática para o ensino da arte*,[1] este trabalho situa, inicialmente, Godard no contexto cinematográfico mundial, enfatizando suas propostas estéticas e, num segundo momento, analisa o construtivismo e a pedagogia de seu método de montagem em *Histoire(s) du cinéma*.

Godard: um novo cinema

Jean-Luc Godard (1930) é uma referência em uma geração do cinema francês que busca novas abordagens estéticas e novas linguagens, propondo rupturas na tradição narrativa clássica. Para Godard, o cinema

---

[1] Dissertação de Mestrado orientada pela Prof[a] Anita Leandro no Núcleo de Tecnologia Educacional para a Saúde (Nutes)/UFRJ, defendida em setembro de 2004.

é uma arte feita para pensar sobre o seu tempo. Com vasta filmografia, o cineasta desenvolve um discurso teórico sobre o cinema, enquanto percorre um caminho de investigações e pesquisas formais, tornando-se um ícone da *Nouvelle Vague*, movimento que representa uma geração de cineastas franceses "provenientes da crítica e não da produção" (BERNARDET, 1980, p. 96), vindos da revista *Cahiers du Cinéma*.

Godard se torna uma referência para os estudiosos de cinema, a partir das reflexões que desenvolve acerca da montagem, do roteiro e da plástica da imagem. Seus filmes se assumem como obras, dirigindo-se ao espectador e rompendo com a ilusão de realidade presente no cinema clássico hollywoodiano. Em 1960, no início de *Le Petit Soldat*,[2] Godard afirma que "Passou-se o tempo da ação, agora começa a reflexão" (*apud* OUBIÑA, 2003, p. 16), já anunciando seu propósito. Analisando sua presença ao longo da história do cinema, poderíamos dizer que Godard faz parte do grupo de cineastas que, segundo afirmação pejorativa de Bazin[3] (1991, p. 67), "acreditam na imagem", ou seja, na montagem.[4] Mas nem por isso a crença de Godard no real foi minimizada. Ficção e realidade estão imbricadas de maneira muito particular em sua obra.

Godard acredita na realidade da própria imagem, e isso se refere tanto à montagem como à composição do plano, à *mise-en-scène*. Reafirmando a tese de André Malraux,[5] declara que a montagem é "o que houve de principal no cinema" (GODARD, 1989, p. 12), defendendo-a como um elemento revelador e potencializador dos sentidos. Ressalta ainda que quanto mais a

---

[2] Segundo filme de Godard (Genebra, 1960), com Michel Subor, Anna Karina, Henri-Jacques Huet, Paul Beauvais, Laszlo Szabo, Georges de Beauregard, Jean-Luc Godard e Gilbert Edard.

[3] Bazin defende a ideia de realidade objetiva no cinema, enfatizando a profundidade de campo e a ausência de montagem, pois considera que a interpretação de um filme ou cena deve ser deixada ao espectador.

[4] Aumont (1995, p. 46) esclarece que os cineastas que "acreditam na imagem" fazem da representação um fim em si, artístico e expressivo, enquanto que os que acreditam no real subordinam a representação a uma restituição o mais fiel possível de uma suposta realidade. Estas posturas definem duas escolas distintas de cinema e desenvolvem, segundo o autor, diferentes tendências ideológicas no campo da montagem: os que consideram a montagem como "elemento dinâmico essencial do cinema" (p. 71) e os que a submetem a uma instância narrativa que tenta trazer uma representação realista do mundo, tendência presente no cinema dominante, onde prevalece a transparência do discurso fílmico.

[5] Malraux, em *Psicologia do cinema*, disse que a montagem foi o fator responsável pela transformação do cinema em uma linguagem, pelo "nascimento do filme como arte" (*in* BAZIN, 1991, p. 67).

montagem se assumir e se revelar explicitamente aos olhos do espectador, mais força terá, pois, em sua opinião, a montagem consiste em

> [...] relacionar as coisas entre si e fazer com que as pessoas vejam as coisas... uma situação evidente... quero dizer... um homem cornudo, enquanto não tiver visto outro homem com sua mulher, ou a do outro e ele mesmo, nada viu. Sempre é preciso ver duas vezes... Eis o que chamo de montagem... simplesmente uma comparação. É esse o poder extraordinário da imagem e do som que a acompanha, ou do som e da imagem que o acompanha. Ora, a geologia e a geografia disso estão contidas, a meu ver, na história do cinema, e isso permanece invisível. Dizem que é preciso não o mostrar. E acho que vou passar o resto de minha vida, ou de meu trabalho no cinema, tentando vê-lo [...] (GODARD, 1989, p. 12).

Assim, ao contrário do cinema que se baseia na narrativa tradicional, sua montagem não pretende se ocultar em prol de uma realidade representada, de forma transparente.[6] O próprio Bazin, ressaltando indiretamente o valor de uma abordagem estética tal como a que se verifica na montagem godardiana, afirma que "saber como o filme nos diz alguma coisa é mais uma maneira de compreender melhor o que ele quer nos dizer" (1991, p. 72). Ao romper com a narrativa linear, recusando a abordagem transparente, Godard chama a atenção do espectador para o modo pelo qual "o filme nos diz alguma coisa" (BAZIN, 1991, p. 72), assumindo a montagem como um "elemento dinâmico essencial do cinema" (AUMONT, 1995, p. 71).

A partir da análise de Aumont (1994) sobre as contrastantes posturas em relação à montagem e às escolas distintas de cinema resultantes dessa bifurcação,[7] tecemos aqui uma breve reflexão sobre as diferentes conotações que as palavras *realismo* e *realidade* podem evocar, em suas relações com diferentes contextos, e mais especificamente no cinema de Godard. O realismo, ao longo da história da arte, na pintura, principalmente, se formulou através do esforço de se criar uma imagem semelhante ao mundo visível, sendo a perspectiva e o *trompe-l'oeil*,[8] "aparência enganadora capaz de dar

---

[6] A montagem transparente é aquela que submete "seus efeitos à instância narrativa ou à representação realista do mundo" (AUMONT, 1995, p. 70), fazendo com que o espectador tenha a ilusão de estar assistindo aos acontecimentos na sua sequência real, esquecendo-se de que está diante de um material trabalhado e construído para que ele tenha esta impressão. O termo transparente traduz a "invisibilidade" que esta montagem pretende alcançar; não a vemos, apenas vemos a história que é contada através dela.

[7] Ver *Ideologias da montagem* (AUMONT, 1995, p. 70).

[8] Traduzindo-se ao pé da letra, *trompe l'oeil* significa "engana-olho".

ao espectador a ilusão de profundidade" (LACOSTE, 1986, p. 14), os recursos formais que, desde o Renascimento, protagonizaram e possibilitaram essa tentativa. Inicia-se aí o reinado de uma pintura representativa e narrativa, por meio da qual se conta o mundo circundante. Segundo Rosalind Krauss,[9] "o espaço perspectivo implicava a ideia de narrativa", e

> [...] tudo tendia a impor a imagem de um universo estável, coerente, contínuo, inequívoco, inteiramente decifrável. Uma vez que a inteligibilidade do mundo não era nem sequer posta em questão, contar uma história não suscitava problema algum. A escrita do romance podia ser inocente (GREENBERG, 1997, p. 168).

Bazin analisa o realismo na arte, dizendo que a polêmica

> [...] provém desse mal-entendido, dessa confusão entre o estético e o psicológico, entre o verdadeiro realismo, que implica exprimir a significação a um só tempo concreta e essencial do mundo, e o pseudo-realismo do *trompe-l'oeil* (ou do *trompe l'esprit*), que se contenta com a ilusão das formas (BAZIN, 1991, p. 21).

No cinema, essa ideia de imagem narrativa e ilusória se traduziu na "transparência do discurso fílmico, que designa uma estética particular (bem difundida e dominante) do cinema, segundo a qual a função essencial do filme é mostrar os eventos representados e não deixar ver a si mesmo como filme" (AUMONT, 1995, p. 74), reeditando o pseudorrealismo do *trompe-l'oleil* e da perspectiva na pintura.

Godard não busca qualquer realismo desse tipo e deixa isto bem claro. Citando Bazin, nos diz que "a perspectiva foi o pecado original da pintura ocidental. Niepce e Lumiére foram os redentores" (*Os signos entre nós*, 1988-1998, parte 4B). Bazin (1991, p. 21) diz isto para afirmar que o cinema satisfaz ontologicamente, "por sua própria essência, a obsessão por realismo", podendo libertar a pintura dessa escravidão secular. Mas Godard vai além, redimindo o cinema de tal função, revelando-nos que este pode ser realista sem recorrer à ilusão das formas, pensando o cinema como sistema representativo que pretende refletir sobre a realidade, sem representá-la com realismo. Acreditando profundamente na realidade e na força pertencentes à própria imagem, não se esquece de que esta é sempre uma instância gerada por um olhar. Como diz Oubiña,

---

[9] Professora de História da Arte da Universidade de Columbia, EUA, especialista em arte do século XX.

[...] mais que Lumiére, o modelo de Godard é Méliès. Não porque privilegie um cinema de montagem a um cinema de registro, mas porque afirma um estatuto da imagem cinematográfica que é indubitavelmente associativo e relacional. O cinema não está necessariamente condenado a aquilo que recebe do mundo, também consiste no que se faz com aquilo que recebe do mundo (OUBIÑA, 2003, p. 20).

Godard acredita que o espectador precisa estar cônscio do caráter representativo da imagem que vê, o que nos remete ao pensamento do dramaturgo Bertolt Brecht,[10] que propõe um método de interpretação construído a partir do distanciamento do ator em relação ao seu próprio personagem, resultando em uma postura espectatorial consciente e crítica, que Godard sempre buscou. O cineasta afirma: "Eu busco o realismo, sou como Brecht; e busco um realismo melhor, outro realismo" (GODARD, 1989, p. 194). O espectador de Godard, assim como o de Brecht, é continuamente lembrado de que está diante de uma imagem, de uma representação. É a sua capacidade de abstração e a observação crítica, em vez do esquecimento ou da ilusão de realidade, o que torna seu espectador apto à reflexão.

O cinema experimental e inovador de Godard é crítico, político e pedagógico, pois, para o cineasta, a forma, a própria matéria fílmica, é portadora de sentido e de realidade. A partir do momento em que essa matéria se assume como imagem, deixando claro para o público que se trata de um filme, faz emergir seu potencial revelador, possibilitando o desenvolvimento de uma pedagogia da própria imagem, como verificamos no método de montagem de *História(s) do cinema*, nosso objeto de análise.

Serge Daney (*apud* AGAMBEN, 2007) afirma que "o cinema procurava uma coisa, a montagem, e era dessa coisa que o homem do século XX tinha uma necessidade terrível", como mostra Godard em *Histoire(s) du cinéma*.

História das *História(s)*

A série *História(s) do cinema*, lançada em 1998, é composta por quatro livros editados por Gallimard-Gaumont e quatro horas e meia do filme original (destinado à televisão), publicado em quatro cassetes de vídeo, também por Gaumont. Tanto o livro como o filme são subdivididos em oito capítulos ou emissões: 1-A: *"Todas as histórias"*; 1-B: *"Uma história só"*; 2-A: *"Só o cinema"*; 2-B: *"Beleza fatal"*; 3-A: *"A moeda do absoluto"*; 3-B: *"Uma nova*

---

[10] Dramaturgo alemão (1898-1956), criador de um teatro épico, didático e de participação política, que fazia uso do distanciamento como técnica de representação.

onda"[11]; 4-A: "*O controle do universo*"; e 4-B: "*Os signos entre nós*"[12]. Utilizando imagens de diversas fontes (filmes de ficção, atualidades cinematográficas, imagens televisivas e de representações estáticas, como a fotografia e a pintura), o cineasta expressa sua visão do século XX e nos traz a "história da visão" (GODARD, 1989) que o cinema, enquanto técnica que mudou nossa forma de nos relacionarmos com a História, criou. Como ele mesmo afirma:

> Talvez fosse preciso mostrar... a história da visão que o cinema que mostra as coisas desenvolveu, e a história da cegueira que engendrou; e esta é em parte a tese que vamos desenvolver nesta história do cinema: mostrar, a partir de exemplos clássicos, que houve alguma coisa que era completamente distinta da pintura e da literatura, e como em seguida, de maneira bastante rápida, com o cinema falado, ele se...transformou (GODARD, 1989, p. 155).

Na primeira parte da série (capítulo 1-A), Godard aborda o poder de Hollywood, "a fábrica de sonhos", analisando o próprio cinema como uma fábrica de sonhos, como uma resposta ao desejo de mitos que nutrem as massas. Questiona a importância do cinema, sua exploração política, sua função na sociedade, sua responsabilidade como agente alienador e/ou manipulador do real. Ele inicia, nesse momento, um paralelo entre a história do cinema e a história dos fatos ocorridos no século XX (revoluções, guerras), especialmente entre o cinema hollywoodiano, criador de sonhos e ilusões, e as atrocidades cometidas durante o domínio nazista sobre a Europa. É um paralelo que vai perpassar toda a série.

Na segunda parte (capítulo 1-B), continua a analisar a força e o poder do cinema, situando-o como herdeiro da fotografia e, portanto, portador de deveres e intenções. Reflete também sobre o cinema como objeto de crença, relacionando-o com o cristianismo, o que remete à ideia de cinema como criador de mitos, desenvolvida em 1-A. Mas, nessa parte, o próprio cinema é visto como um mito, uma história.

No capítulo 2-A, o binômio cinema/história se concentra nas relações entre o cineasta e o historiador. Godard afirma que "fazer uma descrição exata do que nunca aconteceu, é o trabalho do historiador", enquanto funde e sobrepõe imagens, fazendo alusões ao poder

---

[11] Com esse título, Godard faz uma referência à *Nouvelle Vague* e traz também um jogo de palavras: *vague nouvelle* quer dizer uma vaga notícia, uma notícia não muito precisa.

[12] No original, *Toutes les Histoires, Une Histoire Seule, Seul le Cinema, Fatal Beauté, La Monnaie de l'Absolu, Une Vague Nouvelle, Le Contrôle de l'Univers, Les Signes Parmi Nous*.

de exatidão das técnicas modernas como o microscópio, o binóculo, a câmera, ao mesmo tempo em que reflete sobre a força da imagem como transposição do real.

No capítulo 2-B, Godard reflete sobre a beleza e a morte no cinema, a beleza da morte, a morte como fator inerente à contemplação da beleza, que, por si só, é a reminiscência de algo.[13] O capítulo 3-A enfatiza a responsabilidade dos governantes europeus sobre os massacres e atrocidades cometidos contra diversas sociedades. Godard afirma aí que "só se filma o passado, o que se passa", lembrando que precisamos olhar para trás para fazer cinema e olhamos para trás ao vermos o cinema.

O capítulo 3-B enfoca, além da *Nouvelle Vague* francesa, o poder da montagem. O cineasta questiona, inclusive, se a *Nouvelle Vague* foi fruto da coragem daqueles que a criaram, ou da fragilidade de sua época e de sua arte. Godard reafirma, nessa parte, a importância dos artistas se colocarem em suas obras e de estas explicitarem as intenções e posições de seus criadores, lembrando que o que fica são as obras e não os autores, e que "podemos filmar o trabalho, não os corações". O capítulo 4-A denuncia o declínio do pensamento ocidental, sob a ótica da responsabilidade do homem sobre o que ele sofre, da responsabilidade de sua atividade política, cultural e artística sobre os acontecimentos que se desenrolam no mundo que constrói. A primeira imagem que vemos são pés e tornozelos femininos com braceletes lavando um piso forrado de tapetes persas, cena de *Sayat Nova* (1968), de Paradjanov.[14] Ouvimos então, em *off*: "Polícia, propaganda, Estado. Eis a mão, eis o nome do Deus tirano que a razão dos homens criou à sua imagem".

O último capítulo do filme, parte 4-B, dá continuidade à reflexão sobre o cinema e suas singularidades enquanto testemunho e expressão de realidades, ressaltando o poder da montagem, "nem uma técnica, nem arte, um mistério", referindo-se, inclusive, a Eisenstein, para quem a montagem é um recurso capaz de "aproximar as coisas que não parecem próprias para isso" (1990) e possibilita a criação de novas formas de ver essas coisas.

---

[13] A beleza como "reminiscência de algo" remete às teses de Barthes em *A câmara clara*, que estabelece uma ligação entre a imagem fotográfica e a morte. Imagem e morte estariam intimamente ligadas na percepção de uma fotografia e também do cinema, como descendente direto da primeira.

[14] Serguei Paradjanov, cineasta soviético (Tbilissi 1924).

Godard, nessa série, consegue abordar a história *do* cinema, a história *no* cinema e o cinema na história,[15] numa obra complexa, repleta de informações, reflexões e lirismo.

> Eu tinha uma ideia... queria contar a história do cinema de maneira não apenas cronológica, mas antes um pouco arqueológica ou biológica. Queria mostrar como se produziram certos movimentos, tal como na pintura se poderia contar como se criou a perspectiva, por exemplo, em que data foi inventada a pintura a óleo, etc. Ora, também o cinema não se fez de qualquer jeito. Foi feito por homens e mulheres que vivem em sociedade, num dado momento, que se exprimem e imprimem essa expressão, ou que exprimem sua impressão de um certo modo (GODARD, 1989, p. 11).

O cinema imprime e exprime, é impressão e expressão ao mesmo tempo e, com essa série, Godard imprime sua visão e expressa sua percepção inquieta e observadora do mundo em que vive e da arte à qual dedicou sua vida, o cinema, em profundo "dueto com a vida" (LEANDRO, 2003). Oubiña (2003)[16] vê as *História(s)* como uma síntese de todas as obras anteriores de Godard e também entre seu ofício de crítico e seu trabalho como cineasta. Para o autor, "o que caracteriza este cinema é a busca de um filme capaz de meditar sobre aquilo que mostra. Ou melhor: a vontade de abrir [...] uma dimensão reflexiva na superfície da imagem" (OUBIÑA, 2003, p. 15). Para Poivert (2009), *Histoire(s) du cinéma* é uma forma aberta, um alfabeto que, à sua maneira, fala a língua do acontecimento: a linguagem das representações que se inquietam sobre si próprias. Godard articula, a partir das próprias imagens, a história contemporânea e do advento tecnológico que mais contribuiu para construir a imagem e as formas de pensar deste século: o cinema. Para ele, "a grande história é a história do cinema, ela é maior do que as outras porque ela se projeta" (GODARD, 1988-1998, Cap. 2-A).

História(s) do cinema é uma obra que traz no seu corpo uma aula de cinema, arte e história, pois promove a instrução para quem a frui. Nas suas imagens, sons e textos, essa série oferece muitas informações a seus espectadores, mas o seu didatismo não se restringe ao conteúdo instrucional, ao volume informacional que traz em si; é, antes de tudo, na forma, que a pedagogia godardiana se apresenta. Como veremos a seguir, é no

---

[15] Antonio Costa (1987) refere-se a essas três formas de se relacionar cinema e história.

[16] David Oubiña é crítico de cinema, professor da Faculdade de Filosofia e Letras de Buenos Aires e da Universidade do Cinema.

modo construtivista de organização da montagem que reside o potencial pedagógico dessa obra.

História(s) do cinema e o método construtivista de montagem

O Construtivismo foi um movimento presente nas vanguardas *artísticas* do início do século XX e tinha como pressuposto básico "a inteligibilidade universal do trabalho plástico" (BRITO, 1999, p. 25), agindo fundamentalmente sobre a dimensão social das práticas artísticas (ALBERA, 2002). Ao se referir às bases dos "movimentos de extração construtiva", Brito (1999) lembra que eles

> [...] operaram sempre e necessariamente no sentido de uma integração funcional da arte na sociedade. A sua intervenção é de natureza didática; como todas as forças liberais, acreditam na Educação com E maiúsculo – seu esforço mais constante é no sentido de estetizar o ambiente social, educar esteticamente as massas (p. 15).

Especificamente no cinema, essa intervenção pedagógica se dá no âmbito da montagem. Uma montagem do tipo construtivista faria uma intervenção estética de natureza didática no processo de aprendizagem através do audiovisual. O processo de junção, nesse tipo de montagem, ocorreria de forma a problematizar imagens vizinhas, provocando, no espectador, uma participação na decifração de conceitos.

É preciso que esclareçamos aqui que toda obra cinematográfica é construtiva, no sentido de provir de um processo de construção, de se construir por partes. O que faz *História(s) do cinema* ser analisada neste estudo como obra construtivista é o fato de a construção ser tratada nessa obra como algo *a priori*, como podemos verificar nas tradições construtivistas. A construção na montagem de Godard, assim como no movimento construtivista russo, é uma prioridade, um ponto de partida e um constante devir. Eisenstein já se referia a uma "dramaturgia da forma visual do filme", tão regulada e precisa quanto a existente "dramaturgia do argumento do filme" (EISENSTEIN, 1990, p. 59). Nosso retorno aos soviéticos se dá devido às importantes contribuições que essa escola cinematográfica trouxe para o campo da montagem e, consequentemente, o legado que deixou para a história do cinema moderno e contemporâneo. Podemos dizer que nela reside o berço do estudo de certo tipo de montagem no cinema, "uma montagem que não é a reconstrução do real imediato, mas a construção de uma nova realidade, propriamente cinematográfica" (BERNARDET, 2000, p. 48). Dessa escola, Sergei Eisenstein é um marco numa tradição construtivista que se desenvolve até hoje no cinema de montagem. Analisaremos a seguir as relações entre o Construtivismo de Eisenstein e o de Godard, ressaltando analogias e diferenças.

A inscrição de Eisenstein no movimento construtivista se dá pela via do teatro, onde trabalha antes de fazer cinema, como cenógrafo e encenador. Dessa experiência com o universo teatral, do contato com artistas plásticos e encenadores, nasce o seu cinema. Com Tetriakov cria o "teatro das atrações" (ALBERA, 2002, p. 239), no qual pequenas cenas independentes se atraem na percepção do espectador. Trava ali uma luta contra um teatro narrativo-figurativo, ao manipular os diferentes elementos do dispositivo teatral, reduzindo-os ao estatuto de unidade molecular, a atração. Desse teatro de atrações, em que o "espectador se torna o material essencial do teatro" (ALBERA, 2002, p. 241), Eisenstein cria a montagem de atrações no cinema. É, então, através da montagem que o Construtivismo de Eisenstein se realiza no cinema.

> Eisenstein totaliza "a maioria dos traços do construtivismo; além do linearismo de suas construções plásticas e de sua concepção original da montagem, ele trabalha o papel e o sentido dos objetos, integra a escrita à imagem, usa a arquitetura como modelo social e responde vigorosamente à noção de encomenda social" (ALBERA, 2002, p. 234).

Eisenstein considera a montagem como "o mais poderoso meio de composição para se contar uma história" (1990, p. 107), afirmando que, por meio dessa, "dois pedaços de filme de qualquer tipo, colocados juntos, inevitavelmente criam um novo conceito, uma nova qualidade, surgida da justaposição" (EISENSTEIN, 1990, p. 107), que por sua vez é criada a partir da atração entre diferentes planos. Para ele, esta justaposição não resulta numa soma, mas num "produto", onde dois conceitos produzem, dialeticamente, outro, produto dos primeiros, porém, um resultado que "é qualitativamente diferente de cada elemento considerado isoladamente" (EISENSTEIN, 2002, p. 16). Dessa forma, constrói uma montagem dialética, composta por conflitos de contrários, por choques e oposições, mostrando uma imagem que, contrastada com outra, é articulada a esta, produzindo uma síntese na qual 1 + 1 = 1. Seu espectador torna-se então um construtor de conceitos e não mais um contemplador passivo. Para Albera (2002), a originalidade do projeto eisensteiniano é ver o filme não como texto autossuficiente, mas sempre em sua relação com o espectador.

Voltando à obra de Godard, assinalamos abaixo alguns aspectos construtivos de *Histoire(s) du cinéma*, que remetem aos princípios desse movimento nas artes plásticas:[17]

- a preocupação com a proposta de "afirmação do caráter racional" (BRITO, 1999, p. 16) da arte. Godard, assim como os primeiros construtivistas, trabalha no sentido de tirar a arte do seu lugar de "fora do *Logos*, fora da história" (BRITO, 1999, p. 14), pois como vimos, essa obra é uma importante afirmação da interdependência existente entre arte e história. *Histoire(s) du cinema* se apresenta como um "agente de transformação estética do ambiente" (BRITO, 1999, p. 17), devido às alterações propostas nos modos de ver e se relacionar com o ambiente em que opera as imagens em movimento;
- assim como nos primeiros construtivistas, há na obra de Godard um "esforço para formular métodos e sistemas que sobrevivessem ao próprio produto como autênticos conceitos estabelecidos ao longo de um trabalho de conhecimento" (BRITO, 1999, p. 17). *História(s) do cinema* é um exemplo claro dessa formulação, uma obra referencial no campo das imagens em movimento, "que traz para o gênero didático uma contribuição definitiva" (LEANDRO, 2003);
- a preocupação com o casamento da forma com o conteúdo, que no caso dessa série se traduz no seu método de montagem: quando o cineasta sobrepõe, por exemplo, no capítulo 3-B, as imagens de James Stewart com a câmera fotográfica na mão (*Janela indiscreta*, de Alfred Hitchcock) com a de Hitler, mostra o olhar do cinema sobre a História com as próprias imagens: a câmera vê os fatos, o cinema nos conta a história;
- a transformação da relação obra/espectador, onde o segundo deixa de ser um contemplador para se tornar um ator participante do processo de apreensão da obra.

A materialidade da estrutura construtiva em *História(s) do cinema* se dá através da fragmentação e da ruptura com a linearidade de sua montagem/ colagem: Godard mostra fragmentos de imagens, recontextualizando-os e reapresentando-os de acordo com uma lógica que ignora a cronologia dos fatos ali representados. Não importa, na sua concepção, se *Metropolis* (LANG, 1926) foi realizado muito antes da Segunda Guerra Mundial. Godard, no capítulo 1-A, coloca a emblemática imagem desse filme, na qual a protagonista leva um grupo de crianças "proletárias" para verem

---

[17] Sobre o Construtivismo nas artes, ver mais em BRITO (1999).

o "mundo dos ricos", os "mundos superiores", numa mesma sequência de montagem na qual estão imagens de Hitler e de trens indo em direção a campos de concentração, dizendo: "imagens e sons que seus remorsos concebem". Faz aí uma clara alusão à responsabilidade e à culpa alemã. Sobrepõe dois fragmentos de imagens, dois fragmentos de tempo, evocando uma mesma história.

Godard nos conta a história com o próprio movimento e manipulação das imagens (sonoras e visuais), uma manipulação que ele define como sendo o que "houve de principal no cinema (e) que se chama montagem" (GODARD, 1989, p. 11). A valorização da montagem é, portanto, um ponto de convergência entre o trabalho de Eisenstein e o de Godard, que, inclusive, recorre aos filmes do cineasta russo, *Que viva México* (1930-1981), no capítulo 2-A, e *O encouraçado Potemkin* (1925), no capítulo 1-A, e o cita no último capítulo, quando ressalta o poder da montagem como recurso capaz de "aproximar as coisas que não parecem próprias para isso".

Mas, apesar de a montagem ser o elemento construtivo central dos cinemas de Godard e de Eisenstein, é preciso diferenciar aqui as propostas dos dois cineastas. O cinema de Eisenstein, mesmo sendo experimental e inovador, ainda é narrativo; sua montagem opera em direção a uma determinada proposta de reflexão, numa narrativa que traz um propósito definido de crítica e percepção do real, vinculado a uma ideologia definida. Há uma história determinada a ser contada, uma ideologia a defender, com propósitos específicos a serem alcançados, como pode ser observado em *O encouraçado Potemkin* (1925). Já em Godard, e, especificamente em *História(s) do cinema*, também podemos dizer que a montagem intervém no real, reflete sobre esse real; porém, enquanto Eisenstein traz em suas obras um objetivo único e claro, em Godard observamos uma pluralidade de realidades, sua obra é aberta e pode levar o espectador a lugares e interpretações variadas.

Se a montagem construtivista de Eisenstein leva o espectador a um conceito determinado e à resolução de um conflito, fazendo seu espectador chegar a uma conclusão ao final do filme, na de Godard, o conflito não se resolve, e o espectador permanece imerso em uma variedade de perguntas e caminhos a decifrar. O cineasta também trabalha com a relação entre as imagens, mas, diferentemente de Eisenstein, suas associações não necessariamente se chocam, às vezes até se complementam, se reforçando, e mesmo quando se chocam, nelas o conflito não se resolve. Em Godard, 1 + 1 = 3, onde "+" equivale ao "*E*" de Deleuze (1992), significando coexistência, como veremos a seguir.

As relações entre as coisas e o espectador participativo

*O cinema – está dito – é o que está entre as coisas,
não são as coisas, é o que está entre uma e outra pessoa,
entre você e eu, e depois, na tela, está entre as coisas.*

Jean-Luc Godard

Ao assistir a *História(s) do cinema*, o espectador é convidado a deslizar por um fluxo de ideias e, aos poucos, vai percebendo que o que se apresenta diante dele é uma nova forma de narração, não cronológica, da história do cinema. As muitas perguntas e questões trazidas pelas imagens/sons/textos permanecem no ar ao longo do filme, possibilitando a construção de respostas e a formulação de novas questões. O espectador é estimulado a suportar a permanência da dúvida e da indagação, e a incorporá-las como parte da apreciação da obra e da construção do seu sentido, pois *Histoire(s) du cinéma* nasce justamente das indagações que compartilhamos com o cineasta (Leandro, 2003).

Godard constrói uma montagem fragmentada, repleta de confrontos de vazios e de complexas associações entre as imagens, que se entrecruzam ciclicamente. Há um eterno retorno, um movimento espiralado que traz repetidamente, de forma renovada e cada vez sob um novo ponto de vista, os mesmos elementos. Ao recolocá-los no tempo e no espaço, Godard recoloca-os também em nossa percepção. Refletindo sobre a mudança de estado das coisas, Godard recorre à imagem da espiral:

> [...] as pessoas se formam, se informam e se deformam, e como, depois de terem tomado forma, se muda essa forma? Pode-se chamar a isso uma revolução, uma meia-volta... ou uma espiral, pois, se a gente dá apenas meia-volta, acaba caindo num círculo vicioso; como o expressou Mao Tsé-Tung, formam-se espirais, e é assim que as coisas mudam (Godard, 1989, p. 202).

No aspecto relacional, reside a essência dessa obra de Godard. O próprio cineasta afirma e reafirma, em vários momentos, que sua atenção e intenção estão concentradas em perceber e revelar as relações entre as coisas.

> [...] a ideia de base é que o cinema, no momento de sua invenção, desenvolveu – enfim, impressionou, pôde ser visto – uma forma de ver que era diferente e que se chamou, digamos, a montagem, que consiste em pôr em relação uma coisa com alguém de uma maneira diferente do romance ou da pintura na época. É por isso que ele teve

tanto sucesso, um sucesso enorme, porque... sei lá, abriu ...abriu os olhos de uma certa maneira; era como o quadro: tinha uma relação única com o quadro, no romance uma relação única com o romance; quando as pessoas assistiam a um filme, havia algo que era pelo menos duplo, e como alguém olhasse se tornava triplo, ou seja, havia algo, algo diferente que, tecnicamente, veio a chamar-se, pouco a pouco, de montagem. Era algo que não filmava as coisas, mas que filmava as relações entre as coisas. Ou seja, as pessoas viam relações; viam primeiro uma relação com elas mesmas (GODARD, 1989, p. 164).

Em *História(s) do cinema*, uma imagem nunca está só, está sempre convocando outras. "E dessa deriva visual surge, luminoso e intransferível um saber do cinema" (OUBIÑA, 2003, p. 18). Ao convocar outra, ou a lembrança de outra, a montagem godardiana permite ao espectador aceder à ambiguidade presente na fronteira entre duas imagens, analisada de forma muito clara por Deleuze (1992). Ao contrário da montagem dialética de Eisenstein, que apresenta duas imagens conflitantes que levarão o espectador a criar na sua percepção uma síntese do confronto proposto, em Godard as duas imagens (que também podem ser conflitantes) permanecem, coexistem, não se somam. Vemos uma e outra imagem, e permanecemos no caminho, na relação entre as duas. É nessa relação de coexistência de imagens/sons/conceitos que Deleuze (1992) identifica o *E* da montagem de Godard. Para o filósofo, "o *E* é a diversidade, a multiplicidade, a destruição das identidades" (DELEUZE, 1992, p. 60), remetendo à fronteira entre duas coisas, e não dizendo respeito a uma ou à outra em particular, mas ao limite que existe entre as duas, à relação. O *E* é o entre os dois, uma fronteira potente, uma linha fronteiriça de fuga por onde "as coisas passam, os devires se fazem, as revoluções se esboçam" (DELEUZE, 1992, p. 60). Para o filósofo, esses *E, E, E...*, trazem uma gagueira criadora; não são nem isso mais isso, nem isso *ou* aquilo; ele nem soma nem subtrai, expõe os dois e, com isso, o entre os dois.

No capítulo 3-A, Godard coloca uma pintura de Goya (*Majas à varanda*, 1800-1814) sobreposta às imagens filmadas em um campo de concentração, nas quais vemos corpos sendo jogados em uma vala. Vemos as figuras femininas das *Majas* de Goya, que, nessa pintura, estão em primeiro plano, em cores claras e luminosas, contrastando com o fundo escuro de figuras masculinas soturnas e ameaçadoras. Esse quadro, que, por si só, já traz algumas ambiguidades (no jogo entre claro e escuro, entre primeiro e segundo plano), se sobrepõe a outra imagem, à do campo de concentração, criando, assim, novas ambiguidades. As duas imagens permanecem dialogando uma com a outra. A imagem estática e colorida da pintura com a imagem em movimento e em preto e branco do documentário. Enquanto vemos as duas, a voz em *off* nos traz um texto de Victor Hugo (1876) sobre os massacres cometidos pela Europa. São três informações: as *Majas E* os corpos sendo jogados *E* o texto, que, de forma simultânea, dialogam em nossas mentes. Não elegemos uma das informações, não produzimos outra imagem, ficamos com os três estímulos. É o conjunto que fala, o conjunto de partes íntegras e repletas de singularidades.

Godard quer nos fazer ver a fronteira, o imperceptível. Quando, no capítulo 1-A, funde a imagem do gesto do braço de Adolf Hitler com a imagem do gesto do braço de um maestro, a montagem nos faz perceber a fronteira, ou seja, o gesto como ponto de encontro entre duas imagens tão díspares. É o gesto de "orquestrar" que produz uma associação entre elas. Vemos duas orquestrações simultaneamente: a do ditador e a do músico. O cineasta, ao nos trazer uma *E* outra, permitindo-nos perceber a ambiguidade presente no mesmo gesto, está ele próprio fazendo uma terceira orquestração.

O espectador permanece, assim, diante dessa obra, na fronteira flutuante entre as peças de seu mosaico, construindo um quebra-cabeça no qual não há o que decifrar no final, não há um ponto de chegada a ser alcançado. Permanece com as partes, com os fragmentos e com os *Es* se relacionando em sua percepção. Implícitos nesse processo de apreensão, estão o consentimento e a tomada de consciência sobre os mecanismos ali provocados. Como ressalta Freire,

> [...] o primeiro nível de apreensão da realidade é a tomada de consciência. Esse conhecimento existe porque como seres humanos somos 'colocados' e 'datados', como Gabriel Marcel costumava dizer, os homens são espectadores com e no mundo. Essa tomada de consciência, no entanto, não é ainda a consciência crítica. Há a intensidade da tomada de consciência. Isto é, o desenvolvimento crítico da tomada de consciência. Por essa razão, a consciência crítica implica ultrapassar a esfera espontânea da apreensão da realidade para uma posição crítica. Através dessa crítica, a realidade passa a ser um conhecido objeto dentro do qual o homem assume uma posição epistemológica: homem procurando conhecimento. Portanto, consciência crítica é um teste de ambiente, um teste de realidade. Como estamos conscientizando estamos revelando realidade, estamos penetrando na essência fenomenológica do objeto que estamos tentando analisar (FREIRE *apud* GADOTTI, 1996, p. 125).

Estabelecer relações na montagem pressupõe um sujeito que se relacione com a obra, um sujeito ativamente participante que, uma vez possuidor de consciência crítica, como ressalta Freire (*apud* GADOTTI, 1996), é capaz de revelar a realidade. Ostrower diz que "as associações compõem a essência de nosso mundo imaginativo" (1977, p. 20) e que, ao percebermos uma obra, estamos ativando nossa capacidade associativa e imaginativa, pois associações envolvem memórias e imagens referenciais[18]. Como nossa memória, segundo a educadora, sempre é resultado de "novas interligações e configurações, aberta às associações" (OSTROWER, 1997, p. 19.), podemos esperar que "a afetividade desempenha um papel fundamental em processos de aprendizagem" (OSTROWER, 1997, p. 19) e de percepção. Perceber é então um constante criar, envolvendo seleções, associações e escolhas, num processo que exige certa tensão psíquica, um tônus cerebral. A obra de Godard mantém no espectador um estado de permanente tensão psíquica ao mesmo tempo em que o convida a ultrapassar a esfera espontânea da apreensão da realidade para uma posição crítica, como defende Freire (apud GADOTTI, 1996).

História(s) do cinema oferece uma intrincada e múltipla rede de sentidos nas suas várias camadas de percepção, oferecendo ao espectador diferentes possibilidades de fruição, que vão depender do seu conhecimento prévio (cultura cinematográfica, artística, conhecimento da história), de sua sensibilidade, de sua curiosidade e, finalmente, de sua disponibilidade para entrar no jogo proposto pelo cineasta. Fazendo uso de um termo usado por Eisenstein (1990), podemos dizer que Godard cria uma obra que fornece "munição" ao seu espectador, permitindo que cada um leve consigo o que é capaz de levar[19] e, principalmente, estimulando sua curiosidade e interesse para investigar e buscar conhecimentos que o possibilitem decifrar conceitos que não foi capaz de captar.

Conclusão

Uma montagem do tipo construtivista faz, como vimos, uma intervenção estética de natureza didática no processo de aprendizagem através das imagens em movimento. O processo de junção nesse tipo de montagem se dá de forma a problematizar imagens vizinhas, provocando, no espectador, uma participação na decifração de conceitos. Como analisamos, em

---

[18] Segundo Ostrower, as imagens referenciais não são herdadas; são fruto de uma visão pessoal e cultural, diferindo então das imagens primordiais definidas por C.G. Jung (OSTROWER, 1977, p. 60).

[19] Eisenstein diz que "a tarefa do cinema é proporcionar munição ao espectador, não dissipar a energia que o levou ao teatro" (EISENSTEIN, 1990).

História(s) do cinema, as imagens não apenas falam sobre as coisas, mas se mostram como a própria coisa a ser vista e percebida. Com seu método de montagem, Godard apresenta uma imagem que é capaz de provocar a construção dos sentidos em vez de transmitir.

Para Leandro (2001), as imagens devem ser capazes de provocar um questionamento ao mesmo tempo ético e estético e o aprendizado com imagens exige também revoluções formais. Na série de Godard, ética e estética se articulam de forma inextricável, primeiramente pelo respeito e estímulo à inteligência, imaginário e sensibilidade do espectador, e em segundo lugar, pelo próprio conteúdo abordado e sua integração com a forma de apresentação. Vigotski (1998) defende que a formação de conceitos deve ser vista como uma função que afeta não apenas o conteúdo, mas também o método de raciocínio ali abordado. O método de montagem de Godard é, como vimos, portador de uma pedagogia na sua própria forma e apresentação das imagens, propondo novas formas de raciocínio em sua apreensão.

A partir dessas colocações, concluímos este trabalho lembrando que, se pretendemos aprender e ensinar com as imagens em movimento, precisamos nos debruçar sobre um determinado cinema, aquele que desenvolve e elabora o conteúdo na própria forma fílmica (Sá, 2002), pois, como nos lembra Godard em *Le Contrôle de l'univers* (1988-1998), "são as formas que nos dizem o que há no âmago das coisas".

Referências

AGAMBEN, G. *O cinema de Guy Debord por Giorgio Agamben*. Blog Intermídias – espaço para circular ideias, criações, insights, novidades e debates sobre mídia, arte e cultura. Disponível em: <http://intermidias.blogspot.com.br/2007/07/o-cinema-de-guy-debord-de-giorgio.html>. Acesso em: 24 abr. 2013.

ALBERA, F. *Eisenstein e o Construtivismo russo*. São Paulo: Cosac Naify, 2002.

AUMONT, J. et al. *A estética do filme*. São Paulo: Papirus, 1995.

BARTHES, R. *A câmara clara*. Rio de Janeiro: Nova Fronteira, 1984.

BAZIN, A. *O cinema. Ensaios*. São Paulo: Brasiliense, 1991.

BERNARDET, J-C. *O que é cinema*. São Paulo: Brasiliense, 2000.

BRITO, R. *Neoconcretismo. Vértice e ruptura do projeto construtivo brasileiro*. São Paulo: Cosac Naify, 1999.

COHN, G. *O Construtivismo da montagem godardiana e da videoinstalação: uma investigação teórico-prática para o ensino da arte*. Rio de Janeiro: UFRJ, 2004. Dissertação

(Mestrado em Tecnologia Educacional nas Ciências da Saúde) – NUTES, Universidade Federal do Rio de Janeiro, Rio de Janeiro, 2004.

COSTA, A. *Compreender o cinema*. Rio de Janeiro: Globo, 1987.

DELEUZE, G. *Conversações*. São Paulo: 34, 1992.

EISENSTEIN, S. *A forma do filme*. Rio de Janeiro: Jorge Zahar, 1990.

EISENSTEIN, S. *O sentido do filme*. Rio de Janeiro: Jorge Zahar, 2002.

GADOTTI, M. (Org.). *Paulo Freire. Uma biobibliografia*. São Paulo: Cortez, 1996.

GODARD, J-L. *Introdução a uma verdadeira história do cinema*. São Paulo: Martins Fontes, 1989.

GREENBERG, C. *Clement Greenberg e o debate crítico*. Rio de Janeiro: Jorge Zahar, 1997.

LACOSTE, J. *A filosofia da arte*. Rio de Janeiro: Jorge Zahar, 1986.

LEANDRO, A. Da imagem pedagógica à pedagogia da imagem. *Comunicação & Educação*, São Paulo, Edusp, p. 29-36, maio/ago 2001.

LEANDRO, A. Lições de roteiro, por JLG. *Educação e sociedade*, Campinas, v. 24, n. 83, ago. 2003.

OSTROWER, F. *Criatividade e processos de criação*. Rio de Janeiro: Vozes, 1977.

OUBIÑA, D. (Org.). *Jean-Luc Godard: El Pensamiento del Cine – Cuatro Miradas sobre* Histoire(s) du cinéma. Buenos Aires: Paidós, 2003.

POIVERT, M. *L'Événement Comme Expérience*. Editions Papiers-Publications, soumis le 18/05/2009. Disponível em: <http//www.editionspapiers.org/publications/l- evenement-comme-experience>. Acesso em: 28 set. 2012.

SÁ, M. B. *Imagens para a libertação e para a existência: contribuição da práxis de Serguei Eisenstein e Glauber Rocha para o vídeo educativo*. Rio de Janeiro: UFRJ, 2002. Dissertação (Mestrado em Tecnologia Educacional nas Ciências da Saúde) – NUTES, Universidade Federal do Rio de Janeiro, Rio de Janeiro, 2002.

VIGOTSKI, L. S. *Pensamento e linguagem*. São Paulo: Martins Fontes, 1998.

A reinvenção do(s) cinema(s) na formação do espectador contemporâneo:
pedagogia godardiana[1]

Maria Cristina Miranda da Silva

> *[...] se ensina na escola o mais depressa possível, desde o jardim-de-infância [...] a falar, enquanto a primeira coisa que se deveria fazer atualmente seria distribuir entre as crianças pequenas polaroides e sobretudo não lhes dizer nada [...].*
>
> Jean-Luc Godard

A reflexão sobre cinema e educação envolve várias dimensões. De um modo geral, o cinema é tratado na escola como recurso didático que ilustra situações e acontecimentos considerados úteis às diferentes disciplinas. No entanto, diversas experiências têm demonstrado que é possível abordar o cinema na escola por um outro prisma: o cinema como cinema.

O presente artigo se orienta a partir das indagações do projeto Cinema para Aprender e Desaprender (CINEAD), que realiza pesquisas na área de Currículo e linguagem na educação básica: como elaborar um currículo que introduza os principais elementos da *História do Cinema* e da *Linguagem*

---

[1] Este texto tem origem nas reflexões apresentadas ao XV Encontro Internacional da Sociedade Brasileira de Estudos em Cinema e Audiovisual – SOCINE– (2011) na Mesa Temática "Ajudando a dar rosto ao futuro: o cinema como espaço de reflexão e transformação" e nos debates sobre a "pedagogia godardiana" desenvolvidos no ano de 2010 no Seminário de Pesquisa do CINEAD (Projeto de Pesquisa e Extensão Cinema para Aprender e Desaprender), Laboratório do Imaginário Social e Educação (LISE) da Faculdade de Educação da UFRJ, coordenado pela Prof ª. Adriana Fresquet. Agradeço à Regina Barra, doutoranda do PPGE-UFRJ pelas contribuições ao texto.

Cinematográfica em contexto escolar? Como ensinar cinema a crianças e adolescentes? Como trabalhar o gosto estético das crianças e jovens na escola? Mais particularmente, como fazer cinema-arte na escola?

Certamente, não é possível uma resposta simples a tais indagações, contudo, sustentamos a importância de trabalhar as mediações entre o conhecimento e a experimentação técnica e artística do cinema. Consideramos que tal perspectiva não pode estar desvinculada do projeto de escola pública, em que esta possa ser um espaço de reflexão sobre o fazer cinema, abrangendo a sua história, sua tecnologia, sua linguagem, sua estética e, sobretudo, sua natureza de produção de sentido, inerente a todas as linguagens artísticas.

O presente artigo pretende contribuir, portanto, para a reflexão do cinema no currículo escolar como uma experiência artística, congruente com a formação estética audiovisual inscrita no campo da educação transformadora. Em conformidade com esse objetivo, o estudo discute as formas de apropriação e recontextualização do cinema na educação dialogando com a pedagogia godardiana (DANEY, 2007); para tanto, aborda o potencial educativo do cinema em seus primeiros anos e, com Godard, considera a experiência do cinema como arte na formação do espectador contemporâneo.

Sustentamos que a reflexão sobre o cinema na educação pode se dar a partir do resgate de três momentos de sua história: 1) a contextualização da invenção e utilização dos aparelhos ópticos do século XIX para a formação do homem da modernidade (CRARY, 1994); 2) a experiência de fruição dos espectadores nos anos iniciais do cinema, influenciada pelos espetáculos de variedades e atrações (GUNNING, 1995); 3) O desenvolvimento do cinema narrativo clássico a partir de Griffith como uma das possibilidades do cinema, resultado de algumas opções estéticas e de pressões econômicas (MACHADO, 1997). Esta última alternativa possibilitou, também, opções estéticas não diretamente mercantis, a exemplo dos diversos movimentos como o das Escolas Soviéticas, a *Nouvelle-Vague* francesa, o *underground* americano, os cinemas novos, entre outros.

Particularizando essas três dimensões, propugnamos que elas podem ser recontextualizadas na reflexão sobre a formação do espectador contemporâneo e o desenvolvimento de novas possibilidades da linguagem/criação cinematográfica e audiovisual.

A partir de elementos presentes na obra de Jean-Luc Godard, sustentamos que a fruição estética audiovisual para uma educação transformadora deve se dar a partir do conhecimento e do reconhecimento dos elementos estéticos e, principalmente, da experimentação de novas possibilidades de criação nas diferentes formas de produzir sentidos com imagens e sons, tanto no conteúdo como na forma.

Ao abordar a dimensão estética da educação, Duarte Junior (1981) ressalta que a obra de arte expressa um campo geral de sentidos, "possibilitando ao espectador a sua compreensão (fruição) segundo os seus próprios sentimentos". Nessa fruição, os sentimentos propostos pela obra são ampliados e recombinados em "novas modalidades do sentir". Em outras palavras, para o autor, os sentimentos podem ser "refinados" pela convivência com os símbolos da arte (DUARTE JUNIOR, 1981, p. 98).

O entendimento da arte pressupõe a capacidade de o sujeito realizar a conexão entre seus elementos formais, simbólicos e materiais. Em uma sociedade de classes profundamente desigual, também em relação aos bens simbólicos, o caminho para a fruição autêntica da arte passa pela educação. "Não a simplificação violenta da arte, mas o treinamento da capacidade de julgamento estético é o meio pelo qual se pode impedir a constante monopolização da arte por uma pequena minoria" (HAUSER, 2003, p. 992).

É o contato com a diversidade de obras de arte que familiariza as crianças e os jovens com diversas estéticas, o que não significa meramente um "treino artístico como tal", mas, antes, diz respeito ao "desenvolvimento da capacidade crítica e criadora" do educando (DUARTE JUNIOR, 1981, p. 96), processo que ultrapassa o individualismo hedonista, pois inequivocamente social, mediado pela cultura e pelo conhecimento histórico-social.

O ato criador, como ressalta Duarte Junior (1981, p. 92), é, entretanto, "profundamente subversivo: visa alterar a ordem (ou a desordem) existente para imprimir um novo sentido". Conforme Bergala (2002, p. 63) "uma verdadeira cultura artística só se constrói no encontro com a alteridade fundamental da obra de arte. [...] A arte é o que resiste, o que é imprevisível, o que desorienta num primeiro momento". Pensar o cinema como arte em laço estreito com a educação, assim, é um desafio instigante, pois pressupõe uma mudança profunda na instituição "escola", igualmente submetida a propósitos socializadores pragmáticos e utilitaristas.

Cinema, escola, cultura, desse modo, conformam mediações sob permanentes tensões entre o público e o privado-mercantil. A fruição e a experiência estética do cinema não se coaduna com o caráter de mercadoria que a indústria cultural lhe impinge. Na leitura e produção da arte e na formação do espectador, propomos, portanto, a reinvenção do cinema e de sua linguagem como fruição cultural e artística capaz de fomentar a criatividade e uma cultura crítica e libertária, fundamentos de uma educação emancipatória.

Godard, cinema, arte e educação: nexos, mediações

Em entrevista para a revista francesa *Studio Magazine*, Jean-Luc Godard (2006, p. 241) afirmou, sobre o ensino de cinema, ser necessário "discutir o cinema vendo-o concretamente, com a imagem diante de si". Para Godard, antes de tudo, é preciso descobrir-se gostando do cinema, o que já seria uma parte do aprender a fazer cinema. De fato, foi frequentando cineclubes e cinemas parisienses durante sua adolescência/juventude que Godard descobriu e se encantou pelo cinema. "Frequentar os cineclubes já era pensar cinema e pensar no cinema" afirmava Godard (apud MARIE, 2011, p. 29).

Entre os anos 1947-1949, Godard conheceu e encontrou, nos cineclubes e cinemas parisienses, frequentadores assíduos, tanto como ele, muitos dos quais se tornariam seus companheiros de *Nouvelle Vague* e com os quais, mais tarde, escreveria sobre cinema em jornais e revistas, em especial a *Cahiers du Cinéma*: Jacques Rivette (1928), Claude Chabrol (1930-2010), François Truffaut (1932-1984) e Eric Rohmer (1920-2010). Influenciados pelo trabalho de Henri Langlois, diretor da Cinemateca Francesa à época, de exibição de toda a sorte de filmes, esses futuros cineastas e críticos adquiriram uma extensa cultura cinematográfica, o que proporcionou uma "perspectiva diferente à *Nouvelle Vague* em geral, e aos filmes de Godard, em particular" (COUTINHO, 2010, p. 35-37).

Frequentar uma cinemateca "já era fazer cinema" e, nesse sentido, Godard (2006, p. 242) afirma que aprendeu mais "vendo filmes do que fazendo". Para o cineasta, considerando que a expressão por meio das imagens e dos sons pode ser mais forte do que um texto que não permita "se fazerem imagens", no processo da aprendizagem dessa forma de expressão, a primeira coisa que se deveria fazer numa escola, antes mesmo de se ensinar a falar, "seria distribuir entre as crianças pequenas polaroides e sobretudo não lhes dizer nada" (GODARD, 1989, p. 127).

Aprender a fazer cinema como se aprende a falar ou, mais especificamente, aprender a escrever cinema, faz parte do que entendemos aqui como a pedagogia godardiana. A escrita por meio das imagens (e dos sons) é uma essência na obra de Godard, que inverte a forma hegemônica da escrita do cinema – que parte das palavras para chegar às imagens e aos sons – "que desde o início do cinema falado tem condicionado nossas formas de ver e ouvir" (LEANDRO, 2003, p. 692).

Como destacou Machado (2003), com suas bases formuladas pelo cinema conceitual dos cineastas russos Serguei Eisenstein e Dziga Vertov, é com Godard "que o cinema-ensaio chega à sua expressão máxima".

[...] pouco importa se a imagem com que ele trabalha é captada diretamente do mundo visível "natural" ou é simulada com atores e cenários artificiais, se ela foi produzida pelo próprio cineasta ou simplesmente apropriada por ele, depois de haver sido criada em outros contextos e para outras finalidades, se ela é apresentada tal e qual a câmera a captou com seus recursos técnicos ou foi imensamente processada no momento posterior à captação por recursos eletrônicos. A única coisa que realmente importa é o que o cineasta faz com esses materiais, como constrói com eles uma reflexão densa sobre o mundo, como transforma todos esses materiais brutos e inertes em experiência de vida e pensamento (MACHADO, 2003, p. 72).

Trata-se, assim, de algo mais profundo do que pensar o cinema. Trata-se de pensar *pelo* cinema. Conforme Dubois (2004), de fazer filmes-ensaios em forma de enunciados audiovisuais. De exprimir ideias, emoções, afetos, por meio de um discurso construído por imagens e sons. Por isso é frequente a imagem de Godard como pintor.[2] O próprio cineasta remete à pintura ao comentar sobre seu processo de criação:

Começo tendo uma espécie de sentimento abstrato, de atração por alguma coisa que não compreendo bem, e o fato de ir filmar me faz verificar do que se trata, sob o risco de recuar ou mudar enormemente as coisas. Somente no fim posso efetivamente verificar se minha intuição era exata e, é claro, com frequência é tarde demais, eu diria que é um pouco como na pintura moderna, onde se faz um ensaio, depois se apaga e se recomeça (GODARD, 2006, p. 244).

Em seus filmes, recorrentemente o diretor e cineasta se reapropria de imagens do presente e do passado – pinturas, fotografias, cenas de filmes, cartazes, reportagens de TV, recortes de jornais, capas de livros, trechos da literatura, poesias –, "não com o intuito de produzir um discurso sobre essas imagens", conforme destaca Leandro (2003, p. 693), mas de "escrever com a câmera", com imagens, sons, movimentos, como nos apresenta Coutinho (2010). "Por isso a pedagogia godardiana consiste em não cessar de retornar às imagens e aos sons, nomeá-las, ultrapassá-las, comentá-las, colocá-las em perspectiva, criticá-las como incontáveis enigmas insondáveis: não perdê-las de vista, ficar de olho nelas, *guardá-las*", define Daney (2007, p. 112).

Além disso, conforme descreve Leandro:

Desde seus primeiros filmes, Godard adota diversos mecanismos destinados a promover o distanciamento do espectador com relação

---

[2] Ver "Godard pintor, o el penúltimo artista". In: AUMONT (1997).

> ao enredo, tais como as mudanças de plano dissonantes, que escapam à lógica da transparência realista (o falso *raccord*[3]), a intervenção de sequencias cantadas ou coreografadas e à integração de informações não-ficcionais à *diégèse*: cartazes, pinturas célebres, cartelas. Essas rupturas narrativas de inspiração brechtiana sedimentaram as bases da pedagogia de Godard, fazendo com que a identificação psicológica de tradição aristotélica seja cada vez mais substituída, em sua obra, por uma atividade didática e crítica do espectador (LEANDRO, 2003, p. 683).

Ao analisar o filme *Roteiro do filme 'Paixão'*, Leandro (2003) nos fala do método de Godard:

> [...] que consiste em deixar a obra aparecer diante de nossos olhos, em meio a dúvidas e questionamentos, coloca o espectador em condições de construir, ele mesmo, um saber sobre o cinema. A técnica de escrita cinematográfica é apresentada como um conhecimento ao alcance de todos, porque ligado à experiência de vida de cada um. O filme nasce das indagações que compartilhamos com o cineasta e é na confissão da fragilidade desse procedimento experimental que reside o essencial da pedagogia godardiana (p. 687-688).

Nesse sentido, para Leandro (2003, p. 691), "a pedagogia da obra de Godard está em sua capacidade de ampliar o campo de visão do espectador [...]". A autora define a "pedagogia godardiana" ao se referir a Godard como aquele que "ensina a aprender" p. 687).

Sobre o processo de ensino e aprendizagem do cinema, Godard (2006) também se apoia no processo da pintura:

> Delacroix explica que começava com vontade de pintar uma flor e depois, de repente, sem compreender por quê, ele se punha a fazer leões, cavaleiros, mulheres violadas. Mas no fim das contas, voltava à ideia da flor. Acho que é assim que se aprende (p. 243).

A afirmação é coerente com a sua forma de pensar e fazer cinema. Trata-se de pensar o cinema, sua produção, sua fruição, seu ensino e, portanto, sua aprendizagem, mesmo no universo escolar, como uma experiência artística. E a experiência artística na formação do espectador implica na posse de informações, linguagens, referencias culturais e na liberdade de criação.

---

[3] Refere-se ao ajuste perfeito na passagem de dois cortes. Não percebemos o corte, a ilusão da montagem é perfeita.

Fundamentalmente, considerar o cinema, em vez de uma simples mediação pedagógica, "um dispositivo de problematização da cultura" como defende Favaretto (2004, p. 13).

> Tomar o cinema como instância educativa implica redirecionar as tradicionais questões sobre as relações entre pensamento e sensibilidade, entre juízos de gosto e prazer da fantasia, entre experiência reflexiva e consumo de experiências. Tratando-se de cinema e, mais extensamente, de todas as novas tecnologias das imagens, pergunta-se se o que estaria em questão na escola não seria a constituição de verdadeiros laboratórios experimentais da sensibilidade e do pensamento visual (p. 13).

Trata-se de viver a pedagogia godardiana conforme definida por Leandro (2001, p. 35), "em substituir o cinema pela escola, a fruição passiva do espectador pelo trabalho ativo do aluno". Nesse sentido, consideramos imprescindível que o cinema (como arte) seja apropriado pela escola como um todo: sua fruição, sua história, sua linguagem e a sua própria produção. Fruir o cinema e fazer cinema. As ações de reflexão e experimentação devem ser vivenciadas com base na expressão, na exploração de técnicas e tecnologias, na reinvenção de linguagens, o que requer pensar as suas referências histórico-culturais.

Diferente do passado recente, em que a tecnologia de produção e reprodução de imagens/sons era de difícil acesso em virtude de fatores econômicos (câmeras, projetores, rolos de filmes, etc.), hoje podemos fazer cinema com filmadoras digitais, câmeras fotográficas digitais e, até mesmo, com um celular que possua uma câmera. Entretanto, os meios tecnológicos pouco representam sem a possibilidade criadora da linguagem e da estética da criação das imagens e dos sentidos. De todo modo, estamos em um contexto em que a experiência do cinema pode ser difundida também para o conjunto das escolas públicas, permitindo que crianças e jovens expressem sensibilidades, anseios e demandas sociais por meio do cinema e, mais do que isso, que participem ativamente da busca por novas linguagens, como veremos adiante.

Potencial educativo do cinema: os seus primórdios

O potencial educativo do cinema vem sendo ressaltado desde os seus primórdios. Conforme o historiador de cinema Tom Gunning (1995), nas primeiras projeções de cinema, as imagens exibidas pelos aparelhos de entretenimento visual, desenvolvidos ao longo do século XIX, eram apresentadas como sendo instrutivas e informativas. Segundo ele, "um gênero do 'cinema de atrações'[4] se tornou popular e duradouro": filmes que apresentavam, por exemplo, "imagens aumentadas de vermes de queijos, aranhas e pulgas"[5] – as chamadas "atualidades educacionais" (GUNNING, 1995, p. 56).

Esses tipos de filmes podem ser relacionados com as "conferências de viagem, que existiam antes da chegada dos filmes", palestras "ilustradas" (a partir de imagens reproduzidas por aparelhos ópticos, como a *lanterna mágica*, por exemplo), que pressupunham "uma proposta de educação para conhecimentos gerais", revelando a mentalidade característica da época ao fazer apologia de valores ocidentais cultivados pela classe média como a racionalidade e o senso comum (COSTA, 1995, p. 27).

De acordo com a análise de Gunning (1995), a temática educativa, quase enciclopédica, de forma a mapear o mundo visível (e consumível), se desenvolve paralelamente a uma outra temática: a das imagens que causam "sensações" ou "emoções" diversas, que podem ser caracterizadas, por exemplo, como "aberrantes" (como um elefante sendo eletrocutado), ou como "violentas" (uma locomotiva se aproximando do espectador em alta velocidade).

Nas palavras de Gunning (1995), esse "primeiro cinema" compreendia o mundo como

> [...] uma série de atrações [...] e os catálogos das primeiras produtoras de filmes apresenta[vam] um levantamento quase enciclopédico dessa nova topologia hipervisível, que cobre dos panoramas de paisagens às microfotografias, de cenas domésticas à decapitações de prisioneiros e à eletrocução de elefantes[6] (p. 58).

Os estudos do Primeiro Cinema – os primeiros 10 a 15 anos, anteriores ao enquadramento institucional do cinema e, ainda, os estudos de todo o período anterior, das imagens em movimento projetadas em sala escura, que remonta a meados do século XVII, com a generalização dos espetáculos de

---

[4] Gunning (1995, p. 55) chama "cinema de atrações" todo o cinema precedente ao domínio da narrativa, aproximadamente até 1904. Segundo ele, o termo "atrações", "refere-se, retrospectivamente, a uma tradição popular e, prospectivamente, a uma subversão de vanguarda. Essa tradição é a das feiras e a do carnaval, particularmente em seu desenvolvimento durante a virada do século nos modernos parques de diversão, como o Coney Island" .

[5] Sobre este assunto, ver: Herbert (2000. v. 1).

[6] Gunning (1995) se refere ao filme *Electrocuting an Elephant* (1903) de Edison.

lanterna mágica – abrem uma importante janela para se pensar o cinema (ou a linguagem audiovisual, mais especificamente) na educação.

Os primeiros filmes – que apareceram, inicialmente, como uma atividade artesanal, associados a outras formas de diversão populares, como feiras de atrações, circos, espetáculos de magia e de aberrações, ou integrados aos círculos científicos, reproduzindo, muitas vezes, o mesmo tipo de espetáculo proporcionado pelas exibições dos vários aparelhos ópticos populares na época – são cruciais para uma reflexão sobre os componentes formativos da cultura visual de massa que toma forma entre 1880 e 1890 no Ocidente.

Para pensar o cinema hoje, consideramos importante resgatar três momentos de sua história, que indicam elementos que devem fazer parte da reflexão sobre a linguagem do cinema e sobre o currículo escolar:

1. A história dos aparelhos ópticos do século XIX – tanto os de observação individualizada como o *zootrópio*, o *fenaquitoscópio* e, depois, o *mutoscópio* e o *kinetoscópio*, quanto os de fruição coletiva, como as lanternas mágicas – a partir da contextualização da sua invenção e utilização. Tal resgate nos permite evidenciar duas de suas qualidades: a) a capacidade de transparecer a sua estrutura de funcionamento, e b) a capacidade de fornecer ao observador imagens ilusórias, seja a partir do movimento, seja a partir da profundidade. Baseados na análise de Crary (1994), denominamos essas qualidades de "visibilidade" e "fantasmagoria".

2. Os anos iniciais do cinema, o chamado "primeiro cinema", e a forma do filme – pensar o tipo de experiência que esses filmes representavam em sua época –, muito influenciados pelos espetáculos de variedades onde eram apresentados esses aparelhos ópticos, exibidos frequentemente nos *vaudevilles*, mas também levados às áreas mais afastadas dos centros urbanos por exibidores itinerantes – os denominados *showmen*, que alugavam salões e exibiam os filmes misturados a outras atrações, inclusive decidindo a ordem dos quadros e a maneira de exibi-los segundo as diferentes demandas do público. Muitas vezes, também, atuavam como narradores e/ou comentadores: na verdade os filmes eram recriados por esses apresentadores a cada vez que eram exibidos.

3. O desenvolvimento do cinema narrativo clássico que, através de sua linguagem 'construída', passou a dissimular seu funcionamento (distinto do processo em que coexistem *visibilidades* e *fantasmagorias*). Grifith respondeu ao desafio de integrar o cinema a cultura dominante. Flavia Costa (1995, p. 34) coloca a questão como: "a possibilidade de designar como domesticação este processo de integração do cinema a uma

cultura dominante e sua transformação em espetáculo de massa". A questão central é que o cinema narrativo desenvolvido pós-Grifith foi *uma* das possibilidades do cinema e a reflexão sobre isso é importante, porque nos leva à reflexão sobre outras possibilidades da linguagem cinematográfica.

Esses três momentos da história podem funcionar como uma alegoria do que compreendemos como fundamental para se pensar hoje o cinema em relação ao currículo escolar. Nesse sentido, a reflexão sobre as estratégias para o trabalho com o cinema na educação pode incorporar essas dimensões presentes no primeiro cinema, que devem ser recontextualizadas, a partir da pedagogia godardiana, para pensarmos a formação do espectador contemporâneo.

A experiência do cinema como arte – a pedagogia godardiana e a formação do espectador contemporâneo

Em 2009, o filme *Ressaca*, de Bruno Vianna, foi apresentado no Colégio de Aplicação da UFRJ com propósito explicitamente pedagógico, por possibilitar explorar elementos da referida pedagogia godardiana. Trata-se do primeiro longa metragem produzido no Brasil para ser exibido com performance de edição ao vivo do próprio diretor, em uma interface desenvolvida especialmente para o filme, e com execução de trilha sonora, também ao vivo, pelo compositor. O filme possibilitou uma experiência bastante interessante de cinema, que tem sido denominada *Live Cinema* – Cinema ao Vivo, performances audiovisuais em "tempo real", em que a produção e/ou edição das imagens e sons se dão simultaneamente ao tempo vivido pelo espectador – desenvolvida inicialmente nos ambientes de clubes e festas com DJs e VJs, que, em tempo real manipulam imagens videográficas e computadorizadas ao ritmo das músicas.

Machado (1997), em seu livro *Pré-cinemas e pós-cinemas*, defendendo a ideia de tratar do período fundador do cinema em conjunto com as manifestações midiáticas contemporâneas (daquele momento, anos 1990), explica:

> [...] quanto mais fundo eu mergulhava [...] nas atuais mídias eletrônicas e digitais, mais claramente podia verificar que grande parte desses recursos retomava, recuperava, ou fazia ecoar atitudes retóricas e tecnológicas já antes experimentadas nas formas pré-cinematográficas e no cinema dos primeiros tempos [...] (MACHADO, 1997, p. 9).

De fato, constatamos que a experiência do *live cinema* nos remete ao primeiro cinema, nas montagens diferenciadas a cada exibição, a reinvenção do filme a cada exibição, por um lado, e também à certa "transparência" da forma narrativa. Na verdade, a visibilidade de sua construção, como um jogo em que as peças são montadas na hora, de acordo com a intenção do momento ou com determinado "tipo de público".

Por outro lado, ela nos remete também à reflexão sobre as relações entre a arte e a tecnologia: o artista como aquele que deve explorar ao máximo as potencialidades da tecnologia. Essa é uma das formas de pensar o cinema na escola: explorar as tecnologias da imagem e a experimentação e a fruição da linguagem audiovisual na produção de sentido. A apropriação que a arte faz do aparato tecnológico que lhe é contemporânea é um processo inevitavelmente pleno de tensões e contradições. Com efeito, as tecnologias sempre são desenvolvidas segundo os princípios da produtividade e da racionalidade na lógica da expansão capitalista. O artista, potencialmente, é aquele que reinventa o aparato, explorando novas utilizações, ressignificando-o.

Os olhares da criança e do jovem são passíveis de estarem abertos às novas possibilidades e ressignificações na arte. Porém, o fato de que a cultura encontra-se saturada pelas ideologias e formas estéticas dominantes exige de fato uma pedagogia deliberada que possibilite o seu estranhamento e problematização, sem os quais a sua fruição é incapaz de romper (ou problematizar) as mencionadas ideologias e formas estéticas. É um processo dialético. Conforme Duarte Junior (1981, p. 97), "O homem utiliza a linguagem para ordenar e significar o mundo, mas ela condiciona sua percepção e seu pensamento. E, ainda, construindo a cultura, o homem é por ela constituído". Por isso, o olhar do espectador precisa ser trabalhado, a partir do conhecimento e do reconhecimento dos elementos estéticos e da experimentação de novas possibilidades de criação, mediados pelo conhecimento histórico-crítico.

No mesmo sentido, torna-se importante conhecer os dispositivos ópticos que deram origem ao cinema, refletindo sobre sua função social na formação do observador da modernidade. Cabe considerar, simultaneamente, o jogo entre o real e o ilusório, entre as visibilidades e as fantasmagorias. Conhecer o funcionamento do cinema e compreender que ele veio a partir de pesquisas sobre o funcionamento do corpo, do cérebro, do olho, da imaginação. Refletir sobre o "movimento" intrínseco ao filme, sua criação, sua recriação.

A arte nos proporciona o conhecimento dos sentimentos, "mas ela amolda-os (educa-os) segundo determinados padrões e códigos simbólicos".

Assim, a experiência estética, primeiramente "pré-reflexiva", torna-se um objeto para a reflexão. "Completa-se, então, a dialética do conhecimento, entre o que é sentido e o que é pensado" (DUARTE JUNIOR, 1981, p. 97-98).

Da mesma forma, a fruição estética do cinema deve ser vivenciada, para além da apresentação de sua linguagem, nas suas diferentes formas de organizar imagens e sons e nas suas possíveis leituras. Segundo Godard (2006, p. 246), "há dois níveis de leitura em um filme: o visível e o invisível. O que você põe diante da câmera é o visível." Para o cineasta, "Os verdadeiros filmes, [...] são aqueles nos quais há uma espécie de invisível que só pode ser visto através daquele visível, e unicamente porque é agenciado ou orientado daquela maneira".

De fato, como nos apresenta Machado (2003):

> O que é captado pela câmera não é o mundo, mas uma determinada construção do mundo, justamente aquela que a câmera e outros aparatos tecnológicos estão programados para operar. A câmera exige, por exemplo, que se escolham fragmentos do campo visível (recorte do espaço pelo quadro da câmera e pela profundidade de campo, recorte do tempo pela duração do plano) e, portanto, que já se atribuam significados a certos aspectos do visível e não a outros. Deve-se também eleger um ponto de vista, que por sua vez organiza o real sob uma perspectiva deliberada (p. 67).

Como demonstrado por Aumont (1997, p. 24), nas chamadas "vistas" de Lumiére, pequenos filmes de um minuto exibidos na primeira sessão pública de cinema no Salon Indien du Grand Café em Paris, já havia "em germe [...] um caráter eminentemente fílmico, vinculado ao *quadro*", mais especificamente o que denominamos "enquadramento".[7]

O enquadramento, por um lado, limite de um campo de visão, de outro, "institui uma relação entre a posição da câmera e a do objeto" estabelecendo "uma superfície de contato imaginário entre essas duas zonas, a do filmado, a do que filma". Em outras palavras, é o quadro que institui um fora-de-campo, "lugar do potencial, do virtual, mas também do desaparecimento e do esvaecimento: lugar do futuro e do passado, bem antes de ser o do presente" (AUMONT, 1997, p. 25).

---

[7] A câmera dos irmãos Lumiére, cabe ressaltar, não tinha um visor como as atuais; era necessário abri-la para ver a imagem enquadrada no fundo, numa película anteriormente "velada", o que requeria inúmeros pequenos deslocamentos para ajustar o enquadramento. Mesmo assim, os enquadramentos de seus pequenos filmes (as "vistas") eram sempre interessantes, "eficaz[es] em relação ao tema filmado" (AUMONT, 1997, p. 24).

> No cinema em geral, no cinema hollywoodiano clássico, que ossificou essa estrutura, uma clivagem radical será estabelecida entre, por um lado, o que diz respeito à ficção e ao imaginário – o campo, o fora-de-campo, sua interação, o jogo narrativo e fantasmático, os efeitos de terror e de suspense – e, por outro, o que resulta da enunciação, do discurso – o quadro, o fora-de--quadro antes, como lugar jamais recuperável imaginariamente, lugar eminentemente simbólico onde se maquina a ficção, mas onde ela não penetra (p. 26).

As vistas de Lumiére sublinham a copresença daquele que filma e daquilo que é filmado – campo, fora-de-campo, antecampo permanecem permeáveis. Nesse sentido, os enquadramentos de Lumiére são sempre a "encarnação do ponto de vista".

> A vista Lumière é, assim, literalmente, o que se vê a partir desse ponto, o que mostra de visível o ponto escolhido, o exercício da visão (do olhar) a partir desse ponto. *Vista* e *vista*, filme e percepção visual, o jogo de palavras é menos tolo do que parece, e é com a visão que a estética da vista Lumiére tem relação (p. 27).

A história do cinema é a história da representação, portanto do visível. Quando Godard se referiu a Lumiére como o "último pintor impressionista" em *A Chinesa* (1967) por meio do personagem interpretado por Jean Pierre Léaud, não se trava da escolha de temas ou referências pictóricas desse momento da arte ou da aparência das imagens produzidas pelo cinematógrafo, como constatou Aumont (1997). Referia-se à possibilidade do movimento das imagens, à reprodução dos efeitos da realidade, em que o "fugidio" fora enfim fixado.

Conforme ressaltado por Aumont (1997, p. 21), Georges Méliès, um dos primeiros espectadores de uma das vistas Lumiére – *Le Repas de Bébé* (1896) – observou especificamente que "no fundo da imagem há árvores, e, que maravilha!, o vento agita as folhas dessas árvores".

> Em outra parte, serão a fumaça – as das *Brûleuses d'Herbe*, tão notadas –, a neblina, vapores, reflexos, respingo das ondas, tão perturbadores que ocultarão quase todo o resto [...]. Como se, nas vistas Lumière, o ar, a água, a luz se tornassem palpáveis, infinitamente presentes (p. 21).

O que interessava a Lumière era "o extraordinário no ordinário", afirmou Godard em discurso na inauguração de uma retrospectiva Lumière organizada por Henri Langlois em 1966 (p. 15).

Nas vistas de Lumière, a profundidade de campo, "os efeitos de textura, a ilimitação do espaço e, de modo mais geral, a reprodução eficaz de todas as invariantes da percepção" concorrem para o passeio do nosso olhar, que "se perde e se dissolve, se exerce em um campo". Lumière trabalha "dois problemas que pertencem de pleno direito à reflexão pictórica, e à pintura simplesmente. Esses dois problemas – o dos efeitos de realidade e o do quadro – estão ligados um ao outro e de modo muito particular – no momento em que Lumière se apropria deles – à questão mais geral da *liberação do olhar* no século XIX (p. 28).

Algumas considerações finais

Machado (1997, p. 24) já ressaltara anteriormente que "A história efetiva do cinema deu preferência à ilusão em detrimento do descerramento, à regressão onírica em detrimento da consciência analítica, à impressão de realidade em detrimento da transgressão do real". Assim, o que hoje chamamos de *linguagem do cinema*, na verdade, é o resultado de opções estéticas e de pressões econômicas.

Conforme o próprio Godard explicita em *JLG/JLG: Autoportrait de Decémbre* (1994, p. 16-18):

> Pois existe a regra e existe a exceção. Existe a cultura, que é a regra, e existe a exceção, que é a arte. Todos falam a regra, computadores, camisetas, televisão, ninguém fala a exceção, ela não se fala. Ela se escreve, Flaubert, Dostoevsky, se compõe, Gershwin, Mozart, se pinta, Cézanne, Vermeer, se registra Antonioni, Vigo. Ou é vivida [...].[8]

A regra quer a morte da exceção,[9] conclui Godard em *JLG/JLG: Autoportrait de Decémbre* (1994). Frente ao *apassivamento* desejado pela indústria cultural, torna-se imprescindível a formação de sujeitos críticos por meio do conhecimento das linguagens, das formas de produção, leitura e de apropriação dos meios de comunicação audiovisuais, sobretudo na experimentação artística que não se ensina, mas se vivencia – "o ensino se ocupa da regra, a arte deve ocupar um lugar de exceção" (BERGALA, 2002, p. 20).

Segundo Hernandez (2000)

---

[8] *"Car il y a la règle et il y a l'exception. Il y a la culture qui est la règle, et il y a l'exception, qui est de l'art. Tous disent la règle, ordinateur, T-shirts, télévision, personne ne dit l'exception, cela ne se dit pas. Cela s'écrit, Flaubert, Dostoïevski, cela se compose, Gershwin, Mozart, cela se peint, Cézanne, Vermeer, cela s'enregistre, Antonioni, Vigo. Ou cela se vit, [...]"* (GODARD, 1994).

[9] *"Il est de la règle que vouloir la mort de l'exception"* (GODARD, 1994, p. 19).

[...] pensar nos alunos mais do que como consumidores de imagens que devam aprender a decompor em elementos de linguagem (como se as imagens fossem um texto cujo significado se interpretasse analisando os morfemas e os grafemas) ou de produtores artesanais de algumas imagens que hoje podem ser elaboradas com maior diversidade e qualidade a partir das possibilidades oferecidas pelos novos suportes tecnológicos (p. 27).

Numa perspectiva crítica da experiência com o cinema na educação, seja na fruição compartilhada de filmes, na apresentação da(s) história(s) do cinema, na criação de imagens e sons, ou na análise estética e política de filmes com as crianças e os jovens, compreendemos como crucial a definição de estratégias para que os educadores intensifiquem a presença da fruição artística e da análise e elaboração estética na educação básica. O pragmatismo e o utilitarismo que marcam as políticas educacionais esvaziam o projeto de escola unitária capaz de uma formação omnilateral, nos domínios da arte, da ciência, da tecnologia, dos estudos histórico-sociais, e nas linguagens. O debate curricular, no campo do cinema e educação, nesse sentido, pode ser parte dessa estratégia, sustentando que todos os humanos são intelectuais (Gramsci) e construtores da cultura.

As conquistas obtidas por Griffith e por seus contemporâneos foram tão eficazes para a nascente indústria cinematográfica, implantaram-se com tal poder para as gerações posteriores e se estratificaram tão solidamente no seio da cinematografia que é difícil deixar de encará-las hoje como *naturais*, assim como é difícil imaginar como poderia ser praticado diferentemente, segundo uma gramática diversa. No entanto, poderia. E de fato pôde [...] (MACHADO, 1997, p. 191).

É o que constatamos com os diversos movimentos ao longo desses 100 anos, como o das Escolas Soviéticas, a *Nouvelle-Vague* francesa, o *underground* americano ou os cinemas novos. Também nos movimentos experimentais do cinema de animação, a exemplo da obra do animador canadense experimentalista dos anos 1960, Normam McLaren, que recriou, por exemplo, o efeito das cronofotografias de Marey.

Godard tem plena consciência disso. Conforme destaca Leandro (2001, p. 65) sobre *Prénom Carmen*, segundo o personagem "Oncle Jean" (o próprio cineasta como tio de Carmen), "no cinema, como na pintura, é preciso procurar, pesquisar, inventar sempre. Mas as novas gerações, de costas para Méliès e de frente para Hollywood, perderam o dom da procura e da invenção".

Em *Deux fois cinquante ans de cinéma français* (1995), documentário de Jean-Luc Godard e Anne-Marie Miéville, ao entrevistar o ator Michel Piccoli, que presidia a Associação do Primeiro Século do Cinema, entidade oficial que foi responsável pelas festividades relativas aos 100 anos de cinema na França, Godard questionava o entrevistado sobre que lugar de fato ocupava o cinema naquele momento na França e sugeria que, em vez de se celebrarem os 100 anos de cinema com a exibição comercial de filmes, a programação dos canais de televisão fosse preenchida diariamente com filmes restaurados de Lumière, Méliès ou Alain Resnais.

Seria, portanto, o caso de, ao contrário de insistir em seguir a corrente das imagens hegemônicas, dar a ver aos jovens, e ao público em geral, uma parte da história, ou da(s) histórias(s), do cinema, ampliando seu repertório audiovisual e possibilitando, por meio da vivência estética da criação, arrebatamentos, encantamentos, aprendizagens, enfim, outros olhares.

Assim, pensar o cinema hoje na escola, como uma experiência crítica, de fruição e produção artística e de formação estética audiovisual, deve ser uma experiência, em sua essência, godardiana, de criação artística, de *reinvenção do(s) cinema(s)*.

Referências

AUMONT, J. *El ojo interminable. Cine y pintura*. Barcelona: Paidós, 1997.

BERGALA, A. L'Hypothèse Cinéma. Paris: Cahiers du Cinéma, 2002.

BENJAMIN, W. A obra de arte na era de sua reprodutibilidade técnica In: BENJAMIN, W. *Magia e técnica, arte e política: ensaios sobre literatura e história da cultura. Obras Escolhidas*. 2. ed. São Paulo: Brasiliense, 1986. v. 1.

COSTA, F. C. *O primeiro cinema*. São Paulo: Scritta, 1995.

COUTINHO, M. A. *Escrever com a câmera: a literatura cinematográfica de Jean-Luc Godard*. Belo Horizonte: Crisálida, 2010.

CRARY, J. *L'art de L'Observateur: Vision et Modernité au XIX Siécle*. Nîmes: Jacqueline Chambon, 1994.

DANEY, S. O aterrorisado (pedagogia godardiana). In: DANEY, S. *A rampa. Cahiers du Cinéma*, 1970-1982. São Paulo: Cosac Naify, 2007.

DUARTE JUNIOR, J. F. *Fundamentos estéticos da educação*. São Paulo: Cortez; Autores Associados; [Uberlândia, MG]; Universidade de Uberlândia, 1981. Coleção Educação Contemporânea.

DUBOIS, P. *Cinema, vídeo, Godard*. Tradução de Mateus Araújo Silva. São Paulo: Cosac Naify, 2004.

FAVARETTO, C. Prefácio. In: SETTON, M. G. J. (Org.) *A cultura da mídia na escola: ensaios sobre cinema e educação*. São Paulo: Annablume, 2004.

GODARD, J-L. *JLG/JLG*. Paris: POL, 1996.

GODARD, J-L. *Introdução a uma verdadeira história do cinema*. São Paulo: Martins Fontes, 1989.

GODARD, J-L. Você quer fazer cinema? Pegue uma câmera! In: TIRARD, L. *Grandes diretores de cinema*. Rio de Janeiro: Nova Fronteira, 2006.

GUNNING, T. Uma estética do espanto: O cinema das origens e o espectador (in)crédulo. *Imagens*, São Paulo, n. 5, ago./dez. 1995. [1989] [publicado originalmente em Art & Text 34, p. 31-45, Spring 1989]

HAUSER, A. História Social da Arte e da Literatura. Tradução de Álvaro Cabral. São Paulo: Martins Fontes, 2003. [1995] – (Paideia) / 1ª ed. 1995 / Publicada originalmente em alemão em 1953.

HERBERT, Stephen. *A History of Early Film*. London: New York: Routledge, 2000. v. 1.

HERNÁNDEZ, F. *Cultura visual, mudança educativa e projeto de trabalho*. Tradução de Jussara Haubert Rodrigues. Porto Alegre: Artes Médicas Sul, 2000.

LEANDRO, A. Da imagem pedagógica à pedagogia da imagem. *Comunicação & Educação*, São Paulo, v. 21, p. 29- 36, maio/ago. 2001.

LEANDRO, A. Lições de Roteiro por JLG. *Educ. Soc.*, Campinas, v. 24, n. 83, p. 681-701, ago. 2003. Disponível em: <http://www.cedes.unicamp.br>. Acesso em: 2 maio 2013.

MACHADO, A. Apresentação. In: COSTA, F. C. *O primeiro cinema*. São Paulo: Scritta, 1995.

MACHADO, A. *Pré-cinemas e pós-cinemas*. Campinas, SP: Papirus, 1997. Coleção Campo Imagético.

MACHADO, A. O filme-ensaio. *Concinnitas*, Rio de Janeiro, v. 4, n. 5, p. 63-75, 2003.

MACHADO, A. *Arte e mídia*. Rio de Janeiro: Jorge Zahar, 2008.

MARIE, M. *A Nouvelle Vague e Godard*. Campinas, SP: Papirus, 2011. Coleção Campo Imagético.

Godard e a infância:
uma aproximação possível?

Clarissa Nanchery
Regina Barra

> *Há duas maneiras de começar a fazer um filme. [...]. A minha é diferente. Começo tendo uma espécie de sentimento abstrato por alguma coisa que não compreendo bem e, o fato de ir filmar me faz verificar do que se trata, sob o risco de recuar ou mudar enormemente as coisas.*
>
> JEAN-LUC GODARD

Numa anedota bastante elucidativa, Jean-Luc Godard conta que, quando era criança, costumava ouvir dos adultos algo como: "Ei, menino, pare de inventar histórias!" e então, adulto, o criticam dizendo: "Puxa, Sr. Godard, esse filme não faz muito sentido, você não pode se esforçar para contar uma história? Ninguém está entendendo nada" (informação verbal).[1]

Desde seu primeiro longa-metragem, *Acossado* (1959), Godard se colocou contrário a um fluxo narrativo reconfortante. Para ele, o cinema pode fazer melhor do que contar histórias dentro do regime lógico de um roteiro: o cinema é um instrumento para interpretar e analisar a realidade com liberdade. Este ponto é fundamental para pensarmos qualquer questão sobre a obra dele. Godard busca uma associação de ideias que não seria possível sem o cinema, porque o tem como a própria expressão da liberdade. Está interessado justamente no que escapa, na revelia das imagens e dos sons que realiza. Para ele, "os verdadeiros

---

[1] Comentários do professor Luc Vancheri, na Universidade Lyon 2, em debate sobre o filme *Passion*, de Godard, em 24 de abril de 2012, na Cinemateca do MAM – Rio de Janeiro.

filmes são aqueles nos quais há uma espécie de invisível que só pode ser visto através daquele visível [...]".[2] Aborda as contradições e ambiguidades, o que é próprio do cinema moderno vanguardista que constrói ao longo de toda sua atuação.

E o que faria Godard dentro de uma grade televisiva, onde o espaço para liberdade é, no mínimo, discutível? Questioná-la, expor a sua fragilidade até se aproximar de uma antitelevisão. Como se sabe, o cineasta viveu uma fase videográfica fundamental em sua obra com a parceria de Anne-Marie Miéville a partir de 1974, quando criam a produtora independente de vídeos *SonImage*. Nesse período, a dupla incorpora o dispositivo técnico que o vídeo oferece, utilizando-o como corpo-linguagem dos filmes *Ici et ailleurs* (1974), *Número deux* (1975), *Comment ça va* (1976), nos quais dispõe um tratamento eletrônico da imagem e das possibilidades do vídeo e reflete sobre isso na forma e no contexto do filme. Já em 1976, começa um ciclo de séries para a televisão e, como comenta Philippe Dubois, dá a impressão de abandonar o cinema e passar para o lado do "inimigo" (DUBOIS, 2004, p. 298). O próprio Godard esclarece: "Utilizar o vídeo como alguém de cinema e utilizar o cinema como alguém de televisão é fazer uma televisão que não existe, e um cinema que não existe mais. As pessoas de cinema recusam absolutamente o vídeo. A vantagem [do vídeo] é que a imagem que se faz nós a vemos antes de fazê-la; e decidimos ou não se vamos reivindicá-la" (GODARD apud DUBOIS, 2004, p. 298).[3]

É nessa época que Godard escreve e dirige uma série para a então TV pública Antenne 2: *France/tour/detour/deux/enfants*, que também foi codirigida com Anne-Marie Miéville, através do Institut National de l'Audiovisuel (INA). Os episódios filmados foram exibidos entre 1977/1978 e retratam diversos momentos do dia de uma menina, Camille Virolleaud, e de um menino, Arnaud Martin, ambos com cerca de 10 anos de idade, observados pelo olhar e pelas questões de Godard, que os entrevista a fim de realizar uma busca filosófica sobre diversos aspectos da humanidade. Os cenários são espaços cotidianos frequentados por essas crianças – suas casas, escolas, ruas comuns. De Godard, apenas ouvimos suas perguntas; ele se faz presente enquanto voz *off* de um repórter, está fora de campo, mas sua voz é manifesta no espaço visível. É, na verdade, um personagem que não aparece, Robert Linard, que é questionado por outros jornalistas

---

[2] In: *Grandes Diretores de Cinema*. Rio de Janeiro: Nova Fronteira, 2006, p. 246. Entrevista concedida a Laurent Tirard.

[3] Godard, em entrevista ao jornal *Le Monde*, 30 de março de 1980.

por causa das entrevistas realizadas com as crianças no final do programa. Como não há o campo/contracampo entre entrevistado e entrevistador, paira uma sensação sombria e misteriosa sobre esse repórter inserido no jogo entre ficção e realidade.

A série corresponde ao período mais poético-filosófico do cineasta, fase multirreferencial, com propósitos que vão além dos filmes políticos (sobretudo os da fase do grupo Dziga Vertov), embora as questões políticas sempre se fizessem presentes. Estamos na fase videográfica em que Godard explora enfaticamente a possibilidade de criação por meio da montagem "vertical", rejeitando ainda mais a narrativa clássica que se detém numa montagem "horizontal", com encadeamentos de fatos e *performances* lado a lado. Traz associações de ideias e planos que, a princípio, seriam incompatíveis. Dziga Vertov já enfatizava a importância dessa montagem "vertical" no cinema, defendendo que o critério de ligação entre imagens ultrapassava o ato de contar histórias, devido ao seu potencial para desvelar ritmos e formas do cotidiano.

Godard busca justamente essa redescoberta das formas do cotidiano. Em *France/tour/detour/deux/enfants*, além de percorrer ambientes e pessoas comuns, estabelece especialmente um contato direto e provocativo com a educação. A série é livremente inspirada no livro *Le Tour de la France par Deux Enfants*, de Augustine Fouillée. Publicado em 1877, o livro funcionou como uma cartilha na França até a década de 1950, originalmente usado para alfabetizar crianças nas escolas da Terceira República. Sua abordagem patriota priorizava a educação cívica, geográfica, científica, histórica e moral da juventude, numa época em que a França também estava se preparando para reconquistar a Alsácia-Lorena. Cada capítulo começa com uma máxima e está organizado em torno de um tema, trazendo respostas simples a perguntas espontâneas das crianças.

Encontramos uma esquematização bastante similar na série para TV criada por Godard e Miéville (1977/1978). A cada programa, um tema e uma disciplina guiam a conversa que Godard irá estabelecer com Camille ou Arnaud, embora tal organização apareça aqui de forma bastante irônica e por si só questionadora. Assim, vemos em sucessão: 1º movimento: escuro/química; 2º movimento: luz/física; 3º movimento: conhecido/geografia/geometria; 4º movimento: desconhecido/técnica; 5º movimento: impressão/ditado; 6º movimento: expressão/francês; 7º movimento: violência/estupro/gramática; 8º movimento: desordem/cálculo; 9º movimento: poder/música; 10º movimento: romance/economia; 11º movimento: todos/realidade/lógica; 12º movimento: sonho/sozinho.

Ainda que haja uma diversificação de temas, existe uma série de procedimentos que se repetem, e aparecem como "rima" na obra. Além da forma mais básica do uso de vinheta (neste caso, duas vinhetas cujas imagens alternam as duas crianças com a câmera ou capturando áudio, assim como a canção de abertura), uma rima recorrente é o uso da desaceleração da velocidade da imagem. Com esta técnica, as imagens do cotidiano das crianças são desconstruídas e ressaltadas, cada gesto ganha um novo sentido e a imagem torna-se ainda mais profunda, o que é enfatizado pela narração que acompanha a cena: "desacelerar, se decompor". Segundo Dubois (2004, p. 297), esse ato de decompor significa reencontrar a força do ver, para transformar de novo o ato de olhar um acontecimento, para ver se ainda podemos construir sentidos através de imagens. E o que encontramos? Talvez uma observação mais atenta e valorosa com relação à espontaneidade dos gestos da criança.

As intervenções dos dois jornalistas que se revezam e analisam o material produzido por Robert Linard (Godard) são iniciadas exatamente do mesmo jeito nos 12 programas da série. Trata-se de um texto idêntico que é dramatizado por um ou outro e eles repetem, sobretudo, uma frase de efeito: "Eu acho que... eu acho que agora seria preciso uma história...", com um tom bastante irônico. Entre alguns outros procedimentos que funcionam como rimas, o que finaliza cada programa expõe uma crítica direta ao funcionamento da TV. O modo de atuar é o mesmo, embora o texto seja diferente. A exemplo, no 8º movimento, a jornalista comenta: "Bom, é hora da propaganda." A isto, seu colega de trabalho responde: "Por que *a hora*". "Isso é uma outra história." E assim, depois de uma pergunta que merecia ser problematizada, terminam todos os programas, deixando-o em aberto: "Isso é uma outra história".

De certa forma, é através desses procedimentos-rima que Godard se aproxima da linguagem televisiva. De fato, estava fazendo uma série de TV: série estruturada, formatação *standard*, enunciação televisiva clássica por meio de apresentação, entrevistas, comentários, reportagens paralelas. Mas sua postura é exagerada, repete de forma exaustiva, evidencia assim seu caráter redundante e reducionista. Há, portanto, e de forma declarada, uma crítica à televisão dentro da própria televisão. O caráter funcional da TV e seus encadeamentos lógicos com pretensões objetivas são afrontados. Põe-se em evidência que, se os repórteres de uma TV fossem questionados pela sociedade e entrassem em detalhes de perguntas, gastar-se-ia muito mais tempo, o repórter tentaria fugir e responder rápido, mas ousando, nessa sociedade idealizada, as TVs teriam estudado um pouco mais as coisas.

Godard pretende gastar esse tempo da televisão para fazer pensar. Ao entrevistar Camille e Arnaud, traz a hesitação, a gagueira com que as crianças se pronunciam diante das questões filosóficas que lhes são postas. Um intervalo de tempo que, em qualquer outro tipo de programação televisiva, seria considerado morto, mas que reflete justamente a dificuldade de se responder a duras questões sobre a sociedade: o capitalismo, a luta de classes, a existência, a revolução. Há a cessão do tempo para a criança dizer "eu não sei, nunca me fiz essa pergunta antes". E como eles nem sempre trazem uma resposta reflexiva, Gordad – no papel de entrevistador – quase rompe os limites da paciência das crianças em busca de uma resposta que as faça pensar. Enquanto isto não acontece, ele não se dá por satisfeito e insiste. Essa pedagogia da insistência está declarada e justificada logo no segundo programa da série, quando um dos personagens/jornalistas fala: "Acho que dirigir a palavra a alguém pode demandar uma coragem extraordinária".

A coragem com que Camille e Arnaud se colocam diante de Godard é notável. O cineasta invade o quarto, o horário de dormir, a escola, o recreio, o jantar das duas crianças a ponto de incomodá-las. Ele é intransigente e exaustivo e elas devem se manter atentas e responsáveis; afinal, houve um acordo e ambos estão sendo pagos por esse trabalho. A questão inclusive é pautada em uma das entrevistas. Mas nessa intransigência há um jogo de linguagem e raciocínio que permite despontar a genialidade das associações. Quando Robert pergunta a Camille se ela tem uma existência, se a imagem do seu reflexo no espelho tem existência ou se a imagem que sua mãe faz dela tem existência, a menina conclui dizendo que ela pode ter várias existências. Há também certo conflito nesse jogo de perguntas e respostas que desestabilizam o encadeamento crítico com que Godard direciona suas perguntas. Quando ele pergunta a quem serve aprender inglês, se isso serve a ela ou aos ingleses, suscitando a ideia de dominação, Camille o despreza dizendo que serve a ela, porque saberá falar inglês, e aos ingleses, porque a entenderão.

Godard entra como um clandestino na escola

France/tour/detour/deux/enfants traz também uma intervenção indiscreta de Godard dentro do espaço escolar. A câmera, enquadrando Arnaud e alguns de seus colegas em aula, capta um momento de distração do menino e, logo em seguida, ele é escolhido pela professora para ler um trecho do livro que está sendo trabalhado. O menino gagueja, está disperso e desinteressado. Expõe um dia a dia com as imperfeições do processo da aprendizagem, absolutamente normal no contexto professor-aluno, mas desconfortável para um programa de TV. A partir do momento em que é televisionado, o fato ganha novas dimensões. Nesse episódio, a narração que acompanha a imagem da sala de aula indica a sua intenção: "Quando a mãe assistir a seu filho na TV, o universo na escola será muito mais impressionante que o da televisão".

Em outro episódio, Godard está junto com Camille quando ela, supostamente, está sofrendo um castigo por ter errado um exercício enquanto estava conversando. Em tempos atuais, isso nos parece absurdo. Na década de 1970, não. Ela está copiando a frase: "Não devo conversar enquanto estou aprendendo", repetindo-a 10 vezes. Nesse momento, ela está sozinha em sala de aula, ou melhor, está com o entrevistador "fantasma" que a questiona: "Quando te dão um castigo, é uma cópia ou algo a ser inventado?" E a resposta: "É uma cópia". Evidentemente, estamos diante de uma crítica à improdutividade e violência com que se estabelecessem certos procedimentos escolares; ele parece querer trazer essa reflexão para a menina a fim de fazê-la questionar a educação que recebe e propõe a invenção no lugar da cópia.

Mais uma vez junto a Camille, Godard a entrevista no horário do recreio. Nas primeiras cenas, ela corre com as amigas e depois se concentra para conversar com o repórter ficcional, que parece bastante intrigado com a gritaria no pátio da escola: "por que as crianças gritam?", ao que Camille responde com simplicidade "porque estão brincando". A brincadeira é a liberdade e o grito, assim como a arte, o romance e a pintura são entendidos como um grito do coração, por Godard. Aqui, Camille é questionada, porque não há a presença de pais e outros adultos na escola; se isso é proibido, e ela entende que sim, é proibido. Para ela, os pais não estão interessados em ver crianças correndo, brincando e gritando. Mas Godard está. Quer observá-la como um clandestino, ressaltando que o acontecimento permanece velado em termos de escola, mas cuja vitalidade deveria ser assistida por todos.

Num dos últimos episódios, Godard e Arnaud conversam sobre saber-poder. O entrevistador traz a mitologia, retomando o canto da sereia que determina poder sobre os homens, e pergunta: "Você acha que mais alguém pode tomar o poder através do som?". Arnaud não sabe bem o que responder, mas parece entender a associação quando Godard finaliza: "Não é uma *sirene* que te chama para a escola?" Em francês, a palavra *sirène* significa tanto *sirene* quanto *sereia*. A tensão que esse raciocínio causa ao menino, essa descoberta, é estendida também ao espectador – ficamos todos refletindo sobre isso.

Nessa mesma entrevista, o cineasta vai à etimologia das palavras. Ele está de fato ensinando, mas o faz por meio de perguntas e associações livres. Quando analisa junto ao menino o significado do verbo *aprendre* (aprender), chega ao verbo *prendre* (tomar) e assim pensam sobre tomar o poder através do que se aprende. Não há respostas conclusivas – o pensamento está no ar à revelia da obra, com efeitos incontroláveis.

Com essa série, Godard nos intriga a respeito de qual seria a sua relação com a infância, o que pretendia conhecer com ela ou fazê-la aprender. Queria redescobrir o mundo sob o ponto de vista das crianças? Como se torna possível o diálogo entre elas e um artista revolucionário? Por que escolher uma menina e um menino para responderem a questões tão complexas e expô-las a uma série de situações constrangedoras, como no episódio em que oferece e mostra a Arnaud um milhão de dólares e ele pergunta como o utilizaria. Voltamos ao ponto inicial: a liberdade godardiana. Essas situações incomodam a adultos moralizados, cheios de limitações acerca da relação com a criança, do que apresentar a eles e do que os proteger. Talvez Godard sinta-se livre para questionar Camille e Arnaud, porque sua maneira de agir no mundo através de seus filmes seja espontânea, assim como uma criança, irreverente no que diz respeito aos valores.

Godard entra na Escola de Cinema CINEAD do CAp-UFRJ

Ao realizar aulas de cinema, de alguma forma, a obra godardiana se faz sempre presente. Não conseguimos percorrer a história e os gestos cinematográficos sem falar de um cineasta reconhecido por um cinema vanguardista, polêmico e revolucionário, que tomou como temas e assumiu como forma, de maneira provocadora, os dilemas, as contradições humanas e a modernidade. O cineasta é observado pelas inovações estéticas, a utilização da câmera na mão, a criação da *Nouvelle Vague*, a ruptura com o cinema clássico, a construção de um pensamento cinematográfico, o cinema de autor. Todos esses temas serão interessantes a qualquer pessoa que queira trabalhar com o cinema de maneira questionadora e enquanto arte revolucionária.

Trabalhar com Godard numa escola de cinema de ensino básico nos traz o desafio de apresentá-lo na sua complexidade, tendo uma abordagem palatável, que não seja hermética e, ao mesmo tempo, difundir um estilo de choque dentro da escola. Falamos de um projeto que engloba alunos do 6º ano do ensino fundamental até o 2º ano do ensino médio. O Cinema para aprender e desaprender (CINEAD) entra no Colégio de Aplicação da UFRJ como um estranho que se instala querendo interagir com turmas diferentes, experimentando com eles na prática. A faixa etária média varia entre 11 e 17 anos. O "aceitável" para certa idade pode não ser para a outra, o que faz com que as escolhas do *passeur* sejam ainda mais desafiadoras. É nesse momento que temos de ser "um pouco Godard", com todas as pretensões que isso possa sugerir. Descortinamos algumas regras para mostrar e fazer arte, rompemos alguns valores e talvez reconstruímos outros. Aprendemos, com esse cineasta, maneiras de questionar o mundo. Estamos, assim, nos aproximando do que diz Godard em *Je vous salue, Sarajevo* (1993*)*:

> [...] pois existe uma regra e uma exceção. A cultura é a regra e arte a exceção. Todos falam a regra: cigarro, computador, camisetas, TV, turismo, guerra. Ninguém fala a exceção. Ela não é dita, é escrita: Flaubert, Dostoievski. É composta: Gershwin, Mozart. É pintada: Cézanne, Vermeer. É filmada: Antonioni, Vigo ou é vivida e se torna a arte de viver (GODARD, 1993).

Na verdade, somos regra e exceção o tempo todo e certamente é isso que torna o trabalho na Escola de Cinema mais interessante. A aceitação formal, o confronto imediato, o comportamento esperado, o deslize, a inconstância, a revelia, tudo isso está a serviço de agir com, pelo e para o cinema na educação.

Esse trabalho vem sendo realizado desde 2008 no CAp-UFRJ e por diferentes *passeurs*. Godard já foi referenciado em diversas aulas e atividades, como no autorretrato realizado pelos alunos com a inspiração do filme *JLG/ JLG – Autoportrait de Décembre* (1994). A apresentação da obra dos cineastas é sempre realizada através de trechos de filmes (baseando-nos na pedagogia do trecho, de Alain Bergala), o cinema enquanto arte e criação autoral é trazido para dentro da escola como pílulas de possibilidades. O desafio, entretanto, permanece e é sempre motivador. No ano 2012, trouxemos justamente *France/tour/detour/deux/enfants*. Por se tratar de uma obra que explora a palavra e o texto de forma filosófica, pretendíamos conhecer o que pensam as crianças e os adolescentes ao assistirem ao material.

Na ocasião, com cerca de 10 alunos na aula, apresentamos ao grupo algumas informações sobre Godard e sobre a série que assistiriam e, ao final, houve uma conversa espontânea. Um programa dura 30 minutos, e exibimos um deles na íntegra, o 1º movimento: escuro/química, sobre a existência. Passados alguns minutos, notamos certo desconforto com relação ao conteúdo e ao formato do que estava sendo exibido. Alguns se dispersaram, outros permaneciam atentos, pareciam ter entrado no jogo do raciocínio que Godard estabelecia com Camille. Após a projeção do episódio, o silêncio. Ninguém parecia muito satisfeito. Talvez estivessem um pouco sonolentos, mas mostravam-se pensativos. Interessava-nos ouvir opiniões e impressões sobre o que viram e ouviram e qual sensação tiveram. Conversamos sobre o que representa a televisão nos dias de hoje, sobre os programas a que assistem, fazendo ao mesmo tempo uma conexão em relação a essa produção de Godard e o que sentiram ao entrar em contato com ela. Várias questões surgiram, entre elas: O que é televisão para nós? Qual(is) a(s) relação(ões) que estabelecemos com a TV? O que gostamos de assistir? Esse tipo de programação passaria nos dias de hoje na televisão aberta do Brasil? Haveria pessoas interessadas em vê-la?

Notamos inicialmente uma recusa em comentarem sobre a TV aberta, talvez por um discurso pré-formatado. Diziam que assistiam a filmes e traziam como referência programas e séries de canais pagos. Posteriormente, alguém declarou: "ah, eu gosto de ver novela", e mais alguém: "eu assisto jornal, desenho animado", e programas de auditório.

De um modo geral, acharam que as pessoas não gostariam de assistir a esse tipo de programação proposta por Godard, adjetivando-a de "chata". "No máximo alguns adultos mais sérios se interessariam". Alguns consideraram que, se hoje fosse transmitida pela televisão, haveria uma grande queda nos índices de audiência, pois as pessoas querem "apenas rir e se informar com a TV". Aprofundando-se mais em relação ao filme, um dos alunos observou a insistência e repetição de algumas perguntas por parte do entrevistador. Para ele, Godard parecia uma figura perturbadora (e não é exatamente assim que o cineasta quer se mostrar ao mundo: um perturbador de ideias?). Outro aluno observou o comportamento da menina entrevistada, dizendo que ela demonstrava certo incômodo e às vezes seus olhos pareciam lacrimejar diante daquela provocação incansável do entrevistador. Notaram os espaços de silêncio que se criavam entre as perguntas formuladas por Godard e o tempo das respostas de Camille. Para eles, ela estava tentando entender e pensar numa resposta pertinente enquanto estava sendo filmada, o que deveria ser bem difícil para aquela menina.

No momento da exibição, todos ficaram extremamente perturbados com a cena da mulher grávida que aparece nua em cena intercalada com a entrevista. Foi notória certa excitação misturada à surpresa e vergonha de assistirem àquela cena juntos, meninas e meninos. Explicamos que, quando foi exibido, o programa não teve limitação da faixa etária, portanto não estávamos trabalhando com algo censurado a eles. Não se tratava de uma cena sensual, e sim da vida, da existência humana. Mas por que o nu é tão corrosivo? Então discutimos sobre as imagens extremamente sexualizadas que a TV aberta apresenta o tempo todo, sem nenhuma restrição. Eles não sabiam explicar exatamente por que se incomodaram tanto com a grávida, mas percebiam que há uma naturalização das cenas com caráter sexual que são exibidas diariamente e por isso não são tão chocantes. Godard é provocativo ao trazer cenas como essa (há várias cenas de nu ao longo da série) e evoca um dos tabus da televisão, mas o faz questionando uma série de fatores da sociedade que aparecem ironicamente como pano de fundo diante de uma imagem marcante.

De forma geral, os alunos consideraram *France/tour/detour/deux/enfants* extremamente diferente dos programas que estão acostumados a assistir na televisão e por isso não gostaram. Acham que se existissem mais invenções similares, talvez pudessem ter outra opinião e maneira de ver. A maioria dos programas de que gostam e a que assistem é de entretenimento – são divertidos e suaves. E chegaram a citar que, quando assistimos à televisão, não nos preocupamos em pensar. Os programas são produzidos segundo um ritmo intenso de aceleração e de quantidade de estímulos audiovisuais e, para eles, isso nos faz estar diante da TV, como se estivéssemos um pouco anestesiados, mobilizados pela velocidade de informações que nos atravessam os sentidos, não nos dando tempo para digerir e produzir um pensamento a respeito de uma notícia, de um comercial ou de um programa. Um dos alunos considerou que algumas imagens e sons chegam a nos afetar de maneira diferente, causando-nos algum incômodo, mas que geralmente não nos importamos com a intenção do que está sendo exibido, porque simplesmente não queremos pensar no conteúdo.

Diante dessa problemática cotidiana a que estamos expostos, Godard traz uma proposta diferente – fazendo uma televisão gravada como um documentário que "faz pensar", que abre espaço para o "vazio", para a reflexão, que provoca o pensamento, o conhecimento, a linguagem e as emoções na elaboração de uma resposta. Evoca a memória e a imaginação e nos coloca em ação diante das imagens. Somos também uma plateia clandestina, porque não estamos em cena, assim como Godard. Mas no momento em que assistimos àquelas entrevistas, pensamos juntos com Camille e Arnaud, buscamos respostas às mesmas perguntas de Godard, estamos presentes, inseridos nesse jogo de linguagens e buscas filosóficas, sem saber aonde chegar, mas estamos em ação.

Embora o obra godardiana não seja feita para crianças ou para ser exibida na escola, as inquietações dos seus filmes, os pensamentos em fragmentos descontínuos, as frases e desejos de seus personagens e as possibilidades de criação estão muito mais próximos da educação e da infância do que costumamos considerar. Questões das mais complexas são tratadas por Godard, como uma criança que brinca e descobre um brinquedo em suas mãos. O cinema e o audiovisual para ele são uma forma de rever o mundo, a educação, a televisão, a sociedade, os valores. E, certamente, por meio dessas provocações, sendo adultos ou não, aprendemos, no mínimo, a questionar.

Referências

ALMEIDA, J. (Org). *Grupo Dziga Vertov*. São Paulo: Witz, 2005.

BERGALA, A. *A hipótese-cinema: pequeno tratado de transmissão do cinema dentro e fora da escola*. Rio de Janeiro: Booklink; CINEAD/UFRJ, 2008.

BRUNO, G. (Augustine Fouillé). *Le Tour de la France par deux Enfants*. Paris: Libraire Classique Eugene Belin, 2000.

DUBOIS, P. *Cinema, vídeo, Godard*. São Paulo: Cosac Naify, 2004.

FRESQUET, A. *Imagens do desaprender*. Rio de Janeiro: Booklink; CINEAD-LISE-UFRJ, 2007.

GODARD, J-L. *Histoire(s) du Cinéma*. Paris: Gallimard, 2006.

MACHADO, A. *Pré-cinemas e pós-cinemas*. Campinas: Papirus, 2005.

PAPA, D. (Org.). *Nelson Pereira dos Santos. Uma cinematografia do Brasil. Rio 40 graus, 50 anos. Diretores Brasileiros*. Rio de Janeiro: Onze do Sete; CCBB; FCC-UFRJ, 2005.

TIRARD, L. *Grandes diretores de cinema*. Rio de Janeiro: Nova Fronteira, 2006.

Infância por infância:
autorretratos de setembro. Inspirações em *JLG/JLG: Autorretrato de dezembro*

Adriana Fresquet

Lettre à mes amis pour apprendre à faire du cinéma ensemble
Carta a meus amigos para aprendermos a fazer cinema juntos
Jean-Luc Godard[1]

Je joue	Eu brinco
Tu joues	Você brinca
Nous jouons	Nós brincamos
Au cinéma	De cinema
Tu crois qu'il y a	Você acredita que existe
Une règle du jeu	Uma regra do jogo
Parce que tu es un enfant	Porque você é uma criança
Qui ne sait pas encore	Que não sabe ainda
Que c'est un jeu et qu'il est	Que é um jogo e que é
Réservé aux grandes personnes	Reservado aos adultos
Dont tu fais déjà partie	Dos quais você já faz parte
Parce que tu as oublié	Porque você esqueceu
Que c'est un jeu d'enfants	Que é uma brincadeira de crianças
En quoi consiste-t-il	Em que ela consiste
Il y a plusieurs définitions	Existem várias definições
Se regarder	Olhar-se
Dans le miroir des autres	No espelho dos outros
Oublier et savoir	Esquecer e saber
Vite et lentement	Rápida e lentamente
Le monde	O mundo
Et soi-même	E a si-mesmo
Penser et parler	Pensar e falar
Drôle de jeu	Brincadeira engraçada
C'est la vie.	É a vida.

---

[1] Originalmente publicada em *Jean-Luc Godard par Jean-Luc Godard*, Tome 1, 1998, p. 298. Tradução de Mário Alves Coutinho.

Quando assisti a *JLG/JLG: Autorretrato de dezembro*, logo me perguntei: o que uma criança faria como autorretrato depois de assistir a um filme como esse? Depois, encontrei esse poema. Eu o desconhecia, mas o intuía. Consegui adivinhá-lo entre os fotogramas e as "duas ou três coisas que eu sei dele".[2] Assistindo ao filme, pude sentir cada uma das palavras do poema. Sem saber, ignorando, como dizem que fazem os mestres que não gostam de explicar, aventurei-me a fazer essa experiência com as crianças da Escola de Cinema do CAp UFRJ.

Cheia de perguntas e incertezas, mas animada com a ideia, decidi propor aos alunos (eram uns 12, entre 10 e 15 anos) assistir ao filme *JLG/JLG: Autorretrato de dezembro* para, depois, eles próprios criarem seu autorretrato, sem introduzir nenhuma explicação além desse pedido. Quando comentei com colegas e com alguns alunos bolsistas do projeto de pesquisa, recebi comentários desestimuladores. Inclusive, todos me alertaram sobre a falta de tempo que tínhamos no planejamento daquele ano (2010). Enfatizaram a falta de sentido que uma experiência como essa teria para uma criança ao assistir a um filme como aquele, sem contar com a impossibilidade que significaria tentar fazer algo semelhante. Ouvi, eles estavam certos, mas, de fato, esse não era meu objetivo: eu só queria saber que tipo de processo criativo inspiraria esse filme em um grupo de crianças ávidas de experiências de cinema. Decidi, então, que devia fazer algo que não tomasse tempo das aulas planejadas e que, ao mesmo tempo, me permitisse alguma forma de retorno da experiência, pelo menos com os alunos que se interessassem pela aventura. A proposta, assim, ficou para as férias de inverno. Um estudante levou uma câmera e uma cópia do filme. A única condição foi: "Assista ao filme e depois faça um autorretrato seu; assim que terminar, repasse para um colega", apenas isso.

* * *

Como escrever/filmar um autorretrato sendo criança? O único exemplo que passou pela minha mente foram as Memórias da Emília (2009), mas tinha certeza de que Monteiro Lobato não era uma criança quando as escreveu... Justamente, a ideia não era fazer uma autobiografia, e sim um autorretrato, algo assim como uma pintura de si, feita com imagens. Perguntava-me também se não haveria, quiçá, no estilo godardiano, aparentemente descontínuo, amarrado pela poesia, pela letra, pela mídia,

---

[2] Em alusão ao filme *Duas ou três coisas que eu sei dela* (Jean-Luc Godard, França, 1967).

na maioria das vezes, algo inerente à infância. Sentia como se Godard se antecipasse às nossas crianças sendo uma delas. Ele lê, escreve, copia; aleatoriamente, se apropria, brinca, abandona, retoma, ironiza, debocha... como uma criança.

Como Benjamin (2005) dissera, as crianças criam seu universo ao brincar com os restos do mundo adulto. E é desses restos que Godard (criança) cria seu universo lúdico no cinema: são os restos do farto mundo cultural que seus pais e avós lhe ofereceram, do que sobrou, que ele retalha e apropria, ajusta e edita na criação dos seus filmes. Godard escolhe "pintar filmando" (CANGI, 2009, p. 14), os escritores escolhem palavras, Godard e as crianças, fundamentalmente, imagens e sons articulados, como se fossem um quadro em movimento distante do que calam as palavras.

O que a Nouvelle Vague, particularmente Godard, trouxe como mais novo no cenário do cinema da época foi o fato de valorizar o caráter "pessoal", falar diretamente do que se pensava, se vivia, mesmo que projetado em outras vidas. Algo assim como falar de si filmando. A proposta com crianças quase adolescentes tinha apenas essa intenção: proporcionar uma experiência a partir da qual elas pudessem narrar-se por si próprias, usando imagem e som como linguagem, depois de assistir a um filme que faz isso de um modo tão específico (GODARD, 1989). Esta é mais uma possibilidade de autonarração, um invento ou um pretexto para criar na escola. Tinha também algo de exposição: todos estariam contando algo de si, de sua história, através das filmagens, que repassariam algumas páginas da vida de cada um. Uma espécie de sobrevoo histórico e geográfico de si. A regra tácita, mas que todos aprenderam por força da repetição nas aulas da escola de cinema, foi filmar o possível. Como afirma Godard, a única regra "que permite fazer diferente, isto é, fazer o que se pode, e não o que se quer; fazer o que se quer a partir do que se pode, fazer o que se quer com aquilo que se tem, e não sonhar o impossível" (GODARD, 1989, p. 20). Uma outra regra, ou critério básico que estamos habituados a aplicar, especialmente pela fundamentação bergaliana da proposta, é trabalhar tudo mentalmente primeiro. Justamente, para podermos ser flexíveis na hora de filmar, sempre atentos ao imprevisto, ao acontecimento, a se autorizar um modo mais aparentemente "improvisado". É nítida a inspiração godardiana de Alain Bergala quando enfatiza sua crítica sobre o uso do roteiro na escola, com crianças, no sentido da fidelidade a uma escrita acabada (BERGALA, 2006): "Sempre tomei notas, tentei organizar essas notas de maneira bastante simples, com princípio, meio e fim quando há uma história, ou com um tema que se desenvolve logicamente, procurando seguir certa lógica. E, depois, rememorá-lo mais ou menos como um músico tenta cantarolar a melodia" (GODARD, 1989, p. 33-34).

* * *

Podemos pensar no exercício proposto como uma aventura godardiana na escola, que parte de um modelo, de uma inspiração no próprio cinema, de uma "cópia, nunca fiel".[3]

> Sempre copiei frases. A primeira frase que tive de copiar foi "papai e mamãe", como todo mundo. E a história da cópia e da impressão é um assunto que me interessa. [...] Penso que há uma diferença entre "expressão", que é "pôr para fora" (basta retomar as coisas simples), "imprimir" que é "pôr para dentro"; e que há uma relação entre as duas coisas. E que o que permite comunicar-se é "repor para fora" algo que está "resposto para dentro" (GODARD, 1989, p. 36).

Embora oriunda do espaço escolar, eu não tinha certeza de que essa fosse de fato uma experiência de aprendizado. Para Godard, "efetivamente o cinema não se ensina, porque cinema não se aprende, como a literatura" (1989, p. 32). Tratava-se apenas de uma espécie de "cópia", ou melhor, de "repor para fora algo que está reposto para dentro". Nesse mesmo sentido, durante todo o tempo em contato com o processo criativo das crianças, tive a impressão de presenciar algo a que Rancière se refere quando fala da língua materna. É como se eles tivessem aprendido algo sobre o fazer filmes (imagens/sons) como se aprende o próprio idioma. O que ensinamos é outra coisa. É algo que se explica, que pressupõe hierarquias, saberes consumados, aprovados por cânones detentores de verdades. Mas a língua materna nos primeiros anos não se estuda, simplesmente se aprende. É como fazer imagens com uma câmera ou um celular. Isso dificilmente se aprende formalmente; aprende-se experimentando, fazendo, desafiando o desconhecido, surpreendendo-se com o outro numa relação lúdica de descoberta. É desse modo que as crianças, os jovens, criam. Não estão atentos a códigos de regras ou sintaxe nenhuma, mas elas existem, é claro, emergem e são descobertas no ato do fazer. Aparecem como problemas e indicam uma busca. Como disse Godard na epígrafe, há uma única regra. É uma regra que não se explica, que não se ensina, mas que se aprende, se descobre brincando, se inventa, no ato de fazer e ver cinema.

---

[3] Em alusão ao filme *Copie conforme* traduzido ao português como *Cópia fiel* (Abbas Kiarostami, França, 2010).

* * *

Penso que, neste trabalho, é importante fazer um destaque ainda em relação ao próprio filme *JLG/JLG*, de grande potência pedagógica, uma cena intensa, que já se tornou o *leitmotiv*[4] de todos os trabalhos de cinema e educação a partir da *Hipótese-cinema*:

> [...] existe a regra, / sim / existe / a exceção / sim / a regra / é a cultura / não / existe a cultura / que é a regra, / que forma parte da regra / existe a exceção / que pertence à arte / que forma parte da arte / Todos falam da regra / computadores, / t-shirts / televisão / turismo / guerra / [...] / ninguém fala da exceção / [...] / isso não se diz / Isso se escreve / Flaubert, não / Pushkin / Flaubert / Dostoievski / isso se compõe / Gershwin, Mozart, / isso se pinta / Cézanne, Vermeer / isso se filma / Antonioni, Vigo. / não / ou isso se vive / ou isso se vive / e então é a arte de viver / Srebrenica / Mostar / Sarajevo / sim, e / é a regra / querer a morte / da exceção / e é a regra / querer a morte / da exceção / não / isso é / não / é regra pois / da Europa / da cultura / a regra da Europa / da cultura / organiza a morte / da arte de viver / que ainda florescia / sob nossos pés [...] (GODARD, 2009, p. 44-46).

Quiçá na escola tenhamos uns dos cenários mais acabados para tensionar regra e exceção. Só é possível haver exceção se houver regra. A escola é o lugar da regra por excelência, o território onde aprendemos que há um outro que é sempre nosso primeiro limite e possibilidade. O outro legitima a regra e nos lança na busca da exceção. No cenário das regras da educação, as artes podem criar fissuras, permeá-la, preenchendo-a de vitalidade, cor, luz, som. Furar as regras é como furar um muro, tirar algo de sua opacidade, transparecendo uma parcela do que está além. Poderão as artes virar exceções da regra da cultura e do currículo, provocando, com o ato criativo, uma fissura nas rotinas espaçotemporais da escola? Podemos pensar a tensão entre arte e exceção como uma parte fundamental nos modos de aprender contemporâneos que nos levam a tensionar, também, como no cinema, as possibilidades de crer e duvidar do que vemos e aprendemos? (COMOLLI, 2008). Podemos, espelhando-nos na dificuldade de discriminar o ficcional do documental no cinema, propor a escola como espaço para aprender sem fender raciocínio, imaginação e afeto?

---

[4] Ou "motivo condutor"; frase melódica ou tema associado num drama musical a certa ideia, pessoa ou situação, e que acompanha cada reaparição destes.

* * *

Os autorretratos nos levaram a fazer algumas reflexões sobre o tempo no calendário. No livro do roteiro de *JLG/JLG: Autorretrato de dezembro*, a primeira nota de fim de texto aparece na palavra "frimário" escrita no caderno de notas:

> Segundo o calendário republicano francês, Godard situa o começo do poema JGL/JLG: Autorretrato de dezembro, entre novembro e dezembro (frimário[5]), no ocaso do outono e início do inverno em Genebra. Este calendário proposto durante a Revolução Francesa e empregado entre 1792 e 1806 tentava adaptar o calendário gregoriano ao sistema decimal e eliminar do mesmo as referências religiosas. Na periodização que se faz o poema, se realiza logo um movimento em retrocesso até o mês brumário[6] (outubro-novembro) primeiro e vindimário[7] (setembro-outubro) depois, ambos meses do outono. Logo continua com os correspondentes ao inverno, mas alterando sua ordem original. Pode-se aventurar uma relação entre os meses do calendário republicano francês, sua qualidade climática e os estados anímicos do processo de criação [...] (CANGI, 2009, p. 111).

Chama profundamente a atenção a coincidência da observação acerca da alteração do calendário que Agamben (2008) propõe no seu capítulo "O País dos Brinquedos: reflexões sobre a história e sobre o jogo", do livro *Infância e história*. Nele, refere-se ao episódio do romance de Collodi em que Pinóquio, após uma noite de viagem na garupa do burro falante, chega ao "País dos Brinquedos", cuja descrição é a de um universo onde só há jogo. E afirma que essa invasão da vida pelo jogo tem como imediata consequência uma mudança e uma aceleração do tempo, que naturalmente não deixa inalterado o calendário. Para o filósofo italiano, podemos levantar a hipótese de uma relação, ao mesmo tempo de correspondência e de oposição, entre o jogo e o rito, no sentido de que ambos mantêm um vínculo com o calendário e com o tempo, mas que esse vínculo é inverso: "o rito fixa e estrutura o calendário; o jogo, ao contrário, mesmo que não saibamos ainda como e por que, altera-o e destrói" (AGAMBEN, 2008, p. 84).

---

[5] Frimário: (do francês *frimas*, "geada"): terceiro mês do calendário republicano.

[6] Brumário: (do francês *brume*, "bruma"): segundo mês do calendário republicano.

[7] Vindimário: (do latim *vindemia*, "vindima"): primeiro mês do calendário republicano e do outono.

Ainda nos alerta para não considerar aleatória a relação inversa entre jogo e rito, já que muitas pesquisas mostram que "a origem da maior parte dos jogos que conhecemos encontra-se em antigas cerimônias sagradas, em danças, lutas rituais e práticas divinatórias" (AGAMBEN, 2008, p. 84). Para o linguista Benveniste, citado pelo autor, o jogo é o avesso do sagrado.

Mais uma curiosidade e coincidência: o poema de Godard, citado na epígrafe deste trabalho, convida-nos a aprender cinema conjugando o verbo brincar. Como se de alguma maneira, brincando, tivéssemos a possibilidade de profanar o sagrado e torná-lo humano. É brincando que aprendemos a fazer cinema. Mas é um brincar muito sério. É o brincar que obedece à lei suprema do jogo: a repetição (BENJAMIN, 2005). É um brincar que "destrói" o tempo do calendário e também o brinquedo, até encontrar sua alma. Nas aulas de cinema, buscamos o que não se vê. O que há de secreto e oculto, sua linguagem. Desvenda-se como curiosidade, como pergunta, como busca.

* * *

Hesitei muito em publicar esta experiência, apesar de que, depois de ler um rascunho deste texto no grupo de pesquisa, o retorno dos colegas e alunos me animou a fazê-lo. Mas logo tive a oportunidade de comentar com Alain Bergala o acontecido, e, antes de poder avançar sobre os detalhes, ele desaprovou a iniciativa por achar inadequado aquele filme para as crianças. Isso me silenciou mais um ano. Neste ano, relendo Godard (1989), criei coragem de me expor, sabendo antecipadamente da fragilidade da proposta e da reprovação que poderá ser ratificada pelo leitor com luxo de detalhes. Esta exposição parte de uma crença, de fato. O encontro do filme com as crianças responde ao inadequado que aponta Bergala: nenhuma criança gostou do filme. Porém, nos trabalhos, emergiram alguns elementos que, para mim, só apareceram pelo fato de elas terem assistido ao filme *JLG/JLG*, como se ver um filme dessa qualidade, para além do gosto ou da compreensão, tivesse em si mesmo alguma força motriz em direção à criação. Pude perceber certo impacto pela diversidade de produção que suscitou, revelando-se uma possibilidade criativa de impressão das expressões ou vice-versa, como quer o mestre suíço: "Acho que o cinema é muito interessante porque permite mostrar isso, permite imprimir uma expressão e depois, ao mesmo tempo, exprimir uma impressão; as duas coisas" (GODARD, 1989, p. 37).

O trecho que me deu força para partilhar essa vivência é aquele no qual Godard relata sua experiência de seis horas filmadas para a TV francesa. Ele disse: "[...] falei com crianças porque eram as únicas que pelo menos aceitavam falar quinze minutos, e eu lhes falava dos problemas que me interessam. E elas me respondiam. Não teriam respondido por muito tempo, mas [...]" (GODARD, 1989, p. 41). Quiçá a chave esteja por aí, no tipo de problemas que interessam a Godard e às crianças; intuo que esse é o grande ponto de encontro entre eles. Pressinto que Godard e as crianças têm um código ao qual eu, como os outros adultos, não tenho acesso. Uma espécie de intimidade ou linha direta, da qual nós não conseguimos participar por falta de sensibilidade ou de conhecimento daquilo que não se pronuncia com palavras, provavelmente. Assim como para Manoel de Barros "as coisas que não têm nome são mais pronunciadas por crianças" (BARROS, 2010, p. 300), para Godard, "as crianças ao nascer ou os velhos ao morrer não falam – veem coisas" (GODARD, 1989, p. 66).

O que mais surpreendeu nas escolhas realizadas pelas crianças são conceitos e elementos que nos levam direto às fantasias e ampliações de Benjamin (2005), quando fala das crianças como colecionadoras, farejadoras, desordeiras, leitoras, atrasadas...

* * *

"Autorretratos de setembro" é um nome arbitrário. Escolhi o mês em que terminaram de filmar e também o mês em que tudo parece nascer de novo. Vou partilhar aqui algumas pinceladas dos autorretratos das crianças, fazendo uma tradução absurda e cruel de imagens e sons em palavras. Não porque haja uma relação de hierarquia entre elas, mas porque, no ato de traduzi-las, sempre as simplificamos, violentando sua forma original.

Segundo Bergala, numa entrevista, descobrimos que "Godard, por exemplo, nasceu na literatura. Na sua casa, havia quase todos os livros, e escritores a frequentavam. Seu avô era amigo de Paul Valéry" (COUTINHO, 2007, p. 87). Porém, como a maioria dos diretores da Nouvelle Vague, ao mesmo tempo que tinha uma relação muito íntima com os livros, curiosamente era contra a adaptação literária.

No trabalho com as crianças não partimos de palavras. Este é o modo de trabalho que aprendemos com Bergala, e não por acaso encontramos infinitas ratificações dessa forma de organizar a criação para filmar com os jovens na escola. Primeiro, propõe-se pensar muito antes de filmar. Ambientar-se no lugar onde se irá gravar, ir várias vezes e observar. Fazer pequenos registros. Olhar os registros, esperar o acaso, ou provocá-lo. Ensaiar escolhas, fazendo de conta que filmamos, quase como um ensaio-erro, enquadrando com os dedos ou com um marco feito de papel, desde diferentes alturas, pontos de vista, movimentos.

A inspiração vem em boa parte da relação íntima, mas que procura manter uma distância, com a literatura. Buscar a inspiração em frases, imagens e palavras é uma prática, mas, quando chega a hora de filmar, é da confiança nos ensaios que encontramos liberdade para eventuais novas escolhas ou desvios. Quanto maior o rigor na preparação, maior a liberdade para improvisar ou introduzir mudanças no previsto, atendendo com sensibilidade ao novo que emerge, ao que surpreende, ao que não estava nem podia ser previsto. Um raio de luz, uma folha que cai, um espelhamento que só se produz naquela hora, ou qualquer outra variante que introduza poesia no plano.

Sem dúvida, Godard inspirou o formato que Bergala propõe para chegar da letra à filmagem:

> Godard diz que não escreve nem três linhas, pois quer procurar tudo nos livros. Grosso modo, ele faz colagens de citações. Durante todo o tempo, Godard está sempre folheando algum livro, e apropriando-se de um fragmento. Quando ele lê uma revista, por exemplo, ele arranca uma página e a classifica. Ele rasga livros também. Godard não tem nenhum respeito pelo objeto livro. Se ele encontra uma citação que o agrada, mesmo sendo um belo livro, ele arranca a página e diz: "Isto pode me servir". Desta maneira, sempre existiram muitos dossiês na sua casa. Godard é alguém que separa fragmentos. Eis como ele lê um livro: não necessariamente do início ao fim, não necessariamente inteiro, mas sempre muito rápido. Todo tempo, ele investiga, procura algo. Quando fazia *Histoire(s) du cinéma* (*História(s) do cinema*, 1988-1998), Godard passou algum tempo numa casa de campo de Dominique Païni, diretor da Cinematèca Francesa na época. Païni levava cassetes com filmes para Godard, que os assistia em modo acelerado, somente em busca de um plano. Para ele, "As coisas que contam vão fatalmente cair em cima de nós. Se folhearmos um livro, encontraremos a frase importante". A premissa de que ele parte é que, se existe alguma coisa que o interessa num livro, ele vai encontrá-la. Desse modo, ele sobrevoa, depois corta, anota, mas esse não é o momento de feitura do filme. Depois, quando ele vai realizar um novo trabalho, ele recorre às suas citações. Godard tem uma espécie de estoque de frases, de textos. Ele não para. Ele tem muitas coleções. Ele é como um colecionador de frases, de páginas, de imagens, uma espécie de pescador de pérolas. Mas nem sempre é assim. Quando Godard, por exemplo, se depara com o texto "Sobre o conceito da história", de Walter Benjamin, ele o lê durante um ano, medita sobre as teses, estabelece uma espécie de relação com o texto, que não é da ordem da separação. Existem textos na sua casa que ele trabalhou durante dez anos... (COUTINHO, 2007, p. 89-90).

Parece uma metodologia aleatória, arbitrária, mas ela pressupõe um conhecimento da riqueza da literatura e uma crença absoluta na força de inspiração que ela significa. Trata-se de uma prática que pressupõe lucidez, sensibilidade e uma dose plena de intuição, que se traduz no ato da criação. Esta, possivelmente, é outra chave de infinita afinidade entre Godard e as crianças.

Ainda em relação à dificuldade de escrever para filmar, Godard disse, referindo-se a sua experiência interminável na produção do roteiro de *A Bout de Souffle*:

> [...] Pois era absolutamente impossível, eu me assustava por nada, dizendo a mim mesmo: Não consigo, não sai, e era evidente que não podia conseguir só com lápis e papel o que deve ser feito de outra maneira. Não que lápis e papel sejam um mal, o que há de mal no cinema, tal como ele é feito, é que vem sempre no mesmo momento, antes. Ora, acho que é bom vir um pouco antes, um pouco depois, não o tempo todo. E, desde essa época, não fiz mais roteiro (GODARD, 1989, p. 34).

Apreciamos esse formato, embora no caso das crianças e jovens falte a abundância de leituras e vivências que constituem boa parte da riqueza da inspiração de Godard. O formato guarda proporções com os modos de comunicação, com a velocidade do universo infantojuvenil de nossos dias. Segundo Bergala, Godard: "sempre valorizou a velocidade. Isto não quer dizer que ele não refletia muito antes de escrever. Godard, executando, era muito rápido. [...] Ele tem necessidade disso, ele não é alguém que passa um tempo longo a corrigir" (COUTINHO, 2007, p. 88).

* * *

Os autorretratos foram realizados praticamente todos em setembro. Perguntei quem queria ser o primeiro a fazer e responsabilizar-se por entregar o filme e a câmera para o segundo e assim por diante. Só seis ficaram interessados em participar do exercício. Deles, escolhi alguns trechos para comentar neste trabalho com mais detalhes e dos outros fiz apenas uma referência à ideia geral do autorretrato.

O primeiro foi Thiago, que tinha 11 anos na época. Comentarei quatro dos seus planos. Ele começa colocando a câmera frente ao computador no seu quarto, sem luz. Desse modo, só a tela ilumina a cena. Simplesmente, o branco de um "novo" documento de Word. Pode-se ouvir o som da rua, buzinas, motores; tudo indica que sua janela está aberta e que ele mora em um lugar bem movimentado. Depois de escassos segundos, ele dá um *zoom in* até enquadrar absolutamente a tela, na metade superior, com uma leve angulação que visa ocultar a si próprio. Nela, aparece o seguinte texto sendo digitado: "Rio, 1 de setembro de 2010" (parágrafo), "Thiago Pereira" (parágrafo duas vezes), corta. No segundo plano, novamente na tela, um documento em branco e, progressivamente, a escrita: "Brinquedo favorio" – apaga o "o" e corrige "to", acrescenta dois pontos e digita "carinho". Dois segundos se passam, e ele volta deletando pausadamente as letras até chegar ao erre: o, h, n, i. Depois de uma nova pausa, a tecla delete apertada acaba apagando rapidamente toda a frase, que ele volta a filmar incluindo outros brinquedos, deixando o "carinho" em terceiro lugar. Novamente precisa reescrever "carinho" acrescentando um erre. O erro impregna de carinho a partilha de intimidade das escolhas do que nos dá a ver. Thiago decide mostrar seus brinquedos favoritos assim como o primeiro desenho, entre outras coisas. No plano 14 nos deixa ver a vista da janela, efetivamente um primeiro andar na esquina de um sinal lotado de carros. Para finalizar seu autorretrato, busca no YouTube "Cidade Maravilhosa" e filma os slides de cartões postais do Rio, que vão passando lentamente. Ele parte de um close nas palavras Cidade Maravilhosa, dando um *zoom out* que se acelera; então, faz um pequeno ajuste, voltando, e deixa a imagem das fotografias do Rio, enquadrando com a mesma angulação que os documentos escritos, ao som da música "Cariocas", de Adriana Calcanhoto. Paralelamente ao autorretrato, Thiago inventou vários exercícios, usando a técnica de *stop motion*. Pôs a dançar grupos de tênis, lápis, peças de damas, figurinhas de jogadores de futebol, entre outros elementos, com simplicidade e beleza.

    Ventini foi o estudante que pegou a câmera em segundo lugar. Possivelmente, algo condicionado pelo trabalho do colega, ele começa também escrevendo "Rio" em um caderno, em vários planos, e brincando de fazer um anagrama com seu próprio nome. O mais marcante do trabalho de Ventini é que traz algo das fantasias de Benjamin (2005), já que escolhe mostrar suas "COLEÇÕES", palavra que escreve. Faz um breve plano, da palavra escrita, antes de filmá-las, efetivamente. Registra, assim, suas coleções de desenhos (próprios) e cartazes e mostra sua coleção de gibis da Turma da Mônica, revelando-se um fã absoluto.

    Laurinha apresenta-se, também, escrevendo seu nome, a data e "Rio" numa página de caderno e logo passa a falar incansavelmente. Ela não sussurra, não se percorre como Godard. Fala intensa e diretamente com o espectador, parece querer contar tudo de sua vida, mostrar tudo, e em particular apresentar e fazer falar ao seu pai. Se Godard procurou o próximo em outro lugar porque não o encontrou na sua família, Laurinha parece estar na sua antípoda!

Gustavo nos mostra uma janela de sua vida, seu cantinho, seu lugar, onde guarda seus brinquedos favoritos, filmes em VHS inclusive, medalhas de premiações em dança e natação e um velho desenho feito pelo seu pai quando era uma criança pequena. Nas fotografias, nos apresenta a sua mãe.

Anita, mais velha, com 15 anos, começa fazendo um plano que provoca certo estranhamento. A metade de seu rosto incluindo parte do nariz para baixo, na margem esquerda do plano; silêncio. No fundo, aparece um abajur branco, em cima de um criado mudo de madeira onde há alguns livros. Uma luz cálida se reflete no abajur desligado, a parede rosa-intenso se assemelha à cor da blusa – ombro esquerdo – e a dos lábios, em primeiríssimo plano. No segundo, a imagem se repete, e ela diz: "sei lá, gente, se descrever é algo muito difícil, mas eu não vivo nem um pouco sem chocolate, chocolate, chocolate, chocolate, eu viajo e saio de madrugada se precisar, não vivo sem chocolate, então, eu vou começar por isso". O terceiro plano nos mostra de lado um cabideiro onde muitas bolsas estão penduradas – não as menciona – e um pequeno móvel cor de rosa-pink reforçando a marca *teen* do quarto. No quarto plano, faz um movimento de câmera aproximando-se do seu cofre pink e, ao abri-lo, descobrimos que se trata de um pequeno frigobar cheio de chocolates! No quinto plano, mais outra coleção nos é revelada, a qual Anita intitula como "vício All Star", e faz um enquadramento para mostrar três dos nove pares de tênis que deixa aparecer enfileirados com um lento movimento de câmera, recuando. No plano seguinte, ela nos doa sua coleção de frases favoritas escritas com giz branco na parede rosa-intenso, dizendo: "Aqui tem umas frases que eu gosto" e faz um plano geral que permite ver toda a parede escrita tomando a cabeceira de duas camas de solteiro. A seguir, aproxima a câmera de cada frase com um movimento lento, convidando-nos a ler cada pérola em absoluto silêncio. Algumas delas são: "Na natureza nada se perde, tudo se transforma"; "Eu vou, por que não?"; "Mais de mil palhaços no salão"; "O que não existe não quebra"; "O mundo é uma escola"; "A vida é um circo". "Amor, palavra que liberta, já dizia o profeta"; "A vida é tão rara"; "É proibido proibir"; "Good day sunshine"; "A brand new day has begun"; "Give peace a chance"; "O extraordinário é demais"; "I want to be forever young"; "No fim é só você contra você mesmo"...

Depois de fazer três planos percorrendo as frases, aguardando o tempo que o espectador tardaria em ler todas elas, ela diz que essas são frases ou trechos de músicas de que ela gosta muito e, sendo muito esquecida, as anota para conservá-las. Para terminar, filma um grupo de fotografias sobre o cobertor de sua cama (as que tinha mais disponíveis) mostrando algo da

Ana em diferentes épocas de sua vida, várias de criança, e incluindo fotos no Brasil e fora (neve); duas delas em Paris.

Novamente algo nesse exercício de Ana nos lembra Godard, para além do filme, segundo depoimento de Bergala:

> Ao preparar um filme, Godard costuma fazer um pequeno caderno no qual ele cola as frases, sem se preocupar em anotar o nome do autor. Às vezes, há dez frases numa mesma página do caderno, e nem sempre Godard sabe dizer a origem delas. Para ele, uma vez destacada do livro, a frase passa a ser um material (COUTINHO, 2007, p. 90).

Anita apenas se preocupou em grafar as frases com giz na parede de seu quarto. Ela não quer esquecê-las, e não importava quem as pronunciou, apenas que agora elas fazem parte do seu próprio quarto.

* * *

Um elemento que emerge de todos os trabalhos é uma certa originalidade para filmar os autorretratos, para falar de si. Eles conseguiram diversificar modos de narrar a si próprios. Os pequenos filmes revelam, com grande variedade, seus estilos, interesses, hobbies, assim como alguns espaços da casa, vistas de janelas, algo dos seus segredos e coleções privadas, queridas.

Em todos os filmes, aparece a escrita como fator comum, especialmente para identificar seus nomes e a data. Seja em papel ou no computador, todos fizeram uso de palavras para fazer os autorretratos. Na maioria deles, sempre há um televisor que se escuta ao fundo, como aparece, também, tantas vezes no filme de inspiração. Ouvimos, igualmente, o barulho da rua. Vemos, em quase todos os filmes, espaços internos da casa, particularmente dos quartos e, na maioria, o que se vê por suas janelas. Repetem-se planos de vistas ou de cantos da casa em absoluto silêncio.

Segundo o crítico Serge Daney (2007), Godard aprecia a escola como "bom lugar", espaço onde o cinema deveria ir para criticar a claustrofobia da cinefilia francesa nas salas de cinema. Entre outros motivos, irá destacar que na escola sempre é possível começar do zero, a cada ano letivo, a cada vez que se apaga o quadro negro. Acredito que, na experiência vivenciada, nós tivemos na escola um bom lugar para acolher um produto da cinefilia francesa, e, desse encontro, começar do zero a ensaiar modos de fazer autorretratos, com crianças. Elas, inspiradas no filme de Godard, sem saber, construíram um diálogo tácito, efêmero com o "Picasso do cinema". Juntos, partilham, com grande sintonia, alguns hábitos para criar. O cinema por testemunha.

Referências

AGAMBEN, G. *Infância e história*. São Paulo: Boitempo, 2008.

BARROS, M. de. *Manoel de Barros*. Poesia Completa. São Paulo: Leya, 2010.

BENJAMIN, W. *Reflexões sobre a criança, o brinquedo e a educação*. São Paulo: Duas Cidades/34, 2005.

BERGALA, A. *L'hipothèse cinéma. Petit traité de transmission du cinema à l'école et ailleurs*. Paris: Petit Bibliothèque des Cahiers du Cinéma, 2006.

CANGI, A. Presentación. In: GODARD, J-L. *JLG/JLG: Autorretrato de diciembre*. Jean-Luc Godard; com prólogo de Adrian Cangi. Buenos Aires: Caja Negra, 2009; p. 12-26.

COUTINHO, M. A. O prazer material de escrever. Entrevista com Alain Bergala. *Devires*. Belo Horizonte: UFMG, v. 4, n. 1, p. 84-101, jan-jun, 2007.

DANEY, S. A rampa. Rio de Janeiro: Cosac & Naify, 2007.

GODARD, J.-L. *Introdução à uma verdadeira história do cinema*. São Paulo: Martins Fontes, 1989.

GODARD, J.-L. Você quer fazer cinema? Pegue uma câmera! In: TIRARD, L. *Grandes Diretores de Cinema*. Trad. Marcelo Jacques de Moraes. Rio de Janeiro: Nova Fronteira, 2006.

GODARD, J.-L. *JLG/JLG: Autorretrato de diciembre*. Jean Luc Godard; com prólogo de Adrian Cangi. Buenos Aires: Caja Negra, 2009.

LOBATO, M. *Memórias de Emília*. São Paulo: Globo, 2009.

RANCIÈRE, J. *O mestre ignorante: cinco lições sobre a emancipação intelectual*. Belo Horizonte: Autêntica, 2002.

Filmografia citada

Jean-Luc Godard

À bout de souffle (Acossado). França, 1959. (90 min.)

Allemagne 90 neuf zero. França, 1991. (62 min.)

Alphaville: une étrange aventure de Lemmy Caution (Alphaville). França/Itália, 1965. (99 min.)

Comment ça va? Codireção de Anne-Marie Miéville. França, 1978. (105 min.)

Deux fois cinquante ans de cinéma français. Codireção de Anne-Marie Miéville. França, 1995. (51 min.)

Deux ou trois choses que je sais d'elle (Duas ou três coisas que eu sei dela). França, 1967. (87 min.)

Éloge de l'amour (Elogio ao amor). França/Suíça, 2001. (97 min.)

Film socialisme (Filme socialismo). França/Suíça, 2010. (102 min.)

For Ever Mozart. França, 1996. (84 min.)

France/tour/detour/deux/enfants. Codireção de Anne-Marie Miéville. França, 1977. (312 min.)

Histoire(s) du cinéma (História(s) do cinema). França/Suíça, 1988-1998. (265 min.)

Ici et ailleurs (Aqui e lá). Codireção de Anne-Marie Miéville. França, 1976. (53 min.)

Je vous salue, Marie. França/Suíça, 1985. (107 min.)

Je vous salue, Sarajevo. França, 1993. (2 min.)

JLG/JLG: Autoportrait de Decémbre (JLG/JLG: Autorretrato de dezembro). França, 1995. (62 min.)

King Lear (Rei Lear). Estados Unidos, 1987. (90 min.)

La chinoise (A chinesa). França, 1967. (96 min.)

Le mépris (O desprezo). França/Itália, 1963. (102 min.)

Le vent d'est (O vento do leste). Itália, 1970. (100 min.)

Le petit soldat (O pequeno soldado). França, 1963. (88 min.)

Les carabiniers (Tempo de guerra). França, 1963. (85 min.)

Les enfants jouent à la Russie (As crianças brincam de Russia). França/Suíça, 1993. (60 min.)

Letter to Jane. Codireção de Jean-Pierre Gorin. França, 1972. (52 min.)

Made in U.S.A. França, 1966. (85 min.)

Masculin féminin (Masculino-feminino). França, 1966. (110 min.)

Meeting WA. França, 1976. (26 min.)

Notre musique (Nossa música). França/Suíça, 2004. (80 min.)

Nouvelle Vague. França/Suíça, 1990. (90 min.)

Número Deux. França, 1975. (88 min.)

Passion (Paixão). França, 1982. (88 min.)

Pierrot le fou (O demonio das onde horas). França/Itália, 1965. (115 min.)

Prénom Carmen (Carmen de Godard). França, 1984. (85 min.)

Sauve qui peut (la vie). França, 1980. (87 min.)

Six fois deus, sur et sous la communication. Minissérie de TV. Codireção de Anne-Marie Miéville. França, 1976 (600 min.)

The Old Place. Codireção de Anne-Marie Miéville. França/Estados Unidos, 1998. (49 min.)

Tout va bien (Tudo vai bem). Codireção de Jean-Pierre Gorin. França/Itália, 1972. (95 min.)

Une femme est une femme (Uma mulher é uma mulher). França, 1961. (85 min.)

Vivre sa vie (Viver a vida). França, 1962. (83 min.)

Week-end (Week-end à francesa). França/Itália, 1967. (105 min.)

Outros filmes citados

ANGELOPOULOS, Theo. *Topio stin omichli* (Paisagem na neblina). Itália/Grécia/França, 1988. (127 min.)

ANTONIONI, Michelangelo. *L'avventura* (A aventura). Itália/França, 1960. (145 min.)

BARNET, Boris. *Alyonka* (Alenka). União Soviética, 1961. (86 min.)

BARNET, Boris. *Chtchedroie lieto* (Un été prodigieux). União Soviética, 1950. (88 min.)

BARNET, Boris; MARDANIN, S. *U samogo sinego morya* (Au bord de la mer blue). União Soviética, 1936. (71 min.)

BERGMAN, Ingmar. *Fängelse* (Prisão). Suécia, 1949. (79 min.)

BERGMAN, Ingmar. *Sommaren med Monika* (Monika e o desejo). Suécia, 1953. (96 min.)

CHAPLIN, Charles. *The Great Dictator* (O grande ditador). Estados Unidos, 1940. (124 min.)

DEBORD, Guy. *La société du spectacle* (A sociedade do espetáculo). França, 1973. (88 min.)

DOVJENKO, Aleksandr. *Zemlya* (Terra). União soviética, 1930. (75 min.)

DREYER, Carl Theodor. *La Passion de Jeanne d'Arc* (A paixão de Joana d'Arc). França, 1928. (82 min.)

DREYER, Carl Theodor. *Ordet* (A palavra). Dinamarca, 1955. (126 min.)

DZIGA VERTOV. *Chelovek s kino-apparatom* (Um homem com uma câmera). União Soviética, 1929. (68 min.)

EDISON, Thomas A. *Electrocuting an Elephant*. Estados Unidos, 1903. (1 min.)

EISENSTEIN, Sergei M. *Ivan Grozniy* (Ivan, o Terrível). União Soviética, 1944-1958. (187 min.)

EISENSTEIN, Sergei M. *Bronenosets potyomkin* (O encouraçado Potemkin). União Soviética, 1925. (74 min.)

EISENSTEIN, Sergei M.; VASILYEV, Dmitri. *Alexander Nevsky* (Os cavaleiros de ferro). União Soviética, 1938. (112 min.)

FELLINI, Federico. *8½* (Oito e Meio). Itália/França, 1963. (138 min.)

GRIFFITH, D. W. *Orphans of the Storm* (Órfãs da tempestade). Estados Unidos, 1922. (150 min.)

HAWKS, Howard. *Man's Favorite Sport?* (O esporte favorito do homem). Estados Unidos, 1964. (120 min.)

HITCHCOCK, Alfred. *Rear Window* (Janela indiscreta). Estados Unidos, 1954. (112 min.)

KAZAN, Elia. *Baby Doll* (Boneca de carne). Estados Unidos, 1956. (114 min.)

KIAROSTAMI, Abbas. *Copie conforme* (Cópia fiel). França, 2010. (106 min.)

KUBRICK, Stanley. *Full Metal Jacket* (Nascido para matar). Estados Unidos, 1987. (116 min.)

KUBRICK, Stanley. *Lolita*. Reino Unido/Estados Unidos, 1962. (152 min.)

LANG, Fritz. *Metropolis* (Metrópolis). Alemanha, 1927. (150 min.)

LANG, Fritz. *Die Nibelungen: Siegfried* (Os Nibelungos - A Morte de Siegfried). Alemanha, 1924. (130 min.)

LANG, Fritz. *Moonfleet* (O Tesouro do Barba Ruiva). Estados Unidos, 1955. (87 min.)

LAUGHTON, Charles. *The Night of The Hunter* (O mensageiro do Diabo). Estados Unidos, 1955. (93 min.)

LUMIÈRE, Louis. *Le Repas de Bébé*. França, 1895. (1 min.)

MALRAUX, André. *L'éspoir/Espoir*. Espanha/França, 1945. (88 min.)

MANN, Anthony. *Man of the West* (O homem do Oeste). Estados Unidos, 1958. (100 min.)

PARADJANOV, Sergei. *Sayat Nova* (A cor da romã). União soviética, 1968. (73 min.)

RAY, Nicholas; WENDERS, Wim. *Lightning Over Water* (Um filme para Nick). Alemanha Ocidental/Suécia, 1980. (91 min.)

RENOIR, Jean. *La règle du jeu* (A regra do jogo). França, 1939. (110 min.)

ROSSELINI, Roberto. *Germania anno zero* (Alemanha ano zero). Itália, 1948. (72 min.)

TARKOVSKI, Andrei. *Andrei Rublev* (Andrei Rublev: o artista maldito). União Soviética, 1966. (183 min.)

TARKOVSKI, Andrei. *Offret* (O sacrifício). Suécia/Reino Unido/França, 1986. (149 min.)

VIANNA, Bruno. *Ressaca*. Brasil, 2008. (100 min.)

VISCONTI, Luchino. *Le notti bianche/Nuits blanches* (Um rosto na noite). Itália/França, 1956. (97 min.)

WELLES, Orson. *Citizen Kane* (Cidadão Kane). Estados Unidos, 1941. (119 min.)

WILDER, Billy. *Kiss me, stupid* (Beija-me, idiota). Estados Unidos, 1964. (126 min.)

Os autores

Adriana Fresquet – Professora adjunta da Faculdade de Educação da Universidade Federal do Rio de Janeiro (FE/UFRJ), é membro do Programa de Pós-Graduação em Educação dessa instituição. Coordena o grupo de pesquisa Currículo e Linguagem Cinematográfica na Educação Básica e o programa de extensão "Cinema para aprender e desaprender" (CINEAD). Coordena, com Inês Teixeira (UFMG), a Rede Latino-Americana de Educação, Cinema e Audiovisual (KINO).

Ana Lucia Soutto Mayor – É professora de Literatura e Língua Portuguesa do Colégio de Aplicação da UFRJ. Doutora em Literatura Comparada (Literatura e Cinema) pela UFF e mestre em Literatura Brasileira pela UFRJ, pesquisa as relações entre literatura, cinema, poesia e educação. É vice-coordenadora do grupo de ensino, pesquisa e extensão "Cinema para aprender e desaprender" (CINEAD), coordenado pela Prof.ª Adriana Mabel Fresquet. Coordenou, com Verônica de Almeida Soares, *Arte e saúde: desafios do olhar* (EPSJV, 2010) e *Arte e saúde: aventuras do olhar*, com Verônica de Almeida Soares e Marilda Moreira (EPSJV, 2013). Publicou diversos artigos em coletâneas especializadas nas áreas de literatura, cinema e educação. É autora de *Tramas do poético: literatura, cinema e filosofia – No limiar do vazio, à beira de Clarice* (Vermelho Marinho; no prelo).

Anita Leandro – Doutora em cinema pela Paris 3 e professora da ECO/UFRJ. Foi jornalista e professora do NUTES/UFRJ. Coordenou o *master* profissional *Réalisation de Documentaires et Valorisation des Archives* da Faculdade de

Artes de Bordeaux 3 entre 2004 e 2009. Hoje realiza pesquisa teórica e prática no campo do documentário. Além de artigos sobre cinema, é autora do livro *Le personnage mythique au cinéma* (Septentrion, 2000).

César Guimarães – Professor Associado da UFMG, integrante do Programa de Pós-Graduação em Comunicação da FAFICH/UFMG e pesquisador do CNPq. É coordenador do grupo de pesquisa Poéticas da Experiência e editor da revista *Devires: Cinema e Humanidades*.

Clarissa Nanchery – Foi *passeur* da Escola de Cinema do CAp/UFRJ em 2011 e 2012 e faz parte do grupo CINEAD como pesquisadora, produtora, realizadora e professora de cinema. Desde 2008 atua na área de cinema e educação realizando projetos no Festival do Rio, Secretaria de Educação de Niterói, Secretaria de Cultura do Estado do RJ e Escola de Cinema Darcy Ribeiro. Sua pesquisa de mestrado investiga o documentário brasileiro contemporâneo a partir da obra de Joel Pizzini (PPGMP-ECA/USP).

Glauber Resende Domingues – Doutorando em Educação no Programa de Pós-Graduação em Educação da UFRJ. Mestre em Educação e licenciado em Música pela mesma universidade. É professor de Educação Musical na Secretaria Municipal de Educação da cidade do Rio de Janeiro. Atualmente tem se interessado principalmente pela formação da escuta dos estudantes enquanto espectadores de cinema.

Greice Cohn – Licenciada em Educação Artística (UFRJ, 1985); mestre em Tecnologia Educacional (NUTES/UFRJ, 2004: *O construtivismo da montagem godardiana e da videoinstalação – uma investigação teórico-prática para o ensino da arte*); doutoranda do Programa de Pós-Graduação da Faculdade de Educação da UFRJ; na área de Cinema e Educação. Professora de Artes Visuais do Colégio Pedro II desde 1994.

Luiz Rosemberg Filho – cineasta, ensaísta e jornalista. Dirigiu *O Jardim das espumas*, *Imagens*, *A$suntina das Américas*, *Crônicas de um industrial*, além de inúmeros ensaios poético-visuais, como "Guerras", "O discurso das imagens", "As últimas imagens de Tebas", "Afetos", "Sem título" e "Sobre o conceito de espetáculo", entre outros. Organizou o primeiro livro publicado no Brasil com depoimentos de Jean-Luc Godard, intitulado *Godard, Jean-Luc* (Editora Taurus).

Maria Cristina Miranda da Silva – Professora de Artes Visuais do CAp/UFRJ, atua na educação básica e na formação de professores. Desenvolve pesquisa sobre o Primeiro Cinema, Cinema, Cinema de Animação, Audiovisual, Fotografia, Arte e Educação. Doutora em Comunicação e Semiótica (PUC-SP, 2006), atuou junto ao CINEDUC de 1988 a 1997 e atualmente participa do grupo de pesquisa CINEAD-FE/UFRJ.

Mário Alves Coutinho – É doutor em Literatura Comparada pela Faculdade de Letras da UFMG e tem pós-doutorado pela Escola de Comunicação da mesma instituição. É autor dos livros *Escrever com a câmera: a literatura cinematográfica de Jean-Luc Godard* e *Godard, cinema, literatura*. Traduziu os livros *Tudo que vive é sagrado* (poemas de William Blake e D.H. Lawrence), *Canções da inocência e da experiência* (Blake) e *O livro luminoso da vida* (Lawrence). Organizou *Presença do CEC: 50 anos de cinema em Belo Horizonte*, participou, com ensaios, de vários livros, escreveu roteiros de cinema (filmados), assim como para vários jornais e revistas brasileiros. Dirige e escreve ensaios videocinematográficos para o programa Cine Magazine da Rede Minas.

Paulo Augusto Gomes – cineasta, roteirista, pesquisador e ensaísta. Realizou, entre outros, os filmes *Idolatrada* e *O circo das qualidades humanas*. Publicou o livro *Pioneiros do cinema em Minas Gerais* e possui capítulos em várias antologias, algumas ainda inéditas. Também exerceu crítica de cinema em jornais e revistas de todo o país.

Paulo Henrique Vaz – Professor da Faculdade de Educação da UFRJ, onde leciona Sociologia e Antropologia da Educação. Dedica-se também à História da Arte e da Arquitetura com ênfase nas vanguardas inaugurais e na produção artística contemporânea. Participa do projeto de pesquisa Cinema para Aprender e Desaprender (CINEAD).

Regina Ferreira Barra – Pedagoga pela UFJF (1991); especialista em Psicopedagogia pelo CES de Juiz de Fora e em Psicologia Junguiana pelo IBMR – Centro Universitário Hermínio da Silveira do Rio de Janeiro; mestre em Educação pela UFJF (1999); doutoranda em Educação pela UFRJ (2011). Atualmente é professora no Ensino Fundamental do Colégio de Aplicação João XXIII/UFJF; membro e pesquisadora do CINEAD/UFRJ e da Escola de Cinema do CAp/UFRJ.

Ronaldo de Noronha – Professor de Sociologia da UFMG, ministra cursos, orienta monografias e dissertações, publica artigos e faz pesquisas nas áreas de Sociologia da Arte e da Cultura. Crítico de cinema, especialmente no jornal *Estado de Minas* nos anos 1960, 1970 e 1980. Militante do cineclubismo em Belo Horizonte, vinculado ao CEC-MG desde 1962.